청년이 말하고
이재명이 시원하게 합니다!

청년이 말하고
이재명이
시원하게 합니다!

시원하게 기획위원회

이룸

차례

위대한 전환을 하겠습니다

머리말

청년 여러분 안녕하십니까.

이렇게 지면으로 여러분을 만나게 되어 무척이나 반갑습니다.

여러분께 질문을 보내고 대답을 기다리는 그 짧은 시간이 이재명 님에게는 무척이나 설레는 시간이었습니다. 델타 변이의 대확산이 일어나지 않고, 사회적 거리두기가 완화되었다면 이재명 님과 청년이 직접 만나는 시간을 가질 수 있었을 텐데 참 아쉽습니다.

'시원하게' 기획위원회는 이재명 님의 경선조직인 국민소통본부에 구성된 특별위원회입니다. 우리 위원회는 청년과의 소통에 대해서 여러 가지 고민을 해보았습니다. 그러다가 이재명 님이 묻고 청년이 답하는 구성의 도서를 출간하는 방향으로 의견을 모으고 일을 시작했습니다. 청년이 묻고 이재명 님이 대답하는 형식으로는 충분한 소통이 이뤄지지 않을 것이라는 우려가 있었기 때문입니다.

기획위원회는 맨 먼저 질문의 목록을 작성하였습니다. 여러 차례 브레인스토밍의 방식으로 질문 목록을 작성했고 이후에는 차근차근 줄여나갔습니다. 질문 목록을 30여 개로 줄인 다음 집필에 들어갔습니다. 집필에는 이재명 님의 삶의 철학의 정치의 가치와 방향을 담으려 노력했습니다. 질문 초안이 집필되고 검토 끝에 질문을 완성하였고, 그 질문을 다양한 구성의 청년들에게 이메일로 보냈습니다. 질문의 순서는 여러 고민 끝에 무순으로 정했습니다.

질문을 받고 답변을 줄 집단의 표본은 여성과 남성의 비율을 50% : 50%, 20대와 30대의 비율을 50% : 50%, 수도권 거주자와 지역 거주자의 비율을 50% : 50%로 구성되도록 노력했습니다. 그러나 답변이 온 것을 보면 애초의 구성에는 살짝 어긋납니다. 하지만 청년 여러분이 보내준 답변은 되도록 그대로 싣고자 했습니다. 전체적인 집필과 출간은 전문가에게 의뢰했습니다.

이 도서는 공약집이 아닙니다. 이재명 님이 청년 여러분과 함께 나아가야 할 길에서 만나게 될 정치·경제·사회·문화 등과 관련한 다양한 핫이슈에 대한 고민을 축약했다고 할 수 있겠습니다. 여러분의 답변을 통해 이재명 님은 더욱 공부하는 정치인이 되도록 노력할 예정입니다. 그리고 여러분과 함께 시원하게 하겠습니다.

답변을 보내준 청년 여러분께 다시 한 번 깊은 감사의 말씀을 드립니다.

시원하게 기획위원회

이재명이 묻다 Q

여러분의 행복은 무엇입니까?

저는 여러분과 함께 '행복을 만들어가는 정치인'이 되고 싶습니다. 물론 어려운 일이라는 것도 알고 있습니다. 저는 불행을 만드는 정치를 하고 싶지 않습니다. 그래서 저는 여러분과 함께 끊임없이 소통하며 불안을 제거하고 행복의 길로 가고자 합니다. 청년 여러분. 여러분에게 행복이란 무엇인가요? 정치가 여러분을 행복하게 할 수 있을까요? 있다면, 무엇일까요? 귀한 답변 기다리겠습니다.

나에게 행복은……

홍명근(36·경기) "나에게 '행복'이란 '네 살 아이와 함께 보내는 시간'이다."

청년A(30·대전) "행복이란 '하고 싶은 것을 할 수 있는 것'이라고 생각합니다. 우리는 언제 불행하다고 느낄까요? 원하고 희망하고 바라는 것이 있지만 그것을 이루지 못할 때 불행함을 느끼는 것 같습니다. 물론 하고 싶은 것을 다 하며 살 수는 없습니다. 또한 개인의 욕구와 요구, 이권의 마찰을 조정하기 위하여 존재하는 정부가 무조건적으로 이를 권한다면 방치 혹은 직무유기가 되어버릴 수도 있습니다. 행복을 느끼는 것은 주관적이고 개인적이기 때문에 '정부나 국가가 국민을 행복하게 만들겠다'는 목표는 실현이 어렵지 않을까 생각이 됩니다. 다만 국민들이 한 사람의 인간으로서 당연한 것만큼은 할 수 있도록, 하고 싶은 것을 할 수 있도록 정책을 만들어나간다면 '국민이 행복할 수 있도록 도와주는 정치'가 될 수 있을 것 같습니다."

청년B(28·대전) "나에게 행복이란 여유시간입니다. 내가 나 스스로 행복하기 위한 행동들을 할 수 있기 때문입니다. 아무것도 하지 않는 것, 친구를 만나는 것, 여행 가는 것, 커피 한잔을 하는 것 등 이러한 여유로운 시간들이 모두 저에게는 '행복'입니다."

소바(29·부산) "불행 요소를 점차 줄여나가는 것."

김수연(27·서울) "정치가 국민을 행복하게 할 수 있는 방법은 각 개인이 자기 본연의, 있는 그대로의 모습대로 살아도 괜찮다는 것을 체감할 수 있는 사회를 만들어주는 것이 아닐까 싶습니다.

　　그중에서도 특히 임금격차를 줄이는 것입니다. 우리 사회는 특정 직종 임금이 높고, 또 어떤 직종은 임금이 낮습니다. 그럼 돈 때문에 자기가 원하지 않는 일을 하게 될 가능성이 큽니다. 자신에게 맞지도 않은 일을 억지로 하면서 인생을 살아야 하는 것처럼 불행한 일이 어디 있을까요. 선천적으로나 후천적으로 각자 할 수 있는 일이 다를 텐데, 직종에 따라 임금이 천차만별이니 불리한 것 같습니다.

　　자기 본연의 모습대로 살아도 괜찮도록, 또는 자신이 원하는 것을 열심히 하면 그와 관련된 일을 할 수 있고, 임금의 차이가 크지 않음으로써 같은 인간 사이에서 서열을 매기지 않아도 되는 사회, 그로 인한 상대적 박탈감을 느끼지 않아도 되는 사회, 자신의 모습으로 사는 개개인이 많은 사회가 행복한 사회라고 생각합니다."

참참(32·서울) "나에게 '행복'이란 '내일을 기대할 수 있는 것'이다.

일상이 무너지지 않고 내일을 맞이할 수 있다는 것, 그 안정감 위에서 오늘보다 어느 부분에서든 조금 나은 내일을 만들어갈 수 있을 것을 계획하거나 기대할 수 있을 때 행복하다고 생각합니다."

김효일(24·대구) "저에게 행복이란, '본인이 하고 싶은 것을 할 수 있는 상태'라고 생각합니다. 그것이 일이 되었든 휴식이 되었든 본인이 하고 싶은 무언가를 방해받지 않고 할 수 있는 상태를 저는 행복한 상태라고 정의하곤 합니다. 물론 사람마다 원하는 니즈의 크기가 다를 수는 있지만, 그것들을 제각각 소화할 수 있게 만드는 사회구조가 행복한 세상의 지향점이 아닐까 싶습니다."

백곰(37·대전) "행복이라는 것은 주관적입니다. 지금의 청년들이 생각하는 행복이 다른 세대 또는 시대에 비해 소박하게 느껴질 수도 있습니다. 그것은 지금보다 더 나은 삶을 기대하기 어렵기 때문입니다. 정치가 그리고 정책이 국민들에게 행복한 삶을 살 수 있도록 할 수 있는 것은 역시나 쉽지 않습니다. 하지만 최소한의 인간적인 삶을 살 수 있는 사회, 도전의 기회가 자주 있고 실패하더라도 다시 일어설 수 있는 사회를 만드는 정치가 되었으면 합니다."

이희연(30·경기) "저에게 행복은 사랑하는 사람 그리고 아끼는 사람들과 함께하는 삶입니다. 나로부터 확장하여 우리가 될 수 있는 시간과 공간, 여유가 중요합니다. 그것을 침해받지 않고 유지할 수 있는, 허용적이며 타자를 환대하는 사회적 분위기와 사람들이 저를 행복하게 합니다. 그러한 안전한 공간이 저의 건강을 지킬 수 있게 하며 타인을 향한 애정 어린 시선을 갖게 합니다. 이를 통해 좀 더 세상이 살 만한 곳이라는 것을 느끼고, 저 역시 세상을 위해 할 수 있는 일이 무엇일지 고민하게 됩니다. 경쟁이 아닌 공존을 이야기할 수 있는 사회를 정치가 만들 수 있다고 생각합니다. 공정을 통한 공존이 아닌 타자에 대한 환대로 비롯된 공존, 서로 다름을 인정할 수 있는 사회적 환경을 정치가 만들어가야 한다고 생각합니다. 그 안에서 소수자가 배제되거나 고통받지 않을 수 있도록 섬세한 정책을 만들어가기를 바라고 기대합니다."

노윤수(28세, 수도권) "행복이라는 단어 자체는 굉장히 단순해 보이지만, 행복이라는 감정을 구성하는 요소는 정말 다양하다고 생각합니다. 돈, 집, 차 등의 물질적인 것과 자유, 성장, 안정 등의 비물질적인 요소 등 행복에 다다르게 하는 구성요소와 정도는 개인마다 다르지만 분명 행복이라는 감정을 느끼기 위한 일은 쉽지 않습니다.

저는 현재 행복하지 않습니다. 그 이유는 제가 생각하는 행복의 기준이 만족되지 않았고, 그 행복의 기준은 나 자신이 정한 것이 아닌 타인의 시선에 의해 정해졌기 때문입니다. '이 정도에는 취직을 해야지', '적어도 이 정도 회사는 가야지' 등의 외부 시선이 저의 기준을 옥죄었습니다. 그 안에서 오는 이상과 현실의 괴리감은 저를 더 힘들게 하는 부분이 있습니다. '나는 분명 이 정도면 충분하고, 이 정도면 행복할 것 같은데 다른 사람들의 기준은 이 정도네? 그럼 나도 이 정도는 해야 되나?'

맞추지 않으면 도태되어가는 것 같고, 그에 맞추자니 내가 행복하지 않고. 이는 악순환이라고 생각합니다. 결국 나의 기준점을 밖이 아닌 내 안에 찍는 것이 필요하다고 생각합니다. 그렇기 위해서는 사회 전체적으로 다양성을 인정하고, 개개인의 마음이 더 단단해지는 것이 필요하다고 생각합니다. 짧은 식견으로는 나 자신이 누구인지, 어떤 사람이고 무엇을 좋아하는지 등의 자기 이해를 높여 자신의 주관을 형성해주는 것이 필요하다고 생각합니다. 이를 중·고등학교 때부터, 늦어도 대학교 때부터 만들어갈 수 있도록 제도적으로 보완하는 것이 필요하다고 생각합니다."

건강한 정치, 행복한 사회

————

행복에 대해 답을 해주신 청년 여러분 고맙습니다. 저 자신을 돌아보면 과연 행복했었나 싶습니다. 상처받지 않기 위해서, 자존심이 상하지 않기 위해서 애를 쓰고 또 쓰면서 살았던 날들이 떠오르면 스스로 대견하기도 하고 불쌍하기도 합니다.

저는 '행복이란 건강'이라고 말하고 싶습니다. 아무리 돈이 많아도, 아무리 위대한 업적을 이뤘더라도 건강을 잃으면 모든 것을 다 잃은 셈이 되니까요. 우리 사회와 정치도 마찬가지 아닐까요? 건강한 정치가 행복한 사회를 만들어낸다고 생각합니다. 여러모로 부족하지만 건강한 정치 생태계를 위해 노력하겠습니다.

진정한 공정은 무엇일까요?

'공정'이라는 단어 혹은 개념 또는 어떤 현상을 마주할 때마다 저는 몹시 당혹스럽습니다. 공정과 불공정이 어떤 상황에서는 매우 헷갈릴 때가 있기 때문입니다.

공정에 대해 고민하던 차에 우연히 신문에서 김진해 교수의 글을 읽었습니다. 많은 생각을 하게 만드는 글이었습니다.

"지금 한국 사회에서 쓰는 '공정'이라는 말은 지극히 뻣뻣하고 날이 서 있다. 말 공부 하는 입장에서 공정은 '움직이고 전진하는' 공정이다. 공정의 불가능성 앞에 겸손해지고 끝없는 파격으로 공정의 가능성을 실험해야 한다. 뽑힌 사람만이 아니라, 떨어진 사람을 위한 공정, 떨어질 기회조차 없는 사람을 위한 공정으로 확대되어야 한다. 공정함이 연민과 함께 가는 말이 되었으면 좋겠다."

_김진해, 「한겨레신문」, 〈말글살이〉, '공정의 언어학'

공정이 연민과 함께 가야 한다는 문장 앞에 제 가슴이 뛰었습니다. 청년 여러분의 생각은 어떻습니까? 한국 사회의 화두 중의 하나가 공정이라는 것은 우리 모두 알고 있는 사실입니다. 공정이 화두인 까닭은 불공정이 만연해있다는 증거이기도 합니다.

청년 여러분이 느끼는 공정이란 무엇입니까? 단어로서의 공정이 아니라, 여러분이 실제로 느끼고 있는 공정에 대해 답해주면 매우 감사하겠습니다.

나에게 공정은……

———

홍명근(36·경기) "공정이란 정의라고 생각합니다.

누구나 열심히 일하면 먹고살 만한 돈을 벌 수 있고, 그 돈을 열심히 모으면 집을 살 수 있고, 갑자기 아플 때 병원비 걱정 안 할 수 있고, 마음 놓고 유치원 보내서 아이가 잘 놀 수 있고, 그 정도로 기본, 정말 기본이 정의로운 사회가 공정이라고 생각합니다.

이 중 대부분이 안 되기 때문에 공정이 문제가 되는 것이라고 생각합니다. 열심히 일하는데 돈은 줄고, 돈 열심히 모아도 제가 사는 김포에 집 하나 못 사고(30년 정도 모으면 작은 거는 살 만함. 30년 뒤에는 60세가 넘음), 뇌출혈 이런 거 오면 바로 병원비 수천만 원을 내야 해서 비싼 사보험 들어놔야 하고 매달 그걸로 또 힘들고, 아이 유치원 보낸 후 출퇴근에 왕복 3시간은 써야 하니 아침에는 너무 빨리 등원해 걱정, 저녁에는 너무 늦게 하원해 걱정입니다."

김수연(27·서울) "우리 사회는 불공정한 것을 찾는 것보다, 공정한 것을 찾는 것이 파악하기 더 빠를 듯합니다. 몇 가지 안 되니까요.

만약 진로에서 어떤 선택을 하느냐에 따라 그 결과가 비물질적(가치, 만족감 등)인 것을 떠나 물질적인 것(돈)에서 많은 차이가 있다면 그것은 불공정의 원천이라고 생각합니다. 이 단어를 싫어하지만, 쉽게 말해서 금수저에서 흙수저까지 태어난 가정환경의 물질적·비물질적인 자원의 수준에 따라 출발선이 너무나 차이 나는 것이 우리 사회의 모습입니다.

민주주의사회로 각 개인이 국가의 주인으로서 살아가지만, 선거 때나 한 표 한 표가 동등하지, 일상은 각자 국가의 주인이라 할 수 있는 사회 같지 않습니다. 자본주의라는 사회 시스템이 일상에서의 국민들을 주인과 하인으로 나뉘게 하는 것 같습니다. 자본주의를 전면 부정하는 것은 아니지만, 제약 없는 자본주의는 빈부격차의 양극화를 무한정 심화시키고 있는 것 같습니다.

공정을 말할 수 있으려면 자원을 비슷하게 가져야 합니다. 그리고 시도할 수 있는 선택권도 비슷하게 가져야 합니다. 뭔가를 할 수 있어야 잘할 수도 있을 것입니다. 그리고 뭔가를 하려면 돈이 필요한 사회입니다.

금수저라면 뭔가를 시도해볼 수 있는 자원을 가지고 있습니다. 흙수저라면 돈을 지원받아야 합니다. 대부분 지원이 그냥 나오지도 않습니다. 신청해야만 합니다. 그로 인해 수치심을 느껴야 하고 그마저도 어떤 기준에 맞지 않으면 지원받지도 못합니다. 내 맘대로 시도조차 해볼 수 없는 상황에서, 자꾸 사회적인 압박감은 느껴지고 주변과 비교하여 자신을 가라앉히게 되고 급기야는 무기력에 빠질 수 있습니다. 그렇게 우울증 진단을 받고 약을 먹어야 하는 상황이 됩니다.

이만하면 사회가 우울증을 만들고, 약을 먹어야만 심적으로 견딜 수 있는 상황까지 만들었다고도 보입니다. 이 사회에 적응하기 위해서는 약을 먹어야 하는 것. 이것이 슬픈 사회의 현실이라고 생각됩니다. 다소 비약 같지만, 현재 마주하는 현실과 아주 동떨어진 이야기는 아니라고 생각합니다."

소바(29·부산) "여럿으로 하여금 몸을 던지게 만들고 몇 사람만 받아주지 않는 것. 몸을 던져도 다치거나 죽지 않는 것."

박서준(19·대구) "공정이 새로운 시대정신이라고들 합니다. 2030 청년세대들은 최근 몇 년 동안 발생한 우리 사회의 불공정 이슈들을 두고 '공정하지 않다'며 날카로운 지적을 쏟아내었습니다. 작년 발생한 인천국제공항공사 정규직 전환 논란을 보면, 청년세대가 요구하는 '공정'은 시험과 밀접한 관련이 있어 보입니다. '나는 열심히 노력해서 입시 또는 취업을 준비했으니, 모든 사람들은 납득 가능한 공정한 기준에 의해 평가받아야 한다'는 주장입니다.

능력주의에 근거한 이러한 논리는 일견 옳은 주장 같아 보입니다만, 그 기반에는 '내가 그만큼 열심히 노력했으니까 나는 그에 걸맞은 보상과 대우를 받아야겠다' 같은 일종의 보상심리가 자리하고 있습니다. 그렇기 때문에 보안수색요원들이 공항공사 정직원으로 채용되었을 때는 '시험을 치르지 않았다'고 분개한 것이고, 박성민 청와대 청년비서관이 지명되었을 때도 '시험으로 뽑으라'고 성토했던 것이겠지요. 청년세대가 불공정 문제를 거론할 때 가장 자주 쓰이는 표현 중 하나가 다름 아닌 '박탈감'이라는 점을 생각해본다면, 이는 더 확실해집니다.

그렇다면 공정이란 과연 어떤 것일까요. 제가 생각하는 공정한 사회는 시험으로 사람을 줄 세우지 않습니다. 오히려 특정한 기준으로 사람들을 평가하지 않고, 시험 성적으로는 미처 다 담아낼 수 없는 사람들의 다면성을 인정하고, 시험 점수와 무관하게 모든 인간을 존엄하게 대하는 사회가 진정 공정하다고 믿습니다. 그 과정에서 모든 불평등과 차별을 배격하고, 학연·지연·혈연 등의 특혜라거나 부모의 경제력과 가정 환경에 따른 '부모 찬스' 등을 일절 없도록 하는 것, 그리하여 사람 위에 사람 없고, 사람 밑에 사람 없는 세상을 만들어가는 것. 후보님께서 말씀하신 바와 같이 공정은 연민과 같이 가는, 진정으로 따뜻한 가치가 아니겠나요."

정채민(29·전북) "제가 생각하는 공정은 순수히 자신의 능력으로 자신을 평가받는 사회를 말합니다. 단지 돈이 많고 할 수 있는 게 많은 부모 밑에서 태어나서 많은 과외와 대외활동을 하는 사람이 있는 반면, 가난한 부모 밑에서 자랐다고 할 수 있는 게 없는 것. 이것만큼 비참한 것도 없습니다. 누구의 자식으로 태어나는 것은 사람이 결정할 수 없는 요인이고 그저 운일 뿐입니다. 사람이 결정할 수 없는 요소로 사람의 길이 정해지는 것이야말로 불공정하다고 생각합니다. 그러므로 선천적인 불공정을 없앰으로써 모든 사람들의 출발선을 같게 하는 것이 공정이라고 생각합니다."

이누리(28·경기) "김진해 작가가 말하는 공정의 정의에 동의하며 공감합니다. 지금 여론에서 주로 다루는 공정, 소위 '이대남(=이남자)'들이 말하는 공정이 아니라 본인들의 노고를 하나의 손해 없이 보상받을 수 있는 시스템입니다. 그들이 주장하는 공정한 시스템 안에선 소수자에 대한 고려가 없습니다. 소수자에 대해 고려해야 하는 까닭은 우리 모두가 언제든 소수자가 될 수 있기 때문입니다.

중장년이 아닌 아동/청년/노인, 남성이 아닌 여성, 성소수자, 채식인, 무경력자 또는 경력단절자, 빈곤한 사람, 정상가족 이외 형태의 가족으로 살아가는 사람 등등. 가치존중의 관점에서뿐만 아니라 가장 이기적인 관점에서, 나를 둘러싼 환경 또는 내 의식의 변화로 내가 언제든 소수자가 될 수 있다는 생각, 그렇기에 '지금 소수자인 저 사람을 구하는 것은 나중의 나를 구하는 것과 같다'는 생각, 이렇게 발생하는 이해와 공감 및 연대가 전제된 사고 흐름만이 진정한 공정, 함께 사는 사회를 위한 공정을 보장할 수 있을 것입니다."

가람(30·서울) "어느 시대에서나 정치인들은 손쉬운 방법으로 헤게모니를 점령하길 희망하고, 또 부단히 노력합니다. 특히 지금처럼 온라인으로 의견나눔이 더욱 적극적일 수 있는 환경에서는 과거보다 더하면 더했지 못하지 않고요. 그리고 최근 20대들의 가장 큰 화두 중 하나는 바로 이 공정입니다. 그리고 슬프게도 이를 악용하는 정치세력들은 공정의 가치를 끝없이 훼손하여, 본래 단어가 지향하는 가치마저 버려가며 순수한 문법적 정의만을 강조하고 있습니다.

제가 생각하는 공정은 이렇습니다. 기회의 우선순위를 '운'에 덜컥 맡기지 않는 것. 운이 좋아 좋은 환경에서 태어나 자라고, 더 많은 교육을 받고, 더 건강한 정신과 육체를 유지하며, 또 같이 운이 좋은 사람들과만 어울리는 사람들이 있습니다. 그리고 이와 반대의 사람들도 있습니다. 공정은 단지 문자 그대로 '기회의 평등'을 부르짖는 것이 아니라, '불운'의 위치성도 함께 품어야 하는 것이 아닐까요."

그물(24·경기) "공정이라는 단어를 설명하는 유명한 그림이 있습니다. 울타리 너머의 경기를 보는 세 명의 친구가 있고, 그중 한 친구가 키가 작아 담 너머의 경기를 볼 수 없으니, 그 친구만 발판에 올라가 다른 친구들과 같은 눈높이에서 경기를 보는 그림입니다. 제가 느끼는 공정은 이런 것입니다. 애초에 울타리 자체가 없다면 좋겠지만, 부득이하게 울타리가 쳐진 상황이라면 모두 똑같이 경기를 볼 수 있도록 하는 건 키가 작은 사람들에겐 의미가 없습니다. 키가 작아도 경기를 보는 데 어려움이 없도록 추가적인 지원을 제공하는 게 공정이라고 생각합니다. '모두 똑같이 경기를 보게 해줬으니 됐지?'와 같은, 단지 기회만 제공하고 끝나는 고정적 느낌의 공정이 아니라 기회를 제공한 이후의 과정과 결과에서도 발판이 있어야만 경기를 볼 수 있는 사람은 누구인지, 어떤 사람에게 어느 정도 높이의 발판이 필요한지 사려 깊게 살펴보는 유동적 느낌의 공정이 제가 생각하는 공정입니다."

Tag(31·경기) "공정이란 민주주의와도 같다. 민주주의가 다수의 의견이 서로 섞여갈 수 있도록 진행되듯이 공정을 말하고 있는 다수의 의견 속에서 그 시대에 맞는 공정의 정의가 만들어져야 한다고 생각한다. 한쪽의 동의로만 만들어진 공정은 그 시대상을 반영한 공정이 아니라 생각되며, 나도 어느 한쪽의 공정에 대한 주장이 마음에 들지 않을 때가 많다. 하지만 그 공정을 말하는 이도 대한민국의 시민이며, 함께 대한민국을 만들어가야 한다고 생각한다.

공정 등 시대상을 반영하는 민주주의의 구성 단어를 만들 때에는 모두를 만족시킬 수 있는 정의를 만들지는 못하겠지만, 그 이야기를 충분히 받아들이는 모습과 행동을 보일 때 민주주의는 완성된다고 생각한다."

홍서윤(35·서울) "사전적 의미로 공정은 '공평하고 올바르다'라고 합니다. 무엇이 공평하고 무엇이 올바른지는 상대적이며 사회적 합의가 필요한 지점입니다. 그리고 공정의 합의는 누구로부터 진행되는가, 어떤 방식으로 합의가 이뤄지는가 하는 것이 더 중요한 지점이라 여깁니다.

청년의 삶은 늘 경주마 같았습니다. 부모와 사회로부터 입시경쟁, 취업경쟁, 결혼경쟁을 요구받아왔습니다. 무엇이 나 스스로가 원하고 좋아하는 것인지를 확인할 겨를도 없이 그저 경쟁의 트랙만이 공정한 레이스라고 학습해왔습니다. 정말 그 레이스가 공정했는지 의문스럽습니다. 때때로 그 레이스는 너무나도 불공정했지만, 경쟁의 레이스 외에 다른 삶의 대안을 사회는 제시해주지 않았습니다. 트랙 밖에 사는 사람들을 낙오자로만 치부하며 고통스러운 경쟁을 끊임없이 하게 했습니다. 정말 공정한 방식이었는지 알 수 없습니다.

청년의 한 사람으로서 제가 느끼는 공정이란 횡으로, 종으로 다른 의미가 있다고 생각합니다. 엄격한 잣대로, 마치 대나무처럼 옳지 않으면 부러지는 것이 공정한 것이라고 여기지 않습니다. 공정이란 각자의 입장과 생각, 삶이 반영되는 것이기 때문에 사람마다 공정하다고 생각하는 기준이 각기 다를 것입니다. 물론 이것은 개인적인 입장입니다.

그러나 사회는 공정의 기준선을 개개인에게 둘 수 없습니다. 우리 사회가 '공정'을 논하면서 사회적 공정성에 대해서는 논하지 않는 것이 무척이나 아쉬웠습니다. 최소한의 인간다움과 존엄성, 사회적 합의를 깨뜨리지 않는 편법과 치팅이 난무하지 않게 하는 것이 중요하다 여깁니다. 결과적인 공정성도 중요하지만 그 과정도 무척 중요하다 여깁니다.

사회는 이기로 살아갈 수 없기에, 출발선이 다른 사람들에 대한 어드밴티지를 이해하지 못하는 사람은 없을 것입니다. 그것이 시혜적인 마음이라고 하더라도, 밥을 굶는 사람에게 선뜻 밥을 사주고, 차비가 없는 사람에게 1,500원 버스 승차비용을 건네는 것이 우리 사회입니다.

그런데 이런 사회에서 유독 입시, 취업, 부동산 등 특정 부분에서만 불공정이 발생합니다. 이유가 무엇일까요. 경쟁입니다. 경쟁하지 않아도 되는 사회면 공정을 논할 이유가 없습니다. 각자 살고 싶은 대로 살면 되는데, 그것을 인정하지 않기에 발생하는 문제입니다. 물론 각자 살고 싶은 방식이 때로는 타인의 영역을 침범하고 피해를 가져올 수 있습니다. 큰 문제지요. 불공정하고요.

청년으로서 생활 속에서 느끼는 불공정은 이렇습니다. 비록 저는 지금 대학을 다니지도 않고, 취업준비생도 아니지만, 저의 과거를 돌이켜보면 토익시험과 각종 자격증이 취업 문턱을 갈라놓는 도구로 사용되는 것만큼 불공정한 것이 없다고 생각합니다. 경쟁의 트랙 위에서 경주마처럼 달리는 청년들은 이렇게 많은 허들이 불공정하다고 말할 수조차 없습니다. 취업을 하기 위해 영어시험비로 수십만 원을 지불하고, 자격증 취득을 위해 1년이라는 시간을 허비하고, 수십 군데 면접을 봐도 면접비는커녕 차비조차 제공하지 않아 아르바이트를 병행하는 것이 정말 공정한 구조인지 모르겠습니다. 수십만 명의 취업준비생이 무엇 때문에 토익시험을 치르는지, 토익이라는 구조가 언제부터 취업의 당락을 좌지우지했는지 모르겠습니다. 영어 능력을 검정한다고 했던 토익시험이 어느 순간 900점 이상이 아닌 경우 서류심사를 탈락시키는 기준으로 작용한다면, 정말 이것이 공정한 채용 방식인지 의문을 가질 수밖에 없습니다. 취준생의 등골을 빼서 누가 돈을 벌고 있는 것인지요?

일자리에서도 마찬가지입니다. 여러 근로조건을 이행하는 것이 노동자로서의 당연한 권리임에도 불구하고 각종 변칙이 발생하는 것, 노동자로서 최소한의 보호기준이 망가지고 있는 것이 현실입니다. 많은 것을 바라지 않습니다. '사회적 합의'가 잘 지켜지는 정도면 됩니다. 그것은 청년만이 지킬 수도 없고, 그동안 변칙과 융통성이라는 이름으로 사회적 합의를 무너뜨렸던 수많은 사람들에 대한 처벌과 모든 세대와 국민들이 지켜야 하는 것입니다. 변칙과 융통성이라는 이름의 불공정에 대한 분명한 규제가 없는 것이 가장 큰 문제가 아닐까요."

보배(31·제주) "최근 언론을 비롯한 사회에서 청년세대가 공정을 가장 중요하게 여기는 가치인 것처럼 말하지만 정말 공정을 중요하게 여기는지, 그 공정이 정말 단일한 관점인지에 대해서는 제대로 들여다보고 있지 않은 것 같습니다.

빠르게 분화하는 세대, 다양성이 커진 사회 속에서 이전 세대와 같이 청년세대가 확실한 문제를 바꾸기 위해 단일한 목소리를 내는 것은 어려워졌습니다. 게다가 청년세대 내에 격차와 삶의 형태가 다양하다보니 그만큼 다양한 목소리들이 튀어나오고 있습니다. 서로 상반되는 의견들이 청년세대 내에 함께 존재하는 것이죠.

이는 공정에서도 마찬가지입니다. 어떤 청년에게 공정은 능력주의의 다른 말일 수도 있고, 사회적 불평등을 줄이는 것을 의미할 수도 있습니다. 청년 개개인이 바라보는 공정의 지점이 다르다는 것입니다. 그런데 마치 청년들을 단일한 개체로 보고 청년들은 공정을 최대의 가치로 보는 것처럼 말하는 것처럼 만든 것은 정말 청년들인지 사회인지 의문입니다.

다만 청년들의 삶이 그리 호락호락하지 않은 것은 분명합니다. 경제는 침체됐는데 경쟁이 치열해지며 직장 일만으론 미래를 보장할 수 없게 됐고, 열심히 일해도 직장에서 위로 갈 수 있을지 의문인 건 물론, 이 직장이 나의 평생직장이라 생각할 수 없는 환경 속에서 열정을 바치기보다는 그 시간에 휴식을 가지거나 또다시 자기계발에 나서야 하는 상황이 청년들이 겪고 있는 삶입니다. 전보다 경제적 풍요가 있을지언정 불안정 속에서 떠도는 것이 내재화돼버린 세대가 지금의 청년이죠.

지금의 청년세대를 말할 때 가장 많이 나오는 말 중 하나가 '워라밸(일과 삶의 균형)'입니다. 그만큼 경제적 소득보다 삶의 여유를 찾는 세대였던 청년세대가 왜 코인과 주식 등에 뛰어들고 있는 것일까요. 삶의 균형을 찾고 싶은데, 월급을 모으는 것만으로는 집 사는 것도 어렵고 당연히 안정적인 삶을 그려나가는 상상이 힘들기 때문일 것입니다. 즉, 절망적 상황을 깨고 싶어 조금의 가능성이라도 한 방을 노릴 수 있는 도박과도 같은 선택을 하고 있는 것이죠. 코인이 요동치는 것을 매일 눈으로 보면서도 그 속에서라도 희망을 찾아보겠다는 몸부림을 우리는 그저 철없는 청년들의 만용 정도로 치부하

02. 공정

고 있는 것은 아닌가 생각해봐야 합니다. '왜 586은 주식, 부동산으로 돈을 벌었으면서 우리에게 코인이라는 돈 벌 기회마저 빼앗냐'는 외침은 그것이 공정에 위배된다는 외침이 아니라 투기에 가까운 불안한 시장임을 알더라도 그것에라도 희망을 걸고 싶은 절박함에서 나오는 절규가 아닐까요."

최미정(19·강원) "이 사회가 공정하다고는 생각하지 않는다. 일단 난 강릉에서 살고 있고, 청소년이며, 여자이다. 지역 차이, 성별 갈등, 나이 차별, 자본의 차이 등등 여러 걸림돌이 많았다. 이거 말고도 여러 차별들과 갈등들이 이 사회엔 존재한다. 그럼 과연 이 사회가 공정한 사회라고 말할 수 있을까."

최진(31·대전) "'공정'이라는 단어 하나만을 가지고 제가 느끼고 있는 공정에 대해 논하고자 하니 당혹스럽기가 그지없습니다. 각 단어들은 단어로서만 존재하는 것이 아니라 그 사람의 성격과 성품을 나타내는 중요한 언어적 외모가 되기 때문입니다.

　　본론으로 제가 느끼는 현대 사회의 공정에 대해 논하기에 앞서 간단한 비유를 하나 들어보고자 합니다. 예컨대 바늘을 만드는 회사의 바늘구멍의 좌우 간격과 그물을 만드는 회사의 그물 구멍의 좌우 간격에 길이에 있어 오차허용 범위는 어느 회사가 더 유연할까요?

현대 사회의 다양하고 복잡한 사회망 속에서 한 부분을 꼬집어 공정을 논하기에는 무리가 있습니다. 바늘구멍과 같이 정교한 작업을 필요로 하는 사회제도의 경우 좌우의 오차를 최대한 줄이기 위해 다양한 공정을 거쳐 남은 소량의 철만이 바늘구멍의 구성이 되지만, 그 물코의 경우 한 매듭 정도는 유연하게 대처할 수 있을 것입니다.

현대 사회 속에서도 목적과 용도를 훼손하지 않는 선에서 고려해야 할 공정이 있고, 목적과 용도를 위해 존재해야 하는 공정이 있을 것입니다. 범법자에게 법조계에 종사하지 못하게 하는 제도를 '공정하지 못하다'라고 표현하지 않듯, 공정은 '공정하고 올바름'이라는 단어 뜻에서도 들여다볼 수 있듯이 올바른 용도로 사용되어야 할 단어라고 생각합니다.

끝으로 저도 생각해봄직한 재밌는 상상을 나누고자 합니다. 모두가 한번쯤은 꿈꿨을 자동차인 독일의 벤X차량을 모든 국민이 타고 다닌다면 과연 '공정하다'라고 표현할 수 있을까요? 또 매일 아침 신선한 공기를 당연하게 마시는 것을 가지고 '공정하다'라고 표현할 수 있을까요? 공평과 공정은 다르며 아이러니하게도 두 단어 모두 욕심에서 비롯된다면, 그것은 한정된 자원을 나누기 위한 방법론의 싸움이 됩니다. '공정'과 '공평'을 앞세워서 말이죠."

사회 각 분야에서의 공정 실현

———

역시 공정은 핫이슈인 것 같습니다. 많은 청년들이 답을 주셨네요.

답을 준 한 분 한 분의 의견이 가슴에 와닿습니다. 할 말이 정말 많은 듯 모두 길게 대답을 주었습니다. 정말 감사합니다. 공정이란 '정의'라는 홍명근 님, '우리 사회에서 공정보다 불공정을 찾기가 쉽다'는 김수연 님, '몸을 던져도 다치거나 죽지 않는 것'이라는 소바 님, '시험으로 사람을 줄 세우지 않는다'는 열아홉 살의 박서준 님, '모든 사람의 출발선을 같게 하는 것'이라는 정채민 님, '기회의 우선순위를 운에 덜컥 맡기지 않는 것'이라는 가람 님, '공정을 설명하는 유명한 그림을 떠올리자'는 그물 님, '공정은 민주주의와

도 같다'는 Tag 님, '청년의 삶은 늘 경주마 같다'
는 박희선 님, '희망을 걸고 싶은 절박함'이라는
보배 님, '지역 차이, 성별 갈등, 나이 차별, 자본의
차이 등등 여러 걸림돌이 많다'는 고3 학생인 최
미정 님, '복잡한 사회망 속에서 한 부분을 꼬집
어 말하기 어렵다'는 최진 님께 감사의 말씀을 드
립니다.

　　모두들 깊이 있는 대답을 해주었습니다.
말로만 외치는 공정이 아니라 사회의 여러 분야
에서 공정이 실현될 수 있도록 최대한 노력하겠
습니다. "청년의 삶은 늘 경주마 같았다"는 대답
을 읽으며 저 자신을 돌아보았습니다. 저의 삶도
경주마 같았습니다. 이제 고3인 최미정 님의 글은
많은 생각을 불러일으켰습니다. 세상에 나오기도
전에 세상이 불공정하다고 느끼고 있으니, 어른
들의 책임이 참으로 크다고 할 수 있습니다. 공정
에 대한 여러분의 마음이 바로 제 마음입니다.

　　공정한 세상을 위해 이재명은 합니다.

여러분에게 정의란 무엇인가요?

2014년에 출간된 마이클 샌델의 『정의란 무엇인가』는 베스트
셀러이기도 했지만 참으로 인상 깊은 저술이었습니다. 그 책의 도입
부분에는 매우 논쟁적인 사례가 나옵니다.

"2004년 여름, 허리케인 찰리가 플로리다를 휩쓴 뒤 대서양으로
빠져나갔다. 찰리로 인해 22명의 인명피해와 110억 달러의 재산

피해가 발생했다. 올랜드에 있는 어느 주유소는 2달러짜리 얼음 한 봉지를 10달러씩 받고 팔았다. 쓰러진 나무들을 치우느라 전기톱을 사거나 지붕을 수리하려는 사람들도 크게 늘었다. 그러자 주택 수리업자들은 지붕을 덮친 나무 두 그루를 치우는 데 무려 2만 3,000달러를 요구했다. 가정용 소형 발전기를 팔던 가게에서는 평소 250달러 하던 발전기를 2,000달러에 팔았다."

_마이클 샌델,『정의란 무엇인가』

우리말로 하면 바가지요금을 물렸다는 겁니다. 우리나라도 여름 휴가철이면 자주 이런 상황이 생겨납니다. 논쟁은 두 개의 시각에서 전개되었습니다. 첫 번째 시각은 시장논리였습니다. 폭리마저도 시장이 결정한 가격이라는 것이지요. 공급을 적고 수요는 많으니 당연히 가격이 오를 수밖에 없는 것이고, 그에 따라 생산이 늘고 공급이 많아지면 다수가 복지(경제적 번영)를 누린다는 논리였습니다. 두 번째 시각은 미덕논리였습니다. 상인들이 타인의 절박함을 이용하여 재화를 약탈했다는 것이지요. 그래서 폭리를 취한 상인들의 탐욕은 악덕이라는 것입니다. 이것은 시민의 미덕과 충돌한다는 논리입니다.

청년 여러분. 정의는 이처럼 아슬아슬한 경계에 놓여있을 때가 참 많습니다. 여러분이 생각하는 정의는 어떤 것인가요? 구체적인 사례를 들어 답을 주시면 제가 한 수 배우고자 합니다.

나에게 정의는……

홍서윤(35·서울) "코로나19가 처음 발발하고, 마스크 대란이 있었습니다. 마스크 한 장 가격이 수천 원에 이를 정도로 갑작스럽게 마스크 가격이 치솟았습니다. 공급이 적고 수요가 많으니 재화의 가격이 오르는 것은 당연하겠지요. 하지만 마스크는 일반적인 재화가 아니었습니다. 생존에 직결된 필수품이었습니다.

어떤 정의가 올바른지, 그것은 상대적일 것입니다. 물론 마스크를 파는 사람들은 단시간에 상당한 부를 축적할 수 있기 때문에 억울함을 주장하겠지요. 물론 그 재화가 인간의 생명이나 국민 전체의 이익, 그리고 재난 재해와 같은 상황이 아니었다면 저 역시 반대하지 않았을 것입니다. 하지만 모든 것을 시장의 논리로만 설명한다면, 아마 우리 사회는 더욱 어려움에 직면할 것입니다. 국민의 복지 근간을 흔들고, 인간의 존엄과 직결되는 시장 재화, 특히 재난재해 상황에서 이러한 가격 폭리 논리에 편승하는 것은 정의롭지 못합니다. 당장 마스크 한 장으로 재해를 예방할 수 있음에도 돈이 없다는 이유로 마스크를 판매하지 않고 사람이 죽어가는 모습을 본다면, 그것이 과연 이로울까요? 결과적으로는 궁극적인 구매자를 모두 잃게 되는 것이지요. 단기적으로 장사를 할 사람이 아니라면 그런 무모한 짓을 하지는 않을 것입니다.

21세기에 살고 있습니다. 그 정도의 인간 존엄성은 충분히 고려할 만하다고 생각합니다. 그것이 정의이고 정의로운 사회이겠지요. 공동의 선을 추구하여, 함께 잘 사는 사회 말입니다. 결국 미래의 잠재 소비자를 모두 잃는가, 그렇지 않은가에 대한 판단을 해야 합니다. 영리한 판매자라면 정의로운 선택을 할 것입니다."

GW(32·대전) "정의란 단어를 들을 때마다 범죄의 양형에 대해서 늘 생각하게 됩니다. 누군가는 라면을 훔쳐서 징역 3년 6개월, 계란 18개 훔치고 징역 1년, 성매매 알선 유명 연예인 징역 3년, 미성년자 11명 연쇄 성폭행범은 징역 15년, 한 아이의 인생을 지워버린 성범죄자 징역 12년, 친구를 살해한 촉법소년은 형벌 없이 보호처분. 과연 우리나라의 양형 기준이 정의로운가요? 범죄를 저지르기 좋은 나라라는 말을 들을 정도로 우리나라의 양형 기준은 참 애매모호합니다.

소년법이라는 것이 국가의 보호를 통해 범죄자를 양성하는 것은 아닐까? 그럴 바엔 적당한 처벌로 인해 교화시키는 것이 정의로운 것이 아닌가? 이런 고민을 한 적이 있습니다. 한 아이의 인생을 지워버린, 인간이라고 볼 수 없는 성범죄자가 12년 형을 살고 사회에 나왔는데, 다른 사람에게 피해를 주기 전에 저 사람에게 해를 가하는 사람은 정의로운 사람일까? 그가 이 시대의 의적일 수도 있다는 얘기를 친구들과 나눴던 적이 있습니다.

저는 국민의 안전과 인간의 존엄성을 국가에서 지켜줘야 한다고 생각합니다. 그게 정의로운 나라라고 생각합니다. 코로나로 인해 먹고살기 위해 라면을 훔치는, 소위 장발장 범죄라고 하는 생계형 범죄자들이 늘어나고 있다고 하는데, 정의로운 나라라면 그들을 처벌할 수 있을까요? 이건 정의롭지 못한 국가의 잘못인가요, 국민으로서 존엄과 가치를 부여받지 못하고 행복을 추구할 권리를 잃어버리고 살기 위해 범죄자가 된 그들의 잘못인가요?"

홍명근(36·경기) "시장은 돈을 벌려고 하고 상인은 재화를 탐하는 게 당연하다고 생각합니다. 하지만 이에 앞서 국가는 재난으로부터 국민을 지켜줘야 한다고 생각합니다. 얼음이 1만 원이 넘고, 발전기 요금이 10배 오른다면 어떻게 살겠습니까?

연봉 4,000만 원은 받아야 월급 300만 원이 될까 말까 한 세상입니다. 하지만 지금 사람인, 인크루트, 잡코리아 들어가면 연봉 4,000만 원 주는 데는 대기업 빼고는 찾기가 힘듭니다. 대부분의 사람들이 중소기업에서 일합니다. 아버지 용돈이 월 30만 원인 건 다 빠듯한 생활비 때문인 거죠.

제가 생각하는 정의는 사람이 어떤 일을 하든지 간에 사람으로서의 존엄, 즉 '기본'은 지킬 수 있는 것입니다. 꼭 금전적인 기본만이 아닙니다. 제가 아는 친구는 방과후 강사인데 어느 날 초등학교 아이가 "선생님은 제가 엄마한테 말하면 언제든지 잘려요."라고 했다고 합니다.

사람이 사람답고, 기본이 무너지지 않는 세상이 정의라고 생각합니다. 재난 상황에서 얼음은 비싸서 못 사더라도 생존을 위한 물을 살 수 있는 세상. 그게 정의라고 생각하고 그런 세상을 국가가 만들어야 한다고 생각합니다."

김수연(27·서울) "허리케인이라는 다 같이 겪는 재난상황에서 평소 값의 몇백 배나 높여 받는 것은 수요와 공급을 따졌을 때 그럴 수밖에 없다 하겠지만, 그것이 생존에 꼭 필요한 물과 같은 것이라면, 결국 돈이 많은 사람만 생존할 수 있고 돈이 없는 사람은 물을 못 마시고 죽을 수도 있다는 말입니다.

애초에 우리가 약속한 시장원리는 사회의 효율성에 따라 약속된 것입니다. 우리는 모두가 행복한 공동체를 이루기 위해서는 각자가 속하는 위치에서 열심히 일하고 그 대가로 받은 돈으로 서로의 생산물을 사고파는 시장의 원리가 효율적이라고 생각하고, 이 원리에 따라 살아가고 있습니다.

그러나 돈을 사용해 필요한 물품을 사고팔지만 그것이 한 개인(상인)의 이익으로만 돌아가는 구조가 된다면 자본주의 시장원리가 공동체를 위한 최선의 선택이지는 않을 것 같습니다.

그 대안 중에 하나로 복지제도가 도입되게 되었고, 그로 인해 소득재분배의 노력이 이루어지고 있다지만 미비한 수준입니다. 기득권들은 자신의 돈과 그로 인한 권력을 쉽게 내어놓지 않습니다. 이 구조는 또 다른 개입의 노력 없이는 평등한 형태가 저절로 되지 않을 것입니다.

어쩌면 어떤 사회에서도 완전한 평등이란 없고, 어쩔 수 없이 생겨나게 마련인, 힘을 가진 자와 가지지 못한 자의 관계를 '어떻게 최대한 균등하게 만들 것인가' 하는 것이 정의에 대한 질문이라고 생각합니다.

정의란 어떤 사회이냐에 따라서 다른 형태일 것입니다. 같은 사회에서도 시대에 따라 달라질 것입니다. 따라서 정의란 고정적인 것이 아닌 유동적인 것일 겁니다. 정의란 마치 옛날 세탁기에 있던 수평계 같습니다. 조금만 바닥이 기울어져도 동그라미가 빨간 원 밖으로 빠지기 때문에 수시로 확인하고, 원을 벗어났다면 바닥에 판을 깔아서 균형을 맞춰주어야 세탁기가 바로 섭니다. 그때 수평계 동그라미 위치를 확인하고, 밑에 판을 대어서 균형을 맞추려고 하는 것은 사람입니다.

이처럼 정의란 현시대의 균형이 깨진 것을 계속해서 확인하며 그 균형을 맞추기 위한 사람들의 에너지와도 같다고 생각합니다."

소바(29·부산) "자본주의와 민주주의의 양립에서 늘 민주주의에 더 무게를 싣는 것이 우리에게 필요한 정의라고 생각합니다. 자본주의적 정의가 아닌 민주적 정의를 바랍니다. 시장이 아닌 곳에서만큼은 늘 한 사람이 1인분의 권리를 가질 수 있었으면 좋겠습니다."

Tag(31·경기) "『정의란 무엇인가』를 읽지 않았다. 다만 살아온 삶과 경험 속에서 내가 생각하는 정의는 다음과 같다. 정의는 결론과 결과라는 잣대로만 바라보면 안 된다는 것이다. 많은 이들이 정의는 법에 있다고 한다. 그리고 권력의 구조상 높은 곳을 향할수록 법의 결과가 중요하다고 이야기한다. 맞는 말이기도 하다. 법은 이 사회의 균형을 맞추는 중요한 역할을 하기에. 하지만 그 과정을 이야기하지 않고 법만 이야기한다면 매번 우리 사회는 '정의란 무엇인가'라는 주제로 싸우기만 하게 될 것이다. 그렇기에 사회를 비추는 눈(언론, 미디어, 콘텐츠 등)은 결론과 결과에 집중하기보다 더욱 이 과정과 이야기를 사회에 내보내야 한다고 생각한다. 그래야 우리 사회는 정의라는 주제로 싸우는 것이 아닌, '이야기를 할 수 있기' 때문이다. 어차피 결론과 결과는 법이 내려주기 때문에."

우왕(32·부산) "제가 생각하는 정의는 불의가 특정한 누구, 특정한 행위로 좁혀지지 않는 사회입니다. 빅토르 위고가 말하고자 했던 정의도 이런 시선 위에 있다고 생각합니다. 많은 분이 알고 계시는 장발장이라는 인물 역시 행위로만 평가하자면 공공의 질서를 위배하고 타인의 재물을 갈취한 절도범이지만, 그만의 지평에서 행위를 바라본다면 다양하지 않은 선택지, 내일이 오늘보다 나아질 것이라는 기대가 보이지 않다는 걸 알 수 있지요. 정의를 말하기 위해 반대급부인 불의를 누군가로 특정해 구체화하고 형상화하는 것은 그리 정의롭지 못하다고 생각합니다. 불의가 없어도 정의는 그 자체로 존재할 수 있습니다. 진정한 정의는 한 개인이 어떤 선택으로 몰리고 있는지, 그 선택 말고 다른 선택지는 없었는지 함께 짐작해보는 것에서부터 출발합니다. 정의로운 사회, 진정한 공동체적 우애를 되찾기 위해선 한 인간의 행위를 맥락과 함께 따져보는 여유가 필요합니다. 이재명 님은 그 여유를 어떻게 마련하실지요."

청년이 말하고 이재명이 시원하게 합니다!

정의가 광기가 되지 않도록

―――――

역시 청년들은 정의보다는 공정에 더 관심이 많은 것 같습니다. 사실 두 개념은 같은 뜻이라고 할 수 있습니다. 정의의 문제는 진리나 신념의 문제가 아닙니다. 정의는 객관적 의식과 사물의 문제입니다. 주관에 매몰되면 정의는 곧 광기가 됩니다. 진리나 신념이라는 주관이 정의가 되려면 무엇보다 사회적 약자와 소수자에 대한 연민 혹은 휴머니즘이 전제되어야 한다고 저는 생각합니다. 그것을 배제한 진리나 신념은 정의일 수가 없는 것이지요.

그러나 우리는 너무도 쉽게 권력의 정의, 정치의 정의, 이데올로기의 정의, 개인의 정의에 매몰되어있습니다. 여기에 대해 니체는 『차라투

스트라는 이렇게 말했다』에서 "나는 너희의 냉혹한 정의를 좋아하지 않는다. 너희 판관의 눈에는 언제나 교수형 집행인과 그의 차디찬 칼날이 번쩍인다."라고 했습니다.

우리나라에는 광기를 정의라고 생각하는 사람이 꽤 있습니다. 심지어는 광기를 정의라고 선전, 선동하는 사람들도 공공연히 나타나고 있는 실정입니다. 대표적으로 검사와 판사 출신들 몇이 있습니다. 몇몇 언론은 이들을 선지자처럼 떠받들고 있고요. 이들이야말로 헌법을 제멋대로 해석하고 훼손하는 사람들입니다. 그런데도 그들은 헌법수호를 정의로 내세우고 있습니다. 저는 그것을 광기라고 부르며 그들을 거짓 선지자라고 부르고 싶습니다. 그들 때문에 고귀한 태극기만 더럽혀졌습니다.

GW 님, 홍명근 님, 김수연 님, 홍서윤 님, Tag 님, 우왕 님, 소바 님의 답변 잘 읽었습니다. 정의라는 주제로 싸우지 말고 이야기를 할 수 있어야 한다는 말씀, 반드시 명심하고 진행하도록 하겠습니다.

코로나 대유행,
우리는 무엇을 해야 할까요?

———

2019년 겨울부터 코로나19가 지구와 인류를 덮쳤습니다. 사스나 메르스와는 전혀 다른 코로나 변종이었습니다. 감염률과 사망률이 상상을 초월할 정도였습니다. 한 국가뿐만 아니라 인류의 삶 전체에 위기가 닥쳤습니다. 위기는 변화와 전환을 요구하고 있습니다.

"앞으로 세계는 BC(Before COVID-19)와 AC(After COVID-19)로

나뉠 것이다.”

「뉴욕타임스」 칼럼니스트 토머스 프리드먼의 말입니다. 많은 전문가들이 여기에 덧붙여 ‘앞으로 세계는 BC와 WC(With COVID-19)로 나뉠 것’이라고 진단하고 있습니다.

인간의 눈에는 보이지 않는 미세한 바이러스가 태풍처럼 몰려와 모든 것을 바꾸고 있습니다. 사람들은 코로나의 날들을 견디면서 이전의 삶으로 돌아갈 날을 기다리고 있습니다. 하지만 우리는 과연 BC로 돌아갈 수 있을까요?

이러한 와중에 델타 변이종이 급속도로 전파되고 있습니다. 델타 변이가 발생하기 이전에는 K방역이 성공적으로 진행되고 있었습니다. 백신을 접종하면 BC의 시대로 돌아갈 수 있을 줄 알았던 국민들은 크게 당황했고 자영업자들은 혼란에 빠졌습니다.

청년 여러분, 코로나 팬데믹의 위기를 어떻게 극복해야 할까요? 방역과 접종뿐만 아니라 어떤 정책들이 필요한지 여러분들의 솔직한 고견을 듣고자 합니다. 귀한 답변 기다리겠습니다.

나에게 코로나19는……

Tag(31·경기) "코로나 팬데믹과 관련해 나는 문재인 정부를 칭찬한
다. 가장 큰 헌법의 테두리 속 권리를 최대한 유지하고자 하는 모습
이 보였기 때문이다. 다만 여기에 더하여 우리는 인간에게 주어진 기
본 권리에 대해 더욱 고민하고 그에 대한 해답을 내놔야 팬데믹의 혼
란을 막을 수 있을 것이라고 생각한다.

　이 기본 권리에 대해 개인적인 이야기를 해보자면, 인권위에
서 말하는 기본권은 매우 좁은 의미로 해석되고 있고, 정부는 이 부
분만 인정하며 시민들의 기본권을 팬데믹으로부터 지키고자 하는
모습을 보여주고 있다. 하지만 주거의 불평등, 날이 갈수록 심해지는
불평등 격차 등 기본권에 들어가지 못하는 부분들은 시민들이 안전
망으로 보장받지 못한 채 이와 관련된 이야기는 '개인의 재산을 지켜
야 한다', '포퓰리즘이다' 등의 이야기로 결론지어져 어찌하지도 못
한 채 흐지부지되어버린다. 과연 이 부분은 기본권으로 다뤄지지 못

하는 것인가? 우리가 살아가기 위해선 안전한 공간이 있어야 하고 그 안전한 공간은 주거라는 공간이 만들어주는 것인데, 그것이 기본권에 들어가지 않고 사회권이라는 이유로 방치된다면 이번 코로나 팬데믹, 다시 찾아올 수 있는 재난에서 시민들은 다시 소외되고 사회에서 시민으로서 인정받지 못하는, 민주주의 밖에서 구조를 요청하는 사람이 될 수밖에 없다."

롱(34·전북) "코로나19 이후 정부가 다양한 과감한 정책(재난지원금)을 발표하고 실행했지만 정책 체감도가 높다고 생각하지는 않습니다. 또한 코로나19로 고소득계층과 저소득계층의 차이는 극명해지고, 양극화뿐 아니라 중간계층조차도 삶의 어려움을 토로하고 있는 실정입니다. 그러나 여전히 정부 정책은 소득을 중심으로 정책을 지원하고 있습니다. 사회통합 관점에서의 분배정책이 필요해 보입니다."

ve-eco(31·부산) "코로나19 바이러스가 몰려오고 국민들에게도 많은 위기가 덮쳤습니다. 위기를 맞이하여 변화와 전환이 이루어져왔고 현재도 진행 중일 것입니다. 그리고 현 정부와 지자체들은 그 변화와 전환에 부족하지 않게 대처하고 있는 것으로 보입니다.

코로나 초기에 일어난 마스크 대란도 빠르게 안정화되었고 백신의 접종도 잘 진행되는 것으로 보입니다. 환자의 이동 동선도 빠르게 파악하고 대처하며 어려운 자영업자들을 위한 정책도 꾸준히 나오고 있습니다. 델타 변이종의 확산에 대처하기 위해 더 강력한 사회적 거리두기를 실시하고 있으며 이 또한 현명하게 이겨낼 수 있을 것이라 생각합니다.

세계적으로 백신이 보급되어가고 치료제가 만들어지고 있기에 많은 이들이 코로나가 종식된 이후의 삶을 기대하고 있습니다. 하지만 과연 코로나 종식 후에 모두 행복할 수 있을지 의문입니다. 백신이 보급되고 코로나 종식이 예견되는 이때에 국가는 현재의 대처뿐 아니라 코로나 종식 후의 정책들에 대한 가이드라인 또한 확립해야 할 필요가 있다고 생각합니다. 작년 마스크 대란 위기를 이겨낸 이후 마스크 생산 업체들의 파산 도미노를 걱정해야 했던 것을 볼 때 위기를 이겨낸 후에 생겨날 문제들이 분명히 있을 것으로 보입니다.

코로나 종식 후에 급증할 해외 방문에 맞춰 침체될 내수경제의 활성화 방안은 무엇일지, 매년 코로나 백신의 접종이 필요할 것으로 예상하는 전문가들의 의견을 볼 때 향후 백신 접종 비용을 지원할 범위와 그 예산 확보에 대한 대비는 어떻게 되는지, 코로나 백신과 치료제에 대한 의약품 급여 등재의 여부 등 코로나 종식 전인 지금 당장 겉으로 드러나는 문제들만 봐도 너무나 많은 걱정이 산재한 것이 현실입니다.

아직 뚜렷한 모습이 보이지는 않는 문제들이지만 과거 사스

04. 코로나

극복 후 질병관리본부를 설립하여 이번 코로나 사태에 신속하고 현명하게 대처했듯이 정부와 그 기관들은 국민들보다 한발 앞서 보는 시야를 가지고 미리 대비하여 문제가 닥쳐올 때 국민들이 문제로 느껴지지 않도록 준비하여야 할 의무가 있다고 생각합니다."

홍명근(36·경기) "어제 아이들 제빵 교실을 갔습니다. 20명이 모였는데 단지 아는 사람과 4명이 왔다고 입장이 되지 않았습니다. 20명이 똑같이 수업을 받는데 단지 아는 사람끼리 왔다고 못 보는 건 거리 두기 원칙을 너무 단순 적용한 것 같습니다."

김수연(27·서울) "코로나 상황은 마치 재난영화에서 예고했던, 인간이 불러낸 인류대재앙이 현실화된 상황인 것 같습니다. 우한의 연구소에서 만들어진 바이러스라고도 했으니 정말 인위적인 대재앙인 것이겠죠.

　　우리나라는 방역과 접종을 열심히, 그리고 잘해내고 있습니다. 그러니 그다음으로 저는 무엇보다 개개인의 면역이 중요하다고 생각합니다. 빈부격차에 따라 방역 및 감염 위험도가 다르다고 합니다. 그런데 이것은 사람과 사람 사이에서 감염이 되는 것이니, 내가 조심하지 않으면 상대방도 안전하지 않을 것입니다. 마찬가지로 내 옆에 있는 사람이 건강하지 않으면, 나도 결코 안전하다고 할 수 없는 상황입니다. 따라서 각 개체가 모두 동등하게 건강해야 나 자신도 건강한 것입니다. 여기서 방역, 접종, 면역의 불평등이 지속된다면 누구도 완벽하게 안전할 수 없습니다.

그러므로 스스로 잘 방역하고 건강을 유지할 수 없는 사람들, 예를 들어 노숙자나 취약계층, 사회적 약자들을 위한 정책이 필요합니다. 면역을 위해서 영양가 있는 먹거리와 무엇보다 감염병에서 중요한 부분을 차지하는 위생을 챙겨야 할 것입니다. 즉, 잘 씻고, 깨끗한 곳에서 잘 수 있도록 하는 정책을 통해서 가장 감염병에 취약한 환경에 놓인 분들의 감염 위험도를 낮출 수 있을 것입니다. 나만 잘 먹고, 나만 잘 씻고, 나만 깨끗한 곳에서 온도를 맞추며 자는 것으로 나의 면역만을 높인다고 해서 이 유행을 막을 수 없을 것입니다."

조항결(21·인천) "저는 2001년생으로 스무 살 성인이 된 지 얼마 안 됐을 때 코로나가 대유행했고 대학교 새내기배움터 몇 주 전에 전면 비대면수업이 결정되어 현재까지 학교 수업을 오프라인으로 듣지 못했습니다. 학교의 수업을 직접 듣지 못한다는 것도 아깝지만 코로나로 인해 여러 활동의 제약이 있는 것이 아쉽습니다. 배우고 싶은 것도, 보고 싶은 것도, 가보고 싶은 곳도 많지만 대부분 하지 못하고 있습니다. 코로나 중에, 혹은 코로나 종식 후에 직접적인 경제적 지원을 하는 것도 많은 도움이 될 것입니다. 그러나 현재 청년들의 문화생활과 체험의 기회를 지원, 보장하는 정책들이 뒷받침되면 좋을 것 같습니다. 오랜 기간 문화생활 및 사회활동과 자가격리를 한 청년들에게 공백기를 채우고 더 발전할 수 있는 기회가 마련되면 좋겠습니다."

가람(30·서울) "'코로나'라는 단어가 가진 공포를 우선 극복해야 합니다. 더 이상 공포만이 아닌 희망을 이야기해야 합니다. 이제 백신 접종률이 집단면역 형성의 가능성을 보이며 빠르게 오르고 있고, 치명률은 국제적으로도 많이 낮아지고 있습니다. 심한 독감 정도로 그 위험성이 낮아질 때까지 강력한 면역정책을 펼치는 것이 좋다고 생각합니다.

또한 코로나로 직장을 잃은 이들에 대한 지원은 물론 가장 최우선이겠지만, 이런 고통이 하위계층에게 집중될 수밖에 없던 국내 노동시장에 대한 철저한 분석과 개혁도 필요합니다.

추가로 코로나를 '천재지변'이나 '심각한 국가위기 상황'으로 규정하고 국가적인 결정으로 각 건물 및 주거 임대인들이 임대료 문제에 대해 최소한의 국가적 보호를 받을 수 있도록 조치하여야 합니다."

이희연(30·경기) "코로나는 다시 유행의 국면에 접어들었고 이제 새로운 고민이 필요한 시점입니다. 저는 앞으로는 바이러스와 함께 살아가야 한다고 생각합니다. 인류가 많은 발전을 하며 지구의 환경을 파괴한 만큼 인간에게도 반대의 작용이 작동한다고 봅니다. 또한 인간이 지구로부터 받은 만큼 감당해야 할 것도, 책임도 늘어났다고 생각합니다. 따라서 이에 맞는 적합한 정책과 사람들의 인식 체계가 필요합니다. 바이러스를 지나치게 두려워하지 않고, 그렇다고 긴장을 놓아서도 안 되며, 적절한 지점을 지혜롭게 찾아야 합니다. 고위험군 보호 완료 시점을 앞당기기 위해 50대 이상과 기저 질환자 백신 보급을 서두르고, 방역 완화를 순차적으로 진행하여 코로나 블루와 같은 시민들의 정신 건강에도 신경을 기울여야 할 것입니다. 또한 고위험군 보호 완료 이후 자가격리, 국외 유입 차단, 확진자 수 집계 등 방역 대책에 대해 다시 검토해볼 필요가 있습니다. 새로운 세상에 적용될 수 있는 실용적이고 효과적인 정책이 필요합니다."

소바(29·부산) "세율 인상(탈세전문가들이 빠져나갈 구멍을 잘 막아주세요)과 보편 복지를 강화했으면 좋겠습니다."

최진(31·대전) "며칠 전 미국에서 부스터 샷을 자국민을 대상으로 접종한다는 기사를 접한 기억이 납니다. 국제보건기구에서는 미국의 부스터 샷보다 타 국가의 집단 면역 형성을 위한 백신 공급을 요청했지만, 미국은 자국민의 부스터 샷을 선택했습니다.

지구 반대편까지 24시간도 채 걸리지 않는 현대 사회를 지구

촌이라고 표현하기 시작한 지 어언 10년이 넘었습니다. 그만큼 국가 간의 거리는 가까워졌고, 교류와 무역은 국가재정에 큰 분모를 차지하고 있습니다. 코로나바이러스를 만들었건 만들지 않았건 단 한 명으로부터 시작한 바이러스는 헤아릴 수 없을 정도의 전파와 진화를 거듭하며 성장하고 있지만, 인류는 아직 그 해결책을 찾지 못한 실정입니다. 현재까지도 그러했지만, 앞으로도 바이러스의 변이는 쉽게 막기 어려울 것이고 변이로 인한 바이러스의 확산은 더욱 예측이 불가능한 상황입니다.

　　하지만 한편으로 참으로 다행인 것은 코로나는 우주에서 온 것이 아니라 기존에 인류의 곁에 존재하던 바이러스라는 사실입니다. 인류는 바이러스와 함께 공존하며 여생을 살아왔기에 언젠가는 코로나바이러스가 인류와 함께 공존할 만큼 인류가 진화할 날이 도래할 것이라고 생각합니다. 다만 현재의 상황이 여의치 않아 어려움을 겪고 있는 소상공인 분들을 위한 지원도 지원이지만, 지원에서 한 발 더 나아가 코로나 시대의 생존환경을 마련할 수 있도록 새로운 방향성을 제공해주어야 한다고 생각합니다. 또한 개인의 부주의로 인한 지속적인 집단감염 사례가 발병하고 있는 만큼 코로나 바이러스에 대한 경각심과 바른 인식이 수반된 국가적 차원의 교육과, 집단감염을 차단하기 위한 방법론적인 방역수칙은 지속적으로 개발되어야 한다고 생각합니다."

코로나 시대의 불평등 해소

———

여러분의 대답을 잘 읽었습니다. 가람 님이 '코로나'라는 단어가 가진 공포를 극복해야 한다고 했는데, 절대적으로 공감합니다. 이희연 님의 '새로운 고민이 필요한 시점'이라는 지적에 대해서도 깊이 공감합니다. 코로나 이전으로 돌아갈 수 없다면 코로나와 함께 살아가는 지혜와 정책이 그 어느 때보다도 필요하다고 봅니다. ve-eco 님의 세심한 답변에도 주의를 기울여야 하겠습니다. 룡 님이 제기한 코로나 시대의 불평등과 양극화에 대해서도 적극적으로 고민하겠습니다.

"코로나의 시대에 정치는 국민의 안전을 위해 사회

안전망을 더욱 굳건히 해야 하며 동시에 삶의 질이 폭락한 국민들의 경제도 회복할 수 있도록 최선을 다해야 한다. 사회안전망에는 공공의료 정책의 수립이 필수적이다. 미국의 경우 사망자가 8만 명을 넘긴 이유 중 하나는 의료보험이 공공의 영역에서 설계되지 않고 기업의 이윤을 극대화하는 것으로 설계되었기 때문이다. 그리하여 의료보험이 없는 저소득층들이 코로나19에 감염되어 떼죽음을 당하고 있는 것이다.

어떤 사람에게는 긴급재난지원금이 푼돈일 수 있지만 다른 사람에게는 생명줄처럼 소중한 돈일 수 있다. 자영업자, 소상공인을 비롯한 프리랜서 문화예술인, 일용직 노동자를 비롯한 저소득층의 삶을 피폐하게 둘 수는 없는 노릇이다. 긴급재정지원금의 지급으로 인한 국가 재정의 파탄보다 국민 개개인의 재정 파탄이 더 무서운 노릇이다. 국가 재정을 든든하게 방어하느라 사회안전망이 무너지고 개개인의 삶이 질곡에 내몰린다면, 국가는 무엇이고 정치는 무엇이란 말인가. 해고자들과 일용직 노동자들과 매출 제로에 가까운 사람들의 벼랑 끝에 몰린

전염병 시대의 삶에 대한 깊은 고민이 어느 때보다
도 필요하다."

_정도상, 『정치의 품격』

　　코로나 대유행의 시대에 국가의 역할이
어떠해야 하는지에 대해 문학하는 사람이 매섭
게 요구하고 있네요. 전적으로 공감하고 위드 코
로나의 시대를 잘 준비하도록 하겠습니다.
　　자영업자와 소상공인을 위한 코로나 시
대의 생존환경을 마련할 수 있도록 방향성을 제
시해야 한다는 최진 님의 의견에 많은 공감을 합
니다.
　　위드 코로나로 가려면 시급하게 치료제
가 개발되어야 합니다. 의사의 처방을 받아 약국
에서 약을 사 먹고 집에서 하루나 이틀 정도 휴
식을 취하면 코로나가 낫는, 그런 치료제 말입니
다. 예를 들면 타미*루 같은 치료제가 개발되어
야 한다는 것이지요. 우리나라의 제약업계는 아
직 제대로 된 치료제나 백신을 만들어본 경험이
없는 것으로 알고 있습니다. 이제는 제약업계 스

스로 치료제와 백신을 만들 수 있는 환경을 만들어야 합니다. 그동안 국민의 건강과 관련된 약을 너무 오랫동안 다른 나라의 큰 제약회사에 의존해온 것도 사실입니다. 이를 극복하기 위하여 노력하겠습니다.

코로나 대유행, 여러분의 의견을 받아 이재명은 시원하게 해결하겠습니다.

이재명이 묻다

여러분의 삶에 정치란 무엇입니까?

저는 정치인이기 때문에 정치와 삶의 거리가 아주 밀접한 사람입니다. 정치인으로서 저는 정치를 '공공 서비스(Public Service)'라고 생각하고 있습니다. 왜냐하면 정치가 행위로 나타나는 구체적인 상황은 정책의 입안과 예산(국가와 지방정부의 예산을 모두 포함)의 적절한 배분에 있기 때문입니다. 예산의 적절한 배분과 집행을 통해 국가와 지방정부가 국민의 삶의 질을 높이고 각 국민이 인간으로서의 존엄성을 유지하며 살 수 있도록 하는 것. 이것이 정치의 역할이 아닌가 싶습니다. 또한 개인과 기업의 경제활동을 최대한 지원하며 국가경제를 지속 가능한 상태로 유지할 수 있도록 하는 것도 정치의 역할이 아닐까요? 하지만 그게 말대로 쉽지는 않습니다. 아니, 쉬운 정도가 아니라 무척 어렵습니다.

저는 배제하고 차별하는 정치가 아니라 존중하고 차이를 인정하는 다양성의 정치가 되어야 하다고 생각합니다. 무엇보다도 정치에는 휴머니즘이 있어야 합니다. 휴머니즘이 없는 정치는 가뭄으로 쩍쩍 갈라진 논바닥과 같습니다. 너무 말라 거북등처럼 갈라진 논이 정치판이라면 국가와 국민은 어떻게 되겠습니까? 불안과 불행 속에서 불만 가득한 삶을 살 수밖에 없을 것입니다. 개인의 발전은 고사하고 공동체 내부의 분열도 참으로 심각할 것입니다.

정치는 국민 전체의 경제생활을 고려하여 지하철요금이나 버스요금을 정하는 등 일상생활에서부터 교육제도에 이르기까지 다양하게 개인의 삶과 관계를 맺고 있습니다. 그것을 피부로 느끼는 것은 개인마다 다르겠지요.

청년 여러분. 청년들의 정치 무관심에 대해 어떻게 생각합니까? 그렇게 생각한다면 왜 그렇게 생각하는지 듣고 싶습니다. 정치가 청년의 삶에 가닿기 위해 저 이재명은 어떤 노력을 해야 할까요? 여러분의 솔직한 답변을 기다리겠습니다.

청년이 말하고 이재명이 시원하게 합니다!

내 삶에 정치는……

———

홍서윤(35·서울) "청년들만이 정치에 무관심하다고 생각하지 않습니다. 재미가 없는 것이지요. 관심을 가져도 내 삶에, 내 생활에 유익한 것이 없기 때문에 그렇습니다. 내 생활에 어려움을 해결해주고, 가려운 곳을 긁어준다면 왜 관심이 없겠습니까. 청년들이 문화콘텐츠와 아이돌 등에게 관심을 가지는 이유가 무엇이겠습니까. 짧은 시간이라도 나에게 효용이 발생하기 때문입니다. 우리 사회 청년들은 정치를 통해 '효용'을 경험해보지 못했습니다. 이제 겨우 조금 하는 단계입니다.

또한 청년들이 생각하는 정치는 기존의 방식과 상당히 차이가 있습니다. 이념 논쟁보다는 '생활'과 '삶'에 더 보탬이 되는 정치를 원합니다. 수백 개의 정책과 공약이 쏟아져나와도, 나에게 도움 되는 정책이나 공약이 없다면 그 정치는 재미가 없는 정치입니다. 내가 한 표를 행사했을 때 나에게 득이 되고 '효용'이 발생하는 정치가 청년에게는 절실히 필요합니다.

그 효용을 만들어내기 위해서는, 청년의 목소리를 적극적으로 들어야 합니다. 설령 그것이 정부 차원이 아니라 지방자치단체가 이행해도 되는 아주 작은 단위의 의견이라도 하더라도 '듣는 연습'이 필요합니다. 그리고 청년의 목소리를 듣고 끝내서는 안 됩니다. '잘 들었습니다~'라는 끝맺음은, 청년에게 자신의 에너지, 시간을 낭비했다고 경험케 합니다. 효용을 매우 떨어뜨리는 일이지요. 작은 단위의 의견이라도 이것이 어떻게 적용될 수 있는지 가부를 분명히 설명해주어야 합니다. 즉, 의견의 수렴 여부 또는 수렴되지 않는 그 모든 상황을 설명해주어 '효용'을 높이는 것이 핵심입니다."

롱(34·전북) "제가 투표한 첫 대통령 선거의 당선자가 이명박 대통령이었으며, 그 이후 박근혜 대통령이었습니다. 공정과 정의가 살아 있는 나라를 만들어준다던 많은 정치인들이 오히려 공정하지 않고 정의롭지 않은 정책들을 보여줌으로써 청년을 정치 무관심, 더 나아가 정치혐오를 하게 만들었다고 생각합니다.

정치가 청년의 삶에 가닿기 위해선 정치효능감을 줘야 합니다. 이재명 님이 성남시장, 경기도지사직을 수행하셨을 때 하셨던 과감한 정책. 대통령이 되어도 그 기조와 신념은 잃지 않으셨으면 좋겠습니다."

홍명근(36·경기) "촛불 이후 거대 여당이 만들어졌지만, 제 삶은 딱히 변한 게 없습니다. 오히려 부동산은 오르고 몇몇 인사의 부동산 논란을 보며 거기서 거기라는 걸 느꼈습니다. 저는 예전에 장하나 의원, 김광진 의원이나 지금 정의당의 류호정 같은 청년의원들 너무 일 잘했고 잘하고 있다고 생각합니다.

정권 교체가 아니라 정치 교체가 필요한 듯합니다. 아예 다른 세대에서 전혀 다른 청년정치인이 나왔으면 좋겠습니다. 내 삶이 좋아지는 혁신적인 정치가 있으면 좋겠습니다."

청년A(30·대전) "삶 속에서 정치를 느끼지 못하는 이유는 '정치＝인물'이 되어버린 모습 때문이라고 생각합니다. 특히나 TV나 인터넷 뉴스에서 '정책'과 '행정'을 찾아보기는 너무 어려워졌습니다. 예를 들어 '검찰개혁'이라는 정책은 색깔을 기반으로 한 조국 찬반, 윤석열 찬반으로 가려져버렸고, 정책은 지워져버렸습니다. 과거의 산업화나 민주화와 같은 정책 역시 박정희 찬반이나 김대중 찬반과 같이 정치색을 기반으로 한 인물 찬반투표로 바뀌어버렸습니다. 국가에서 국민을 위하여 많은 일들을 하고 있으나 그러한 것들이 충분히 전달되지 않아 삶 속에서 정치를 느끼지 못하는 것 같습니다. 또한 이로 인한 피로감으로 청년들이 정치에서 멀어지게 되는 것 같습니다. 젊은 세대는 이전 세대보다 더 개인주의적 성향이 강하고 개인의 이득에 눈이 밝습니다. 정치인들과 언론이 인물 싸움을 중단하고 '국가가 여러분을 위해 이렇게 열심히 하고 있습니다'라는 메시지를 청년들에게 전달할 수 있다면, 또 그로 인해 '올바른 국가 운영이 나에게 이득이 되는구나'라는 것을 느낄 수 있다면 청년들의 정치에 대한 관심이 다시 살아날 수 있을 것이라고 생각합니다."

이희연(30·경기) "저는 청년이지만 정치에 대하여 무관심합니다. 저는 정치를 생각하면, '어렵고 대립하고(싸우고) 피곤하다'라는 생각이 떠오릅니다. 어려운 정책들과 정치인들 간의 대립, 정치에 관심 갖고 의견을 내는 것에 대해서 긍정적인 변화가 부족하다는 생각이 들기 때문입니다.

이러한 무관심을 없애기 위해서는 가장 먼저 청년뿐 아니라 모든 국민들이 가지고 있는 정치의 이미지, 정치인들의 이미지부터 달라져야 생각합니다."

현민(22·경기) "보편적으로 정치는 언제나 사람들에게 먼 일이었던 것 같습니다. 최근에는 주민 자치라는 말이 많이 출현하고 있습니다. 주민센터를 지나다가 본 현수막 같은 것이 생각나네요. 저는 오히려 정치를 자치의 뜻으로 여기고 있습니다. 자치란 스스로 삶을 꾸리는 것이라고 합니다. 정치의 이미지가 많이 왜곡되어있지만, 곰곰이 생각해보면 제 삶과 아주 맞닿아있다고 생각합니다. 그리고 제게도 일종의 의무가 있다고 느끼고요.

저는 정치의 경험을 자주 한다고 생각합니다. 이전에 참여했던 촛불집회, 동의해야 할 일들이 너무 많은 국민청원 링크, 저 대신 다양한 실천을 해내는 각종 시민단체에 후원하는 것들이요. 이재명 님이 하시는 정치와는 많이 다른 모습이겠죠?

그럼에도 정치를 생각하면 멀게 느껴지는 부분이 있습니다. 나와 내 사람들이 느끼는 문제들은 본질적으로 해결이 너무 더디기 때문입니다. 한 사람이 목소리를 내는 일은 정치에 있어 너무 중요하지만, 목소리를 내고 관심을 쏟을수록 힘이 빠지고 무기력해질 때가 더 자주 있습니다. 청년들은 과연 정치에 무관심한가? 왜 청년들은 정치에 무관심한가? 청년들만 정치에 무관심한가? 청년들은 왜 이렇게 자주 사회적으로 무기력해 보이는가? 꾸준히, 촘촘하게 질문을 던지다보면 닿는 곳이 있을 것입니다. 저는 그들에 대해 더욱 궁금해하는 일이 필요할 거라고 생각합니다. 이재명 님께서 말씀하시는 휴머니즘과 다양성의 관점에서 청년들을 바라봐야 할 테고요.

이재명 님께서 얼마나 고민하고 공부하시는지 저는 미처 다 알지 못합니다. 하지만 정치인들이 하는 일들이 제 삶과 정말 밀접하다고 생각하기에 저는 이재명 님께 기대를 걸며 더욱 나아가시기를 바라고 있습니다."

김수연(27·서울) "청년들이 정치에 관심을 가질 수 없는 일상입니다. 자본주의 사회에서 일자리를 얻는 것은 생존을 위한 일입니다. 어느 정도 스펙을 갖추고 있지 않으면 일자리를 얻을 수 없고, 또한 일상을 살아야 하니 돈 되는 알바는 해도 돈 안 되는 일을 하려고 하진 않습니다.

정치적 이슈에 관심을 가지면 그 시간만큼 공부에 시간을 쓰지 못합니다. 이런 상황에서 누가 하루가 멀다 하고 넘쳐나는 정치적 이슈들에 하나하나 관심을 쉽게 가질 수 있을까요.

그리고 어렵습니다. 어느 누가 말도 안 되는 말을 내뱉은 것 역시 피곤하게 읽어야 하고 그것이 맞는지 틀렸는지를 판단해야 합니다. 그리고 틀린 것도 많은 사람들이 판단하고 공감하고 행동해야 그 말을 한 사람의 사과를 받아낼 수 있습니다.

한마디로 어떤 말을 맞이하고 해석하고 판단하는 피로감이 있습니다. 용어는 왜 그렇게 어렵게 쓰는지, 이해하려면 또 시간 내어 공부해야 합니다. 애초에 쉽게 쓰면 너무 적나라하게 좋고 안 좋은 게 보여서일까요. 그러면서 왜 무관심하냐며 또 화살을 돌립니다.

그리고 정치는 서로 공격하는 것이 많은 것 같습니다. 그런데 대부분의 사람들은 비난받는 것을 싫어합니다. 거기에 사회적 경험이 적은 청년들은 그 비난이 얼마나 당황스럽고 두려울까요. 정치는 한마디의 말, 하나의 행동을 잘못한 것을 가지고 무참히 짓밟습니다.

물론 말 하나 행동 하나가 중요하지 않은 것은 아니지만, 사람은 누구나 실수하지 않습니까. 물론 실수에도 경중이 있겠지만요.

넓은 사회에 처음인 것이 많은, 경험이 적은 청년의 입장에서 무리 지어서 한 사람을 힐난하는 것을 견딜 수 있는 사람은 많지 않습니다. 과연 헐뜯는 자신은 그 기준에 완벽하게 들어맞는 사람인지. 물론 이렇게 쓰는 저조차도 완벽하지 않습니다.

제가 생각하기엔 이러한 이유로 인해 정치에 관심을 가지기 어려운 것이 아닐까 싶습니다."

정채민(29·전북) "제 주위에는 선거에서 이기는 것을 스포츠 경기에서 내가 응원하는 팀이 이기는 것 그 이상도 그 이하도 아니라고 생각하는 사람이 많습니다. 그러나 정치는 그것과는 궤가 다릅니다. 좀 더 일상적입니다. 정치인들은 그것을 생각해야 합니다. 이 후보를 뽑아서 나한테 어떠한 이득이 있을지 어떠한 불이익이 있을지를 알아야 하는데, 이 부분에 있어서 저희 세대는 무관심하다고 생각합니다. 즉, 공약을 정할 때 조금 더 일상적인 부분을 생각하고 공약을 정하고 그러한 부분을 알 수 있게 해야 한다고 생각합니다."

소바(29·부산) "휴머니즘이 너무 심하신 건 아닐까요? 차별금지법 제정해야 합니다. 기성세대에 비해 현시대의 청년이 정치에 관심이 덜한 것은 진실에 가까운 현상일 것입니다. 그러나 기성세대의 청년기가 한국 현대사의 격동기였다는 점과 촛불혁명에 참여한 청년세대의 능동성을 함께 생각해보면, 그것이 지금 청년세대의 문제로 정의 내릴 만한 일인가 하고 되묻게 됩니다. 정치 무관심이 아니라 능동적 정치 참여의 어려움이 더 정확한 문제는 아닐까요?

조항결(21·인천) "'너 정치 좋아해?'라고 물으면 '잘 몰라', '관심 없어'라는 이야기가 자주 돌아옵니다. 사실 정치는 교양, 복지, 정책, 활동, 사회 등 우리 삶의 모든 요소를 아우르는 것이라고 생각합니다. 그러나 '복지'나 '활동'이라면 관심이 있지만 왜 정치는 어렵고 관심이 없을까요? 아마 정치는 '싸움'이라는 인식이 있기 때문이라고 생각합니다. 타인의 정치색을 존중하지 않고 서로의 이익을 위해 편 가르기를 위한 정치라면 자연스레 진절머리가 나서 관심이 사라질 것입니다. 어느 한쪽을 지지하는 것을 존중받지 못하고 지지하는 것만으로도 싸움에 휘말린다면 발을 들이기 싫을 것입니다. 존중과 차이를 인정하는 자세는 관심 가는 정치, '정치가 청년의 삶에 가닿기 위한' 첫걸음이라고 생각합니다."

이누리(28·경기) "저는 정치 무관심에 대한 해결책이 '시민참여'라고 생각합니다. 정치가 나와 무관하지 않음을, 내 삶의 곳곳에 영향을 미치고 있으며 그것을 어느 방향으로든 한순간에 바꿔버릴 수 있는 것이 정치임을 시민참여 활동을 통해 알았기 때문입니다. 보다 근본적으로는 공공의 교육에서 '정치는 단순히 계파 싸움이 아니'며 '토론은 말로 싸워 이기는 것이 아니'라는 것을 가르쳐야 하는 것도 포함하겠습니다.

저는 5년간의 시민참여 활동을 통해 내 일상의 불편을 해결하기 위해 내가 직접 정책을 설계하여 제안할 수 있음을 알게 되었고 그 제안이 수용될 수 있도록 협의하는 과정에서 정책과 민주주의, 행정과 정치에 대한 이해가 전제되어야 함을 알 수 있었습니다. 나아가 그것들을 이해하는 것이 귀찮거나 불필요한 공부가 아니라 나와 우리의 삶을 보다 평화롭고 풍부하게 만드는 것임을 알 수 있었습니다.

시민참여 활동을 통해, 공무원들은 우리 세금으로 먹고사는 철밥통들이 아니라 시민 삶의 개선을 위해 바쁘게 고민하고 행동하는 존재들인 것을 알 수 있었고 내가 시민으로서 어떤 것을 요구할 수 있고 어떤 목소리를 내야 하는지 알게 되었습니다. 정부 및 지자체의 시스템을 대략적으로 이해할 수 있었고 정치가 각자의 이익을 대변하고 조율하기 위해 정보를 갖고 토론하는 장이자 도구란 걸 알게 되었습니다. 다른 청년들도 간단한 수준에서 깊이 개입하고 행동하는 수준의 시민참여까지, 스스로가 다양한 수준에서 시민으로 변화를 일으킬 수 있는 존재란 것을 알 수 있게 되길 바랍니다."

GW(32·대전) "30대 청년으로서 제 주변 청년들이 정치에 무관심한 이유는 두 가지로 나눌 수 있을 것 같습니다. 내가 관심을 두고 나선다 한들 변하지 않음을 알기에 애초부터 무관심한 경우와, 정치에 관심을 가지고 세상의 변화에 적극적으로 참여했으나 기득권 정치인들의 철저한 기회주의자적인 모습, 그리고 나아지지 않는 자신의 삶에 실망하여 포기하는 경우입니다. 저는 후자의 경우인 것 같습니다. 저는 늘 이 자리에 있었고 목소리를 내고 있었는데, 선거철만 되면 청년의 소리를 듣는다고 하는데, 4년마다 찾아오는 이러한 상황에도 실망합니다. 사람만 많이 불러오면 범법자든 사이비 종교든 가리지 않는 지방 정치인들의 태도에 또 실망합니다. 그저 내 자리를 지키기 위한 기득권의 수단으로 정치가 사용되는 것이 아닌가 늘 의심하면서 점점 포기하고 있는 것 같습니다.

현재 대한민국 국민의 삶의 질이 높아졌다고 할 수 있나요? 국회에서 싸우는 정치인들의 모습을 보면, 과잉 몰입되어 피폐해진 모습들밖에 보이지 않습니다. 그런 사람들에게 의지하고 있는 국민의 삶의 질이 과연 높아질까요? 이러한 모습을 보이면서 청년들이 정치에 무관심해서 그렇다는 건 모순인 것 같습니다.

저는 이 모든 것들이 쉽게 변할 수 없다는 것도 알고 있습니다. 젊은 청년 정치인들이 많이 정치에 입문하고, 청년의 목소리를 내어준다면 조금씩 세상은 변화하리라는 것 또한 알고 있습니다. 청년은 정치인에게 많은 것을 바라지 않습니다. 한 명의 국민으로서 나라의 보호를 받고 있다는 것을 느끼고, 노력하는 청년들에게 공정함으로 보답받을 수 있는 나라를 만들어가고 있다는 모습만 보여주시면 될 것 같습니다."

이희연(30·경기) "정치는 사회를 구성하는 데 굉장히 중요한 역할을 한다고 생각합니다. 말씀하신 대로 버스비에서부터 굵직한 국가 계획까지 정치가 영향을 미치지 않는 부분이 없습니다. 하지만 청년세대는 정치를 제대로 배운 적이 없습니다. 고등학교 때 정치 과목을 선택했거나 전공으로 정치를 선택하지 않는 이상 선거 방법, 삼권 분립 등 이론적이고 표면적인 정도의 교육만을 받았습니다. 실제로 정치가 어떻게 운용되는지, 시민으로서 또는 노동자로서 정치를 어떻게 하면 좋을지에 대해서는 적극적이고 경험적인 교육을 받은 적이 없습니다.

주변의 어른들은 정치를 이분법적 대립 관계로 이야기하며, 자신의 이익과 맞닿아있는 또는 반쪽 신념에 치우친 정당을 지지하기에 바빠 다른 쪽을 끌어내리기만 하고 있습니다. 마치 전쟁에서 이겨야 하는 듯 말입니다. 뉴스에서는 정치인들이 나와 국회에서 싸우는 모습을 보이고, 상대를 비방하는 말로 정치 생명을 연장해갑니다. 그 모습을 보고 청년들이 정치에 건강한 관심을 가질 수 있을까요?

어떠한 정치가 멋있고 올바른 것인지를 보여주는 표본이 우리 사회 어느 곳에 있을까요? 극히 드물 것입니다. 청년세대가 감화될 수 있는 정치인이 되시기를 진심으로 바랍니다. 올바른 방향으로 정치를 함께할 수 있는 사회를 만들어가시기를 바랍니다. 정치적 발언과 개인의 삶이 일치하는 삶을 보여주시기를 바랍니다."

Tag(31·경기) "정치는 변화하는 사회에 적응해야 합니다. 그러기 위해서는 변화하는 사회 속에서 살아가는 시민이 계속해서 정치에 들어와야 하며, 그를 위해선 더 많은 정당, 더 많은 젊은 정치인이 정치 속으로 들어올 수 있도록 지원해야 합니다. 국회는 행정이 정치에 개입하면 안 된다고 하지만 정치에 들어오는, 민주주의의 중심으로 들어오는 시민을 위한 출입구를 만드는 과정은 행정이 해야 하는 일이라고 생각합니다. 그것이 삼권분립에 어울리는 행정의 입법 견제이며, 행정이 입법으로 들어가는 시민의 목소리를 듣는 것이(행정은 입법으로 들어가는 시민의 목소리가 아닌 대한민국 시민의 목소리를 들어야 합니다) 아닌, 들어갈 수 있도록 출입구를 만들어주는 역할을 해야 합니다."

이미나(32·경기) "청년들이 정책에 관심 없는 이유를 다 알 순 없지만 한 가지를 꼽자면, 어떤 문제에 대해 새로운 정책을 발표할 때 그 문제를 정말 세밀하게 들여다보고 내놓은 정책인지 의구심이 든다는 것입니다. 예를 들어 정부에서 어떤 지원금을 주는 정책이 있었는데, 가구의 전체 재산을 따지지 않아 오히려 더 부유한 사람이 지원금을 받을 수 있기도 했습니다. 차상위 계층에게 의료비를 지원하고자 만났는데 지원받는다고 하신 분이 벤츠를 타고 명품 가방을 들고 나타난 적도 있습니다. 차상위 계층이라며 가게를 두 곳 운영하는 분도 있었습니다.

이런 잘못된 정책이 난무하는 가운데 청년들이 현 정치에 대해 어떤 믿음과 관심을 가질 수 있을까요? 어떤 정책을 펼치고자 한다면, 그 문제를 정말 깊이 들여다보고 많은 다양한 사람들의 이야기에 귀를 기울여주시기 바랍니다. 그리고 제대로 된 해결책으로 정책을 만들어주세요. 정치인들이 아예 알지도 못하는 사각지대에 놓인 분들도 많다는 걸 꼭 명심하셨으면 좋겠습니다."

최진(31·대전) "정치란 무엇일까요? 명분 싸움일까요? 언론에 많이 노출되어서 인기스타가 되고 국가의 수장이 되는 것, 그것이 정치일까요?

청년들은 단언컨대 정치에 무관심하지 않습니다. 매일 아침뉴스를 챙겨보는 저도 사실 정치 분야는 잘 챙겨 읽지 않습니다. 말 한마디만 잘라서 자극적인 기사를 만드는 언론은 농장에서 제일 큰 수박을 어렵게 수확해왔더니 속이 텅 빈 수박과 같고, 연일 의혹과 명분 싸움으로 소리치고 있는 어른들을 보면 그렇지 않아도 각박한 세상에 더 복잡한 심정만 가중되는 것 같습니다.

하지만 한편으로 이해합니다. 그렇게 스포트라이트를 받아야 정치인의 이름 세 글자가 언론에 연일 보도될 것이고, 국민들은 그 정치인을 탐구할 테니까요.

뉴스는 'news'로 동서남북의 소식을 빠르게 전달하겠다는 어원이 있다는 이야기를 들었던 기억이 납니다. 하지만 현재는 뉴스가 아니라 'views'라고 표현하는 것이 맞을 것 같습니다. 언제부턴가 정보가 아닌 생산물이 되었고, 산업이 되었으며, 견해나 생각을 직접적으로 서술하지는 않지만 선택적인, 편향적인 몇몇 매체들로 인해 견해와 생각을 가진 집단들이 생산하고 소비하는 형태가 되었으니까요.

정치에 관심을 갖는 청년들과 소통하길 원하신다면 지금부터라도 청년들과 소통함에 있어 정정당당해야 한다고 생각합니다. 표를 얻기 위한 자극적인 언사나 달콤한 지원 대신 진실함과 리더십으로 이끌어나갈 수 있어야 한다고 생각합니다."

창(38·전북) "정치 무관심은 지금 정치의 무책임에서 온다고 봅니다. 정치의 역할은 '시민 누구나 자유롭게 의사를 표현하고 주체적으로 살아갈 수 있도록 돕는 것'이라고 생각합니다. 한 개인이 정치적 인간이 되는 것을 정치의 역할로 보았을 때, 정치적 의사 표현에 무관심한 '현상'에 대해 원인을 분석하고 해결방안을 모색해야 하는 상황입니다. 이러한 문제의식을 가지고 다음 세대가 정치하는 사람으로 성장할 수 있도록 방향을 제시할 수 있는 지도자를 원합니다."

우왕(32·부산) "청년은 정치에 관심이 많습니다. 촛불 시위, 박근혜 대통령 탄핵 당시 거리로 나와 촛불을 들었던 청소년들이 청년이 되었고, 마이크를 잡고 어설픈 구호를 외쳤던 그날의 청년들이 30대 직장인이 되었습니다. 전국을 뒤덮은 촛불혁명은 민주화 운동 이후 청년 세대가 적극적으로 참여하고 경험한 직접민주주의의 장이었습니다.

저의 짧은 생각이지만, 청년들의 무관심은 '선택적 무관심'에 가깝다고 여겨집니다. 정의를 외쳤고 변화를 갈망했던 이들이기에 정치적 답안에 대한 기준 역시 높아졌습니다. 기준에 적합한 대안이 없기에 선택을 유보하는 것이지요. 이 작동 기제를 이해하지 않고, 지금의 청년이 정치에 무관심하다고 해석하는 것은 표면적인 현상에 대한 분석에 머무르는 것이 아닐까 합니다. 짧지만 직접 정치를 경험했던 청년세대이기에 다시 거리에서, 청년들이 머무는 삶의 현장에서 보다 나은 정치를 논하는 것이 시작이 아닐까 합니다. 청년을 대학생으로 대표하지 마시고, 청년을 비정규직 노동자로 대표하지 마시고, 정규직 청년들도, 외국인 청년들도, 수도권의 청년들도, 지방의 청년들도 모두 만나보시는 건 어떨까요. 청년에 대한 해석을 공백으로 유지하신 채 그들의 이야기를 가감 없이 듣는 도전이 정치가 청년의 삶에 가 닿을 수 있는 가장 낮은 단계의 시작이 아닐까 합니다. 부산으로도 한 번 오시면 어떨까 싶네요. 후보님과 터놓고 끝장 토론해보고 싶은 청년들이 많이 있더라고요."

휴머니즘 정치 실현

———

와우!!

공정보다 더 많은 답변이 달려 있네요.

Tag 님의 "정치는 변화하는 사회에 적응해야 한다. 그러기 위해서는 변화하는 사회 속에 살아가는 시민이 계속해서 정치에 들어와야 하며, 그를 위해선 더 많은 정당, 더 많은 젊은 정치인이 정치 속으로 들어올 수 있도록 지원해야 한다."라는 답변이 눈에 쏙 들어옵니다. 이누리 님의 "정치 무관심에 대한 해결책이 '시민참여'라고 생각"한다는 답변에도 엄지척을 합니다. 소바 님의 까칠한 답변에도 공감합니다. '부산으로 오라'는 우왕 님, '다음 세대를 성장시킬 수 있는 지도자'를 원하는 창 님의 답변에도 고개를 끄덕입니다.

　　현재 우리나라의 가장 큰 문제는 정치과
잉에 있다고 생각합니다. 정치과잉에서 벗어나
하루빨리 정치 본연의 공공서비스로 돌아가야
만 합니다. 그렇게 하자면 서로 의견이 다른 공
동체나 집단 그리고 개인들까지 포괄하는 열린
논의를 시작할 수 있어야 합니다. 정치는 오직
한 개인만을 위해 존재하는 영역이 아니기 때문
입니다. 배제하고 차별하는 정치가 아니라 존중
하고 차이를 인정하는 다양성의 정치가 되어야
합니다. 무엇보다도 정치에는 휴머니즘이 있어
야 합니다.

　　휴머니즘이 없는 정치는 가뭄으로 쩍쩍
갈라진 논바닥과 같습니다. 너무 말라 거북등처
럼 갈라진 논이 정치판이라면 국가와 국민은 어
떻게 되겠습니까? 불안과 불행 속에서 불만 가
득한 삶을 살 수밖에 없을 것입니다. 개인의 발
전은 고사하고 공동체 내부의 분열도 참으로 심
각할 것입니다. 그래서 휴머니즘이 없는 정치는
그 자체로 지옥인 것입니다.

정치에서의 휴머니즘을 저는 실용주의라
고 생각합니다. 이념이나 정치인 개인의 신념보
다 국민, 국익, 우리 공동체의 전체 이익을 먼저
생각하는 것이 실용주의라고 생각합니다.

실용적 정치, 건강한 정치만이 공동체와
각 개인을 행복하게 만들 수 있습니다. 저부터
건강한 정치인이 되고자 노력하겠습니다. 최진
님이 지적한 것처럼 '표를 얻기 위한 자극적인
언사나 달콤한 지원 대신 진실함과 리더십으로
이끌어나가는' 정치인이 되도록 노력하겠습니
다. 부족한 것이 많은 사람이지만 끊임없이 반성
하고 성찰하며 건강한 정치가 구현될 수 있도록
이재명이 시원하게 하겠습니다.

06. 경제발전과 행복지수

이재명이 묻다 Q

여러분의 삶에 경제는
어떤 의미입니까?

대다수의 개인은 개인의 삶을 위해서 살아갑니다. 국가는 개인이 자신의 삶을 잘 영위할 수 있도록 국가의 역할을 충실히 하면 됩니다. 정치의 가장 중요한 역할이 적재적소에 예산을 배치하는 것이라면, 국가의 가장 중요한 역할은 예산을 만들어낼 기반인 경제를 운용하는 것이라고 저는 생각합니다.

청년이 말하고 이재명이 시원하게 합니다!

"20세기에는 1인당 GDP(국내총생산)가 국가의 성공을 평가하는 제1의 척도였다. 이 기준에서 보면, 국민들이 1년 동안 평균 5만 6,000달러어치의 상품과 서비스를 생산하는 싱가포르가 국민들이 1년에 겨우 1만 4,000달러어치를 생산하는 코스타리카보다 성공한 나라이다. 하지만 요즘 들어 사상가와 정치인은 물론 경제학자들조차 GDP를 GDH(국내총행복)로 보완하거나 대체할 것을 요구하고 있다. 결국 국민이 바라는 것은 무엇인가? 국민은 생산이 아니라 행복을 바란다. 생산이 중요한 것은 그것이 행복의 물질적 바탕을 제공하기 때문이다. 생산은 수단일 뿐 목적이 아니다. 코스타리카 사람들이 싱가포르 사람보다 삶의 만족도가 훨씬 높다는 조사결과가 줄을 잇고 있다."

_유발 하라리, 『호모데우스』

유발 하라리의 이 글은 시사하는 바가 많습니다. 청년 여러분. 생산지수는 높지만 행복지수는 낮은 싱가포르인의 삶을 선택하시겠습니까, 아니면 생산지수는 낮지만 행복지수는 높은 코스타리카인의 삶을 선택하시겠습니까? 둘 중의 하나를 선택하라는 질문은 아닙니다. 경제가 청년 여러분의 일상과 삶에 어떤 연관이 있을까요? 귀한 답변 기다립니다.

06. 경제발전과 행복지수

나에게 경제는……

홍명근(36·경기) "국민소득이 4만 달러라고 합니다. 우리 세 가족이 버는 돈은 연 1억 2,000달러여야겠죠. 하지만 우리 가족은 국민소득의 절반도 벌지 못합니다. 물론 애는 어리니까 뺀다 해도 여전히 평균에 미치지 못합니다.

저는 생산지수와 행복지수가 꼭 상반된다고 생각하지 않습니다. 서울과 지방, 대기업과 중소기업, 빈부 간 격차 등이 해소되어 최소한의 기본적 삶의 요건만 갖춰진다면 우리나라가 살기 나쁜 나라라고 생각하지 않습니다. 문제는 서울과 지방의 차이가 커지면서 수도권에 사는 게 너무 힘들고, 대기업과 중소기업의 격차가 벌어지다 보니 먹고살기 힘들고 하는 문제가 커지는 거라고 생각합니다. 제가 생각하는 경제발전과 행복은 그 차이를 줄이는 거고요. 그게 그렇게 어려운가요?"

ve-eco(31·부산) "한국의 경제는 나날이 발전하고 있습니다. 더 이상 내일 먹을거리를 걱정하며 지내는 사람들이 넘쳐나는 시대가 아닙니다. 기아보다는 비만을 걱정하고, 매일 먼 거리를 어쩔 수 없이 걷는 것이 아니라 대중교통이나 자가용을 이끌고 헬스장에 가서 러닝머신 위를 걷는 시대입니다. 먹거리와 놀거리가 넘쳐나는 사회입니다.

개인의 경제력과 행복감의 상관관계와 관련하여 노벨경제학상을 수상한 앵거스 디턴과 대니얼 카너먼은 이렇게 이야기합니다. '연봉이 7만 5,000달러를 넘으면 행복과 소득은 크게 상관이 없다. 오히려 일정 수준 이상에서는 돈이 많아지면 작은 즐거움을 즐기는 능력이 줄어든다.'

간단히 말해서 돈이 없으면 불행할 확률이 높지만 돈이 많아도 행복할 확률이 올라가지는 않는다는 의미입니다. 이를 사회 전반으로 확대해서 보면 같은 결과를 보인다고 확신할 수는 없지만 거시적 관점에서 전체적인 양상 자체는 일맥상통해 보입니다.

현대에 와서는 경제 발전으로 대다수의 국민들이 먹거리의 부족과 같은 1차원적 불행을 느끼지는 않고 있습니다. 오히려 1차원적 불행에 대해서는 국가의 복지 정책에 의해 관리되고 있다고 보는 것이 합당해 보입니다.

최근 청년들 사이에서 생겨난 신조어 중 '워라밸'이라는 단어는 경제의 발달과 청년들이 느끼는 행복지수 사이의 관계를 보여주는 단면이라 생각합니다. '쇼핑 장소를 잘 선택할 수 있는 지혜는 돈으로도 어떻게 할 수 없다'라는 말이 있습니다. 현대의 청년들은 더 많은 돈을 벌기보다 더 행복한 쇼핑을 할 수 있는 장소를 찾는 시대에 살고 있습니다.

청년 입장에서 생각하는 '행복을 위한 경제발전'은 어디까지나 내가 취업할 수 있고 미래를 그릴 정도의 임금을 받으며 경영악화로 인한 사직권유를 받지 않는, 즉 불행하지 않을 정도의 경제 발전이 아닐까 합니다. 현대의 청년은 경제의 발전으로 불행하지 않고 미래를 그려나가는 데 필요한 주거안정 등과 같은 정책을 통한 '행복을 위한 쇼핑 장소'가 필요한 세대라고 생각합니다."

김수연(27·서울) "생산적이고 경제발전적인 것과 개인의 행복지수의 차이를 단적으로 보여주는 한 직종이 떠올라서 막연하게 써봅니다.

공사판에서 일용직으로 일하시는 분들입니다. 가시적으로 그분들만큼 생산적인 일을 하는 사람이 또 어디 있을까요. 하지만 그분들은 힘든 일로 골병을 앓고, 온갖 공사판의 먼지를 뒤집어쓴 채 땡볕에서 피부가 새까매지도록 일합니다. 거기에다가 무시하는 사람들의 시선을 받고, 하루 일한 것으로 하루 먹는 생활을 하며, 대부분 컵라면과 같은 인스턴트식품으로 식사를 대체합니다. 그리고 막걸리를 마시며 한탄하시기도 합니다. 그러한 생활로 간경화, 당뇨, 알코올 중독과 같은 질병을 달고 살고 계십니다. 그 누구보다 생산적인 일을 하지만, 행복하게 보이지 않습니다. 그리고 소속이 거의 없다시피 하여, 적당한 휴식과 보호 장치, 안정적인 생활을 할 수 있는 환경이 아닙니다. 안정적이지 않은 일자리의 형태, 고된 일, 그리고 특히나 사회적인 시선과 같은 것들이 행복의 질을 떨어뜨립니다.

경제발전을 위해서, 생산적인 일을 하기 위해서는 일하는 사람들이 필요합니다. 그리고 개인들의 행복을 위해서는 안전, 적절한 보상과 휴식, 건강한 사회적인 시선들이 필요합니다."

참참(32·서울) "저 역시 국가가 경제적으로 더 부유해져야만 한다는 맹목적인 경제성장론을 믿지 않습니다. 중요한 건 분배라고 생각합니다. 정치인들이 국가의 부를 늘리겠다고 하는 정책들을 보면 결국 부자들의 부를 늘리겠다는 정책입니다. 부자에게 주는 돈은 '투자'라고 하고 가난한 사람에게 주는 돈은 '비용'이라고 부르는 논리가 우리 사회에 가득합니다. 더 많은 사람에게 돈을 나눠주는 것이 오히려 경제도 더 활성화시킨다는 이야기는 아무리 해도 포퓰리즘이라는 비난으로 무시하기에 바쁩니다.

언제까지 더 벌어야 한다는 말만 할 것인지요. 지금은 어디에 쓸 거냐, 어떻게 쓸 거냐를 더 논의해야 한다고 생각합니다. 경제는 발전하고 있지만 우리는 점점 더 불행해지고 있습니다. 분명히 GDP 는 올라가는데 우리는 계속 더 가난하다고 느낍니다. 집을 사려고 안 먹고 안 쓰고 열심히 노력해서 1억을 모으면 그 사이에 집값이 2억이 올라가있습니다. 그렇게 집값이 2억이 올라가는 걸 경제발전이라고 추켜세우고 있겠죠. 집값이 오르면 이익을 볼 정도만큼의 재산을 가 져야 정치 근처에라도 가볼 수 있으니, 과연 근본적으로 문제 해결이 가능할까 회의적입니다."

이희연(30·경기) "경제적 능력은 삶을 사는 데 필수적인 역할을 합 니다. 경제적 능력이 없다면 자본주의 사회에서 할 수 있는 일이 극 히 제한되기 때문입니다. 하지만 경제적 능력을 경쟁적으로 끌어올 려야 한다고 생각하지는 않습니다. 자신의 삶을 운용할 정도만큼이 라면 충분히 행복을 유지할 수 있어야 할 것입니다. 첫 번째 주제에 서 행복에 대해 다루었습니다. 많은 사람이 행복이 평온한 일상이라 고 설문에 응답했다고 했습니다. 평온함을 지킬 수 있을 만큼의 경제 력, 욕심을 부리지 않고 내가 원하는 만큼 살아도 그 삶이 존중받는 사회적 분위기가 행복지수에 영향을 미칩니다. 그렇다면 경제는 필 수적이지만 절대적이지는 않을 것입니다. 그런 사회를 만들기 위해 노력해주셨으면 합니다. 모든 사람이 필수적인 정도의 경제적 능력 을 가질 수 있는, 절대적 파이를 늘리지 않아도 비교하지 않고 행복하게 살 수 있는 사회를요."

Tag(31·경기) "문재인 정부가 놓치고 있는 것이 무엇인가 하면 바로 이 부분이다. 코로나 상황 속에서 우리 대한민국의 경제는 좋아지고 있고, 나쁜 징조를 보이지 않는다고 한다. 하지만 시민 개인이 느끼는 경제는 어떤가? 노동소득이 아닌 다른 소득으로 눈길을 돌리고 있는 상황을 묵과하면 안 되며 이를 위해 노동을 존중하고 노동 안전망을 더욱 신경 쓰는(내실을 다지는) 모습을 보여야 한다고 생각한다.

다른 소득이 문제를 만드는 것 같은가? 그러면 그 불로소득과 노동소득, 기타소득 들의 균형을 위해 조율하는 모습을 보여야 하고 그에 대한 이야기를 시민들에게 전달할 수 있어야 한다. 어떤 소득이 불균형을 초래한다고 그 소득을 무시하거나 거부하는 모습을 보여야 하는가? 나는 그렇게 생각하지 않는다. 그 다양한 소득들에 대해 인정하고, 규제하고, 안전망을 만들어 시민들이 다양한 소득을 통해 본인의 행복을 영위할 기회를 주어야 한다고 생각한다.

이를 통해 시민들은 자신의 행복 중 소득이 차지하는 행복의 부분을 찾아갈 수 있고, 안전한 사회 속에서 행복의 조각을 찾을 수 있을 것이라 생각한다."

소바(29·부산) "돈을 많이 벌면 행복해질까 기대하면서 돈을 열심히 버는데, 돈이 별로 없어도 행복할 것 같으면 코스타리카의 삶을 선택하지 않을까요? 어차피 내집 마련은 꿈도 못 꾸고, 빚 없이 살 날이 없을 텐데⋯⋯. 사회적 경제 기반이 강화되기를 바랍니다. 자원의 분배가 좀 더 평등해지기를 바랍니다."

우왕(32·부산) "저는 '행복지수'라는 지표 앞에서 늘 묘한 불안함을 느껴왔습니다. 행복을 어떻게 측정할 수 있을까, 모두에게 상대적으로 다가올 행복을 어떻게 보편적으로 말할 수 있을까 늘 고민이 되었지요. 저는 국민이 행복한지 짐작하는 대통령을 기대하진 않습니다. 국민의 행복을 측정하기 위해 투박한 잣대를 가져다 댈 공공의 힘이 두렵기도 하고요. 제가 기대하는 건 행복하게 책임을 수행하는 대통령입니다. 행복하게 생계를 꾸려가는 국민들이기도 하고요. 저는 최소한의 행복이 '나의 역할'이 분명할 때에, '나의 능력'으로 정당히 보상을 획득할 때에 발현된다고 생각합니다. 경제발전을 향한 노력은 최소한의 행복을 지키기 위한 공동체의 필수적인 고민이자 국민의 자존감을 유지 시켜주는 아주 본질적인 행위입니다. 어느 것보다 과정이 무엇보다 중요하겠지만, 저는 그렇다고 해도 모든 대통령이 경제대통령이길 희망합니다."

청년이 말하고 이재명이 시원하게 합니다!

국민행복지수의 업그레이드

여러분과 대화를 하면서 느끼는 것인데, 정말 좋은 의견들이 많이 나온다는 점입니다. 참 참 님, 김수연 님, ve-eco 님의 좋은 말씀 감사합니다. 홍명근 님의 대답은 너무 사실적이라 뜨끔했습니다. Tag 님의 냉정한 평가와 분석도 좋았습니다. 소바 님도 감사합니다. '행복하게 책임을 수행하는 대통령을 기대하는' 우왕 님께도 감사드립니다.

국가가 경제를 발전시키고자 하는 가장 중요한 이유는 국민의 삶이 행복으로 가득 차길 바라기 때문입니다. 그러나 그것이 결코 쉬운 일은 아닙니다. 경제발전을 오로지 성장 위주로만 전개하면 대기업 등 시장관계자, 고소득층에게

만 재화와 부가 몰리게 됩니다. 그리하여 불평등과 양극화가 심화됩니다. 기득권과 자본의 과두적 카르텔 동맹이 국가를 지배하게 되고 시장 중심의 소비적 민주주의가 주류의 흐름으로 자리 잡게 됩니다. 결국 국민의 대다수가 행복하지 않은 상태에 놓이게 되는 것이지요. 그렇기 때문에 분배의 문제가 등장하게 되었습니다. 분배를 통하여 양극화와 불평등의 심화를 해결해보자는 노력이지요. 그것에 성공한 나라들이 북유럽의 복지국가들입니다. 물론 완벽한 성공은 아니었습니다.

저는 앞서 소개한 유발 하라리의 글에 동의합니다. 성장과 분배의 적절한 균형을 맞추지 못하면 GDH는 현저하게 낮아질 것입니다. 저는 경제발전이 국민행복지수의 발전과 비례해야 한다고 생각합니다. 그러기 위해 첫 번째로 해야 할 일은 양극화와 불평등, 불균형 문제를 해결하기 위한 정책의 제시와 집행에 있다고 보고 있습니다. 그러나 기득권과 자본의 과두적 카르텔 동맹은 이를 저지하기 위하여 온갖 중상모략과 권모

술수를 사용하여 국민을 현혹하고 저항에 나서게 만듭니다. 무엇보다도 공정과 상식을 앞에 내세우고 청년을 비롯한 국민을 위선적 상태로 몰고 갑니다. 가장 불공정하고 몰상식했던 자들이 공정과 상식을 내세우는 이상한 '배신의 아이러니' 앞에 우리는 자주 놓이게 됩니다. 이러한 속임수에 속아서는 행복해질 수 없습니다.

고대 중국에서는 백성들이 자신들의 생업에 종사하면서 왕의 이름을 모를 때가 태평성대라고 했습니다. 달리 해석하자면, 그만큼 정치적 갈등이 백성의 삶에 영향을 미치지 않기 때문이라고 할 수 있습니다. 경제발전은 중요합니다. 저는 경제발전의 철학적 기조와 방향을 공정성장에 두었습니다. 경제발전과 행복지수가 함께 올라갈 수 있는 길이라고 생각했기 때문입니다.

여러분과 함께 공정성장의 길로 시원하게 나가보겠습니다.

기본소득에 대해
어떻게 생각하십니까?

기본소득은 저의 주요한 공약 중 하나입니다. 이와 관련하여 논쟁도 많습니다. 논쟁이 많다는 것은 매우 긍정적이라고 저는 생각합니다. 논쟁하는 것과 인신모독이나 왜곡 혹은 비난은 다르기 때문입니다. 코로나 팬데믹 이후의 새로운 세상을 위하여 기본소득에 대해 공부하다가 '포스트 코로나 특별판'이라는 부제가 붙은 『세계미

래보고서 2021』이라는 책을 접하게 되었습니다. 저자인 제롬 글렌은 이 책의 6장에서 기본소득을 새로운 세상으로 전환할 '위대한 리셋'으로 보고 있습니다.

"사실 기본소득제에 대한 구상이나 언급은 갑작스러운 것이 아니다. …… 16세기 초 토마스 모어는 『유토피아』에서 이상적 사회에 대해 언급했고, 비베스에 의해 '최저소득'이라는 개념이 처음 등장했다. 18세기 말에는 유럽 전역을 휩쓴 빈곤을 해결하기 위해 수학자이자 근대 계몽주의자였던 콩도르세가 '기본증여'라는 아이디어를 구상했고, 토마스 페인은 '시민배당'을 주장한 바 있다. 마침내 19세기 초에 이르러 조셉 샤를리에와 존 스튜어트 밀에 의해 '기본소득'이라는 단어가 등장했다.

그 후에도 많은 이들이 기본소득에 대한 개념을 주장했다. 노벨경제학상을 수상한 제임스 미드나, 신자유주의 경제학자인 밀턴 프리드먼도 역시 기본소득을 주장했다. 노벨경제학상 수상자 중 10명 이상이 기본소득제를 주장했으며, 닉슨 정부 시절 1,200명의 학자들이 정식 건의할 정도로 기본소득 개념은 오랫동안 꾸준히 논의의 중심에 있었다."

_제롬 글렌, 『세계미래보고서 2021』

기본소득제를 찬성하는 유명인사는 트위터 CEO 잭 도시, 페이스북의 마크 저커버그, 테슬라의 일론 머스크, 빌 게이츠, 프란체스코 교황 등이 있습니다. 하지만 반대론자들도 있고 그들의 주장도 일리가 있습니다.

청년 여러분. 인공지능이 발달하고 로봇의 산업현장 투입이 점점 확대됨에 따라 오래지 않아 인간은 일자리의 47%를 잃을 것이라고 합니다. 여러분에게 묻습니다. 이제 기본소득제는 대한민국만의 문제가 아니라 전 세계의 문제가 되고 있습니다. 찬성이든 반대든 여러분의 귀한 의견 기다립니다.

나에게 기본소득은……

소바(29·부산) "찬성하지만 실질적인 규모의 기본소득이 실현 가능할지에 대한 기대가 크지 않습니다. 기본소득에 대응하는 착취가 또 어떤 방식으로 일어날지 불안하기도 합니다."

개복치(34·전남) "저는 기본소득을 적극적으로 찬성합니다. 5년 전에 어느 한 개인으로부터 조건 없이 몇 개월 동안 제가 하는 활동에 필요한 비용을 받아서 생활한 경험이 있습니다. 딱 한 가지 조건은 제가 한 활동을 한 달에 한 번씩 발표하고, 지정된 도서를 읽고 와서 그 소감을 공유하는 것이었습니다. 그 활동을 하기 전에는 머릿속에 구상만 하던 것을 이런 안전망이 생김으로써 앞뒤를 따지지 않고 다양하게 시도해보면서 제가 하는 활동에 관련된 네트워크도 많이 쌓고 지원사업에도 선정되어 지속적으로 일을 추진할 수 있었습니다. 그 변화가 제 삶에 큰 동력이 되었다고 자부합니다. 기본소득 정책을 시행할 때에는 이 정책에 신청하는 조건이 단순하길 바라고, 선정 이후에도 아주 단순한 과업만 있으면 좋겠다는 바람입니다.

저와 처지가 비슷한 사람들이 분명 많이 있을 것이고, 기본소득은 비단 그 사람에게만 득이 되는 것이 아닙니다. 우리나라의 많은 지역에서 기본소득을 시험해왔고, 그 효과를 입증하고 있습니다. 예를 들면, 기본소득(재난지원금)이 지역화폐로 주어질 때 지역경제가 활성화되었다는 전문가의 이야기를 들었습니다. 개인의 기본소득이 늘고, 다양한 연령대로 확산되길 바랍니다."

김민재(24·경남) "기본소득은 많은 사람들의 삶에 윤택함을 더해줄 것입니다. 지인이 아프거나 급한 일이 생겼을 때, 적지만 몇 푼 보태주지 못하는 데서 오는 속상함, 따뜻한 밥 한 끼 먹을 돈이 부족하여 편의점 삼각김밥을 잡았다 놓았다 하며 머뭇거려야 하는 슬픔을 다 독여줄 것입니다. 저는 타지에서 대학 생활을 하며 자취를 하다보니 늘 생활비가 부족했고 많은 어려움을 겪었습니다. 그때마다 '20만 원 정도라도 더 있었더라면'이라는 생각이 들더군요. 조금이라도 금전적으로 여유가 있다면 아르바이트를 하며 쏟아야 할 시간과 힘으로 하고 싶은 공부와 대외활동을 할 수 있을 테니까요.

많은 청년들이 이런 고민을 하고 있을 것입니다. 그 고민은 동시에 청년들이 지금도 흘리고 있는 눈물이 아닐까요? 쉽지 않은 여건 속에서 날마다 최선을 다하려 하지만 그럼에도 어려움을 겪습니다. 이 눈물을 닦아주고 도움의 손을 내미는 것이 바로 국가의 역할이라고 생각합니다.

뿐만 아니라 기본소득제는 4차 산업혁명을 준비하는 제도라고 생각합니다. 4차 산업혁명으로 일선 현장에선 기계화, 자동화를 넘어 모든 것이 인공지능화되어가고 있습니다. 인간의 영역이 줄어드는 세상의 시대적 과제는 '자아실현'과 '잘 노는 것'이라고 생각합니다. 노는 행위를 통해 자아를 실현하고 새로운 가치 창출을 이루는 것입니다. 기본소득이 주어진다면 생계에 대한 최소한의 부담으로, 자신이 하고 싶은 일을 할 수 있는 세상이 다가올 것입니다. 앞으로 기본소득에 대한 활발한 논의와 실험이 이루어질 수 있도록 많은 노력 부탁드립니다."

홍명근(36·경기) "기본소득 꼭 필요합니다. 누군가에게 몇십만 원은 정말 국가가 나를 지켜준다는 느낌이 들게 할 수 있습니다. 그리고 삶의 질 역시 살 만할 정도로 상승할 거라고 생각합니다."

박서준(19·대구) "사회의 공유부에 대한 배당 차원에서도, 최저 생계비조차 마련하기 어려운 취약 계층을 지원하고 불평등 해소에 기여한다는 점에서도 기본소득은 분명 유의미한 발제입니다. 기본소득이 내년 대선의 주요한 어젠다로 떠올랐다는 것은 우리나라가 본격적으로 복지국가를 향한 논의에 접어들었다는 뜻입니다. 우리는 이제 어떻게 경제를 성장시킬지를 넘어, 양극화를 완화하고 분배 정의를 실현할 방안에 대해 논하고 있습니다. 나아가 소멸성 지역화폐와 접목하여 지역경제 활성화에도 한 발짝 더 가까이 접근하는 이재명 님의 기본소득 정책은 분명 한국 사회의 구조적 전환을 이뤄내리라고 믿습니다.

기본소득은 일종의 실험이지요. 기본소득제를 추진하는 일련의 과정은 비단 전 국민 연 100만 원, 청년 연 200만 원 지급이라는 구체적 정책에 그친다기보다, 우리가 지향하는 복지국가는 과연 어떤 모습이 될 것인지를 그려가는 과정이 되리라고 생각합니다. 기본소득을 시행하는 과정에서 정책에 대한 여러 가지 의견이나 제안을 적극 반영하고, 꾸준히 동향을 지켜보면서 복지국가로서의 대한민국이 향후 가야 할 길을 그려간다면 그 논의 자체만으로도 충분히 의미 있는 실험이 되지 않을까 생각합니다. 기본소득을 통해, 혹은 기본소득에 대한 논의를 시작함으로써 우리 사회는 복지국가의 새로운 미래로 접어들 수 있을 것입니다."

Tag(31·경기) "모든 정책과 방향은 옳을 수도, 피해를 줄 수도 있다. 정책의 필요한 점, 좋은 점만 보여주면 더욱 불안감과 반발심이 생긴다. 이를 시민들에게 설득하고 실행하기 위해서는 정부(행정부)가 이 하나의 정책과 연결된 거미줄 같은 연결고리 하나하나를 시민들에게 설명하고 이해시키려는 노력이 필요하다. 거미줄 같은 연결고리에는 부작용, 문제, 변수 등이 대표적으로 이야기될 수 있다. 이것을 무시한 채로 사람들이 좋은 점을 더 보고 더 이야기해주길 바란다면 그게 좋은 정부인가? 아니다. 정부는 이를 최대한 계산하고, 분석하고, 조사하여 시민들에게 (모든) 정책은 시민에게 좋지만 이런 위험과 변수가 존재하며 정부는 이를 위해 이러한 규제와 안전망을 만든다는 인식을 통해 시민을 위해 다양한 고민과 노력을 하는 모습을 보여야 한다."

최미정(19·강원) "정말정말 필요하다고 생각한다. 지금도 일자리를 구하기 어렵지만, 나중에 미래를 본다면 지금보다 더 어려웠음 어려웠지 더 쉽진 않을 것이다. 그럼 그때 그 상황에서 우리 국민의 최소한의 생계는 누가 책임질 것인가. 난 그 일을 국가와 정부가 나서서 해주어야 한다고 생각하며, 그 일이 기본소득이라고 생각한다."

참이슬 레드(29·서울) "작년 코로나19가 터진 후 많은 사람들이 소득이 감소하거나 끊겨버리며 위기에 내몰렸습니다. 주로 거리두기 시행에 큰 타격을 입을 수밖에 없는 서비스업 직종에서 일하는 노동자 및 영세 자영업자, 고용보험을 통해 보호를 받기 어려운 특수고용·프리랜서 노동자들입니다. 또한 사회진입을 준비하는 청년구직자들, 자녀의 유치원 및 학교 등하교가 중단되어 끝내 직장을 퇴사한 여성들, 공공일자리 채용이 중단되어 피해를 본 노인들도 함께 포함되어 있습니다.

노동시장 내에서 차별받고 열악한 위치에 놓여있던 계층이 코로나19로 더욱 빠르게 무너지는 모습을 보며 한국의 사회안전망 정책은 여전히 부실한 수준임을 절감하였습니다. 이에 새로운 소득정책 도입의 필요성이 각계각층에서 제기되기 시작하였고, 기본소득 도입에 관한 논쟁이 뜨겁게 다뤄지기 시작하였습니다. 여기에 이재명 님께서 기본소득의 필요성을 가장 활발히 주장하시며 한국 사회 주요 의제로 올라오게 되었습니다.

저는 여기서 제 친구의 이야기를 해보고자 합니다. 그 친구는 음악을 직접 만들어 유튜브에 올리거나 가끔 음반으로도 내는 예술가이자 프리랜서입니다. 그런데 음악 일로는 소득을 벌 수 없으니 단시간 아르바이트를 하며 소득을 벌고 있었습니다. 그런데 코로나19로 아르바이트마저 끊겨버렸습니다. 다른 일자리를 찾아보려 해도 경쟁률이 최소 50대 1로 새롭게 일을 구하는 건 사실상 불가능이었습니다. 그렇게 두세 달 소득이 끊기다보니 우울함이 밀려오며 정말 살기가 싫었다고 할 정도로 위험했다고 합니다.

이후 정부와 지자체에서 긴급재난지원금을 받아 식비, 공과금, 교통비 등 급한 불을 끄게 되었다고 합니다. 한편으로 다행이었지만, 그 친구는 또 다른 감정을 내비쳤습니다. 대기업 다니는 주변 지인들은 나와 다르게 경제적으로 아무런 피해를 받지 않았는데, 재난지원금까지 덤으로 받으니 무척 좋아했다고 합니다. 그 지인들은 가구를 산다든지, 국내 여행, 전자제품 등을 구입하며 효능감을 느꼈고, 기본소득을 긍정적으로 생각하기 시작했다고 합니다.

친구는 일종의 박탈감을 느꼈다고 합니다. 소득이 완전히 끊겨버린 본인과 고연봉을 받고 있는 지인이 똑같은 수당을 지급받는 것이 과연 맞는 것인지 의아해하였습니다. 물론 프리랜서 지원금을 추가로 더 받은 것도 맞습니다. 그럼에도 총 액수는 150만 원 수준입니다. 지인들의 월급에 비하면 절반도 안 되는 액수입니다. 차라리 피해가 집중되는 사람들에게 30만 원이라도 더 지급하는 것이 위기를 진정 극복할 수 있는 것 아니냐면서 기본소득에 부정적인 입장을 가지게 되었다고 합니다. 이런 방식이면 오히려 소득불평등을 키우는 것 아니냐는 것입니다.

노동을 통해 충분한 임금과 안정된 고용을 누리지 못하는 사람들은 너무나 많습니다. 저임금, 실업이 일상인 사람들을 위한 사회안전망이 여전히 부실한 조건에서 기본소득이 위기를 극복해줄 수 있을지 잘 모르겠습니다. 고용보험의 확장, 직업훈련의 질적인 발전,

산업정책에 따른 신규 일자리 창출, 정규직과 비정규직 간의 격차 해소 등 여태 한국 사회가 풀지 못한 산적한 과제들을 풀어가는 것이 우선순위가 아닐까요?

그래서 제가 생각하는 진짜 위기는 4차 산업혁명으로 일자리가 사라지는 것 자체가 아닙니다. 노동시장에서 안정적 위치에 놓인 사람들이 자신의 몫을 더 챙기는 것에만 집중하여 사회적 연대가 실종되어 불평등이 방치되는 현실이 근본적 위기라 생각합니다. 결국 사회적 연대를 복원하는 정치를 통해 가진 사람들의 양보가 가능한 사회를 만들어가는 것이 보다 중요하다고 생각합니다. 이러한 현실을 충분히 고려하여 기본소득의 우선순위를 재고해주시길 바랍니다."

우왕(32·부산) "제가 기본소득을 잘 알지 못해 조심스럽지만 이런 아이디어가 떠오른 적이 있습니다. 기본소득보다 기본생산권을 위한 고민을 해보는 것은 어떨지 말지요. 누구에게나 자신만의 생산을 시도할 수 있는 땅을 지원하고, 일자리를 지원하고, 창업공간을 지원하는 것이죠. 개인의 소비력을 보존하는 방식의 공공정책보단, 개인의 창조성을 보존하는 방식의 접근이 필요하지 않을까 합니다. 누구에게나 자신만의 먹거리를 창출할 기회와 제반 여건을 지원하는 것. 저는 이런 관점에서 이재명 님의 의견이 어떨지 궁금합니다."

기본소득의 기적

기본소득을 적극적으로 찬성한다는 개복치 님, 기본소득은 많은 사람들의 삶에 윤택함을 더해줄 것이라는 김민재 님, 기본소득 꼭 필요하다는 홍명근 님과 최미정 님, 기본소득은 분명 유의미한 발제라는 박서준 님 고맙습니다. 그리고 정책에는 위험과 변수가 따르니 최대한 계산하고 분석하고 조사하라는 Tag 님, 비판적 의견을 주신 참이슬 레드 님께도 감사를 드립니다. '기본소득보다 기본생산권을 고민해보는 게 어떠냐'는 우왕 님의 답변은 신선했습니다.

『세계미래보고서 2021』의 저자 제롬 글렌의 주장을 조금 더 읽어보도록 하겠습니다.

"코로나19로 급격한 경기침체가 시작되었고, 1930년대 이후 최악의 불황에 직면할 위기에 처했다. 전염병의 유행은 아직도 진행 중이며 인류의 건강은 물론 경제성장, 공공부채, 고용 및 인간 복지 등 전 세계 기업과 각국 경제에도 장기적으로 심각한 영향을 미치고 있다. 현재 국가별로 방역과 정책 대응을 하고 있지만, 이 위기는 쉽게 가라앉을 것 같지 않다.

그럼에도 위기의 해법은 있다. 교육, 국가 정책, 비즈니스, 사회적 계약과 근로 조건에 이르기까지 각계각층, 모든 분야에서의 개조를 목표로 연대하고 신속하게 행동하는 것이다. 기업, 개인, 국가가 연결된 채 모두 맞물려 돌아가는 상황에서 단독 생존이란 무의미할 뿐만 아니라 불가능하기 때문이다.

관점을 일자리가 아닌 일거리로 옮겨가는 것도 중요하다. 기본소득을 받는 국민은 오로지 생계유지만을 위해서가 아니라 삶의 의미를 찾고 자아를 실현하기 위해 일거리를 찾아야 한다. 기계는 인간이 수행하던 위험하고 모멸적인 일을 대신한다. 로봇이 힘겹고 무거운 짐을 지는 동안 우리는 다른 일을 찾을 수 있다.

구조적 불평등이 증가하면 그만큼 사회의 불만과 비도덕적 행동이 증가한다. 우리 모두가 삶의 존엄성과 자유, 자기 통제력을 주장할 수 있는 사회를 만들고자 한다면 변화는 반드시 필요하다. 일자리 대전환의 시기와 맞닥뜨리게 되면 기본소득제가 적용되는 것은 시간문제다. 보편적 기본소득은 사람들이 열정과 창의력을 발휘하며 고차원적으로 자신의 시간을 소비할 수 있도록 도와준다."

_제롬 글렌, 『세계미래보고서 2021』

기본소득에 관한 논의는 뜨거운 감자와 같습니다. 오래지 않아 인간은 일자리의 47%를 잃을 수 있는 시대가 다가오고 있는데 가만히 있을 수는 없습니다. 사실 제가 제안하고 있는 기본소득은 영원한 진리가 아닙니다. 청년 여러분과 전문가들 그리고 제가 함께 논의를 시작하자는 의미이기도 합니다. 정책은 진리가 아니기 때문에 언제든지 변할 수 있습니다. 기본소득에 대한 찬반 논쟁도 비난이나 반대만을 위한 반대 논쟁이 아니라면 언제든지 환영합니다.

청년 여러분. 기본소득제는 이제 막 싹을 틔우고 있는 작은 나무와 같습니다. 이 나무는 죽을 수도 있고 살 수도 있습니다. 살아난다면 아낌없이 주는 나무가 되겠지요. 그 나무를 위해 우리 함께 노력하면 어떨까요?

문재인 정부를 어떻게 평가할까요?

　　문재인 정부는 촛불의 힘으로 탄생했습니다. 그랬기에 문재인 정부가 출발할 때 누구보다도 많은 박수를 보냈습니다. 아마 여러분들도 박수를 보냈으리라고 생각합니다.

　　문재인 정부가 출범할 때 여러분들은 무엇을 기대하셨나요? 무엇을 상상하셨나요? 문재인 정부를 계승할 것이 있다면 무엇이고, 극복할 것이 있다면 무엇일까요?

청년 여러분의 솔직한 답을 기다립니다. 과도한 비난은 자제 해주시고, 적절한 평가를 해주면 감사하겠습니다.

나는 문재인 정부를……

소바(29·부산) "세월호 참사에 대한 적절한 사후조치와 조사, 사법적 절차 진행, 탈핵, 부동산 안정화, 주거지로서의 주택 공급 정책을 강화해주시기 바랍니다."

홍서윤(35·서울) "모든 정부는 긍정적인 면과 부정적인 면이 있습니다. 과거 김영삼 정부 당시 경제위기의 발생으로 대부분의 국민은 김영삼 정부를 '무능'하다고 인식하고 있습니다. 하지만 김영삼 대통령은 취임 열흘 후 하나회를 척결하여 군부 정치를 끝내고, 역사 바로 세우기 운동을 하며 조선총독부를 철거하고, 6.10항쟁과 부마 민주화운동을 재평가하고, 스스로 독이 되는 줄 알면서도 금융실명제를 단행했습니다. 이는 누구도 부인할 수 없는 업적입니다.

마찬가지입니다. 문재인 정부에서 우리 사회의 정책 대상이 아니었던 청년을 정책의 대상으로 편입시켰다는 점에서 저는 이 또한 매우 중요한 업적이라고 생각합니다. 문재인 케어로 치매 노인들을 부양하고, 평창동계올림픽을 흑자로 변환시키고, 성평등한 사회 구현을 위해 여성 인사를 대거 등용하고, 코로나19 대응도 모범적으로 했고, 실제로 선진국 반열에 오르게 했던 업적들은 당연히 칭찬받아 마땅합니다. 다만, 부동산 대책이나 검찰개혁 등은 아쉬움이 남습니다만 시대적 한계라 여깁니다."

김민재(24·경남) "문재인 정부는 어느 정도 소기의 성과를 거두었다고 생각합니다. 첫 파도는 해변까지 다다르기 힘들다는 말처럼, 부족한 점도 물론 있었습니다.

그런 것을 다 떠나서, 청년의 한 사람으로서 내일을 꿈꾸는 것이 가능해졌다고 말씀드리고 싶습니다. 청년의 삶을 국가가 책임지려는 움직임이 중앙정부와 지방정부에서 일고 있기 때문입니다. 청년기본법이 통과된 것도 성과라면 성과겠고, 일자리 문제도 앞으로 더욱 챙겨봐야겠지만 이에 국한되지 않고 마음건강, 청년 생애주기에 맞는 정책을 만들려고 하는 움직임 등이 인상적이었습니다. 다음 정부에서도 이러한 움직임을 이어가주기를 바랍니다."

홍명근(36·경기) "기대가 너무 컸다고 생각합니다. 물론 코로나19도 있고, 전임 박근혜 정부보다 못한 건 하나도 없습니다. 메르스/구제

역 같은 것도 제대로 관리 못 하며 비선실세가 좌지우지한 전 정부보다 모든 면에서 좋다고 생각합니다. 그러나 촛불혁명의 결과가 '박근혜 정부보다 잘하라는' 정도는 아니라고 생각합니다. 비교 대상이 안됩니다.

모든 분야에 새로운 세상을 기대했고, 기본소득, 복지, 주거, 일자리, 남북관계 등 획기적인 변화를 기대했고 그럴 의석수도 있었다고 생각합니다. 다만, 남북관계에서 조금 더 적극적으로 이끌어갔으면 좋겠고, 부동산 정책이나 복지 정책에서 과감한 변화를 기대합니다. GTX를 만들 것이 아니라 주요 기능을 지방으로 이전시켜서 출퇴근 좀 편하게 해준다거나 그런 거요!"

김수연(27·서울) "솔직히 다른 건 잘 모릅니다. 그저 세월호 관련된 문제가 해결되지 않는 것이 답답합니다. 국정농단으로 탄핵된 박근혜의 뒤를 이어 촛불혁명으로 출범한 문재인 정부에 제가 기대한 것은 세월호 사건에 대한 진실이 밝혀지는 것이었습니다.

박근혜 정부 들어서 가장 큰 사건 중 하나가 세월호 사건입니다. 세월호와 당시 정부기관은 아주 밀접한 연관성이 있기 때문에, 박근혜가 탄핵되고 새 정부가 출범했을 때, 그것도 문재인 정부여서, 세월호 사건에 대한 실마리들이 풀리고 책임자들이 304명의 목숨을 앗아간 것에 응당하는 처벌을 받을 수 있으리라 기대했습니다. 그런

데 문재인 정부는 약속했던 진상규명과 책임자 처벌에 대해서 적극적으로 나서지 않았습니다.

세월호 사건에 대해서 관심을 가지는 이유는 그것이 곧 우리나라의 안전문제이기 때문입니다. 우리나라에서 사고가 일어났을 때 어떻게 대처하고 해결하는지를 보여주는 문제이기 때문입니다. 또한 정부와 밀접한 사고로 인해서 많은 국민이 목숨을 잃은 상황에서 어떻게 이 사건이 마무리되는지를 통해 우리 사회의 정부가 얼마나 믿을 만한지 신뢰성을 확인할 수 있기 때문입니다.

그리고 유가족 입장을 생각해보면 얼마나 억울하고 답답한 일이겠습니까. 그들도 이 나라의 국민이고, 국가 내에서 벌어진 일이며, 자녀가 죽은 상황이며, 7년이 지난 지금도 그 원인조차 모르고, 사건과 관련된 책임자는 죗값을 받지 않으며 하나둘씩 풀려가고, 공소시효가 지나가고 있습니다. 그리고 언제부턴가 일부 국민들로부터 모욕도 받고 있는 상황입니다.

7년이 지났다고 진상규명을 포기할 수 없는 이유는 고 임경빈 군 사건도 참사 5년 뒤인 2019년에서야 밝혀졌기 때문입니다. 적어도 영상 속에 나오는 해경들 여러 명은 이에 대해 알고 있었을 것입니다. 알고도 말하지 않거나 말하지 못하는 사람들에게도 얼마나 정신적 스트레스일까요. 아직까지도 얼마나 많은 사람들이 진실을 알고도 묵인하고 있는 중인지 알 수 없습니다. 그 많은 의혹들이 있지만, 권력 앞에 진실이 묻히고 피해 입은 사람들이 비난받는 현실이 슬픕니다.

그리고 당시 국무총리였던 황교안은 세월호 참사 당시 부재했던 대통령의 7시간을 30년간 봉인시켰습니다. 그 당시도, 지금도 이해할 수 없습니다. 세월호 사건이 정부기관과 밀접한 관련이 있고, 다양한 의혹들이 난무한 가운데 아무런 사회적 합의 없이 그저 권력으로 그런 행위가 가능하다니. 그리고 지금까지도 납득할 만한 이유 없이 봉인된 것도 답답합니다.

그 기록을 봉인하는 행위는 권력을 이용하여 쉴드 치는 것으로밖에 보이지 않습니다. 일반인이었다면 그렇게 상황을 피할 수 있는 봉인 같은 것이 있지도 않았을 텐데. 이렇게 또 권력에 따라 다르게 적용되는 법의 모습을 적나라하게 볼 수 있다고나 할까요. 또한 이미 탄핵된 마당에 그것이 지켜지는 것도 답답합니다. 또 다른 기득권들을 신경 쓰지 않을 순 없겠지만, 저는 그것 하나 기대하고 있었는데, 충족되지 않으니 아쉽습니다.

서울시장이 바뀌면서는 기억공간마저 사라졌습니다. 제대로 밝혀진 것도, 처벌받은 것도 없는데, 기억조차 못 하게 하는 듯합니다. 광화문 광장에 천막을 치고 하루하루를 보냈던 것은 의혹들이 풀리고 해결될 수 있기를 바라는 간절한 마음이었을 것입니다. 적어도 한 맺힌 천막이나 기억공간을 없애기 위해서는 사건의 원인, 그리고

08. 문재인 정부

제대로 된 문제 해결이 이루어져야 하지 않을까요.

유가족들만, 시민단체만 그 사건의 마무리를 바라보고 있는 것이 아닙니다. 아직까지도 학생들의 가방에, 직장인들의 가방에, 카톡 프사에 조용히 노란 리본이 달려있습니다. 우리는 끝까지 지켜볼 것입니다. 밝힌 건 밝히고, 처벌받을 건 처벌받고 해서 304명의 희생자의 한이 남지 않도록 제대로 마무리했으면 좋겠습니다.

코로나 방역과 관련한 칭찬은 다른 청년들이 많이 할 것 같아서 잘하신 점이라고 쓰고, 고생하셨다는 말씀드리고 싶습니다."

박서준(19·대구) "문재인 정부는 참 많은 기대와 열망을 품은 채 출범했습니다. 기득권들의 반칙과 특권이 더 이상 허용되지 않는 나라, 어느 누구도 억울한 죽음을 당하는 일이 없도록 국민의 생명 보호에 앞장서는 정부, 무엇보다도 이전의 낡은 사고에서 탈피하여 새로운 대한민국을 만들어갈 정치. 19대 대선에서 문재인 대통령이 당선되자, 그해 오월 국민들의 마음에는 이 모든 것들에 대한 국민들의 소망과 기대가 파릇파릇하게 피어올랐습니다.

분명히 문재인 정부가 들어선 이후로 '뭔가가 조금씩 나아지고 있구나' 싶기는 합니다. 대대적 권력기관 개혁과 적폐청산은 여지껏 묵인되어왔던 부조리한 관행들에 대한 도전이었고, 청년 남성들에게는 군인 처우 개선이 인상 깊은 장면으로 남아 있을 것입니다.

문재인 정부는 국민들의 생명과 안전을 위협하는 각종 재난재해, 그리고 범세계적 유행병인 코로나19에 대처하는 과정에서도 특히 두각을 나타냈습니다.

무엇보다 문재인 정부가 역대 정부에 비해 가장 두각을 드러내었던 부분은 외교에 있다고 생각합니다. 문재인 대통령은 미국과 중국 사이의 세계적 패권 다툼 속에서 국익을 극대화하는 방향으로 외교 정책들을 추진해나갔고, 민주당의 바이든 대통령뿐 아니라 어디로 튈지 종잡을 수 없던 공화당의 트럼프 전 대통령과도 긴밀하게 협력하였습니다. 6·25 이래 최고의 상태로 유지되고 있는 대북관계에 대해서는 더 말할 것도 없습니다. 취임 전부터 미국 「타임」지에서 붙여준 'The Negotiator(협상가)'라는 별명이 틀린 것 하나 없는 셈입니다.

문재인 정부가 국가의 기본적인 역할을 잘 수행했냐고 묻는다면, 부동산 정책 등 약간의 아쉬움에도 불구하고 대체로 '그렇다'라고 답할 것입니다. 하지만 국민들은 일국의 대통령이라는 자리에 단순히 현상유지에 방점을 두는 관리형 리더를 요하는 것이 아닙니다. 문재인 정부는 새로운 시대의 대한민국에 대한 이렇다 할 전망을 내놓지 못했고, 사회 전반적 개혁보다는 세부적 제도 개선 및 보완에 그쳤다는 아쉬움이 큽니다. 검찰개혁 등 출범 초기 내세운 개혁 과제들도 지금보다는 더 적극적으로 밀어붙였어야 했을 겁니다.

위대한 대통령이라면 반대를 무릅쓰는 정치를 해야 합니다. 국민들의 정당한 이의 제기에는 귀를 기울여 경청하더라도, 기득권 세력의 부당한 반발과 저항에는 한 발짝도 물러서지 않고 개혁에 임해야 합니다. 많은 국민들이 노무현 대통령을 그리워하는 이유이기도 합니다. 문재인 정부의 각종 성과는 나름대로 우수한 편이었지만, 논쟁적 의제를 띄우고 이를 적극적으로 관철시키려는 문재인 대통령의 노력은 '노무현의 동지'답지 않게 많이 부족했습니다.

차기 대통령은 이보다 더 나아야 합니다. 비상한 방책으로 사회의 병폐들에 과감하게 맞설 용감한 혁신가, 그러면서도 정책에 대한 오해가 있다면 직접 나서서 국민들을 설득하는 위대한 소통가, 눈치 보거나 몸 사리는 일 없이 뜨거운 심장으로 정치에 임하는 열정적인 영혼. 저희는 바로 이런 차기 대통령을 원합니다."

정채민(29·전북) "현 문재인 정부에 대해 주관적으로 평가하자면, 모든 의견을 다 들으려고 하다 보니 할 일을 못하고 우물쭈물한다고 생각합니다. 물론 저는 이번 정부가 실패했다고 생각 안 합니다. 제 생각에는 박근혜 정부에서의 잘못된 부분을 다시 되돌렸다고 생각합니다. 그러나 언론에 너무 휘둘리다보니 본인의 뜻을 전혀 이루지 못하고 있다고 생각합니다. 이재명 정부가 들어선다면 이렇게 언론에 휘둘리지 말고 자신의 뜻을 밀고 나갔으면 좋겠습니다."

청년이 말하고 이재명이 시원하게 합니다!

가람(30·서울) "인권변호사 출신 대통령. 매우 화려하고 빛나는 수식어입니다. 그러나 역시 정치인은 단지 인간성만을 보고 평가할 수 있는 것이 아니라는, 뼈아픈 역사적 진실을 다시금 마주했습니다.

가장 낮은 곳에 있고, 자기 목소리를 내는 것마저 부정당하는, 소외되고 차별받는 이들에 대한 충분한 제도적 지원을 바랐습니다. 그러나 결국 돌아온 것은 '나중에'와 '사회적 합의'가 부족하다는 반복적 망언뿐입니다. 글로벌 국격을 갖추는 길은 단지 경제지표만으로는 불가하다고 믿습니다. 더욱 많은 이들이 존재 자체로 존중받고 행복할 수 있는 사회, 그 길에 답이 있습니다."

개복치(34·전남) "전 세계적으로 코로나19에 가장 잘 대처하는 나라, 선진국으로의 격상 등 약육강식의 논리가 지배하는 세계사회에서 대한민국의 힘이 커졌으며, 위상 또한 높아졌음을 실감하고 있습니다. 하지만 일자리 정책, 부동산 정책, 지방분권 정책에 대해서는 뚜렷한 변화를 발견하지 못했다고 생각합니다. 문재인 정부가 탄생하고 더불어민주당이 국회의원 선거에서 다수당을 차지할 수 있었던 이유는 국민들의 민생을 위한 효과적인 대책을 세워달라는 강한 열망이었다고 생각합니다. 그렇기 때문에 정권 말기인 현재 국민들의 실망감이나 좌절감이 크다고 봅니다. 그래서 요사이 대권주자들에 대한 지지율을 봤을 때 과감한 결단과 추진력을 가진 이재명 님에게 희망을 찾는 국민들도 많다고 생각합니다.

문재인 정부에서 가장 실망스러운 부분은 부동산 정책과 지방분권 정책입니다. 특히 지방분권 정책은 노무현 정부의 핵심공약이었으며, 이 길을 노무현 정부에서 함께 걸어온 문재인 대통령이 노무현의 정신을 계승한다고 했으나, 지방분권과 관련한 활동을 거의 하지 않았으며, 오히려 수도권 과밀화로 인구의 절반 이상이 수도권에 거주하게 되는 결과를 낳았습니다. 지방자치단체, 주민 등 현장에서 풀뿌리민주주의, 지방분권은 말뿐입니다. 지방분권이 되어야 수도권으로의 인구집중현상이 완화될 것이며, 지방 활성화에 따르는 지방소멸 또한 막을 수 있다고 생각합니다."

Tag(31·경기) "법과 함께하는 정부이길, 시민(사람)과 헌법에 기반한 정부가 되길 기대했다. 그렇기에 지금까지 이 정부가 활동한 행동들은 이에 부합한 행동들이 많았다고 생각한다. 그래서 높은 점수를 주고 싶고, 미흡한 점은 잘 정리해서 다음 정부가 꼭 가져가야 하는 미션으로 하면 좋을 것 같다. 시민은 정부가 변화하면서 기조가 그 정부에 맞게 변화하고 새롭게 시작된다는 것은 알고 있지만 기존에 진행되고 있던 것까지 변화하면서 혼돈을 주는 것을 원하지 않아 보인다. 일정한 안정감 속에서 새로운 것이 진행되어야 한다.

칭찬은 문재인 정부가 잘 정리할 것이다. 그렇다면 다음 정부는 미흡한 것과 부족했던 것, 더 발전시킬 것을 찾아 인수인계된 이전 정부의 내용을 계승하며, 새로운 정부의 시도를 함께 가져가야 할 것이다.

어떤 이는 이렇게 이야기한다. 이번 정부는 혼돈 속에서 진행된 대선으로 꾸려진 정부다 보니 나열식 정책과 봉합에 급급한 정부라고. 이러한 이야기가 맞는지, 잘 되었는지 잘 살펴보면 좋을 것 같다."

참이슬 레드(29·서울) "저도 전 대통령 탄핵 촉구를 위해 촛불을 들었던 한 시민이었습니다. 나와 친구들의 손으로 부패한 정권을 직접 끌어내렸다는 자부심도 충만했었습니다. 그리고 대선이 치러졌고, 성인이 되고 나서 처음으로 정권이 교체되며 많은 기대를 갖게 만들었습니다.

이후 4년의 시간이 흘렀습니다. 정권 5년차임에도 지지율이 40%가 넘게 나온다는 건 여전히 많은 시민들이 기대와 응원을 보내고 있다는 뜻으로 해석할 수 있겠습니다. 그렇지만 저는 지지율 40%에 속하는 시민이 아닙니다. 여당인 민주당에도 아쉬움이 큽니다. 많은 이유들을 들 수 있겠지만 마음을 돌아서게 만든 대표적 두 가지 사건을 얘기 드리겠습니다.

첫째로 최근 한국 사회를 가장 뜨겁게 들었다 놨다 했던 '조국 전 장관' 건입니다. 그 사건이 터진 지 벌써 2년이 흘렀고 조국 전 장관은 이제 정치권을 떠났는데 아직도 문제제기를 하느냐는 주장들도 있습니다. 그러나 저는 이 사건이 가지는 의미를 심도 있게 짚지 않으면 한국 사회가 더 나은 민주주의 국가로 발전할 수 없다고 생각합니다.

처음에 조국 전 장관의 일가의 입시비리, 사모펀드 의혹이 터져 나왔을 때 솔직히 크게 분노하지도 않았습니다. 진보, 보수를 떠나 사회경제적으로 상류층에 속한 사람들이 흔하게 저지르는 일이라 생각했기 때문입니다. 그러나 문재인 정부는 출범부터 도덕성을 굉장히 중요시하였고, 대통령과 여당의 측근들도 예외가 없다고 선포하였기에 현명하게 판단하길 바라며 지켜보았습니다. 이때까지만 해도 정치적 이념이 뚜렷하지 않은 대다수 주변 친구들도 저와 비슷하게 느꼈습니다.

그런데 갑자기 조국 전 장관을 지켜내겠다며 서초동 검찰청 앞에서 100만이 넘는 인파가 모여 촛불을 들었습니다. 해당 집회는 조국은 아무런 잘못이 없고 언론과 검찰의 공작으로, 기득권의 탄압으로 이 문제를 규정지었습니다. 그리고 조국 전 장관에게 의혹을 보내는 모든 의견은 적폐이자, 극우정당과 광화문 태극기 부대와 한통속이라며 못을 박았습니다. 그리고 민주당의 대다수 의원들도 서초동 집회의 입장에 함께하였습니다.

끝내 장관직을 내려놓으며 마무리되는 것 같았지만, 갈등의 세기는 갈수록 커져만 갔습니다. 검찰 수사를 차분하게 지켜보고 싶었고, 분명 잘못을 한 부분에 있어선 겸허히 사과하여 국민들에게 실망을 끼치지 않겠다는 겸손한 태도를 여당과 지지자들에게 바랐던 저는 더 이상 문재인 정부를 지지하고 싶지 않다는 입장으로 돌아서게 되었습니다.

두 번째 사건은 작년 여름에 일어났던 박원순 전 서울시장의 성추행 사건입니다. 정부 측에서 일어난 일이 아닌 서울시에서 발생한 문제임에도 저는 이 사건을 거론할 수밖에 없습니다. 왜냐하면 이 사건으로 문재인 정부 및 민주당을 지지하는 대다수 시민들의 태도에 실망감이 극에 달했기 때문입니다.

비서였던 피해자가 박원순 전 서울시장을 대상으로 경찰에 고소장을 접수하자마자 가해자였던 그는 어떤 해명도 없이 스스로 생을 마감하는 선택을 하였습니다. 그러나 지지자들은 피해자를 가해자 취급하기 시작하며 음모론으로 몰아갔습니다. 시민장이 열리며 고인을 마치 열사처럼 만들기 시작하였습니다. 수많은 민주당의 정치인들과 교수, 시민사회 활동가들은 고인을 엄호하였습니다. 피해자의 아픔과 사건을 지켜보는 시민들의 황당함은 안중에도 없다는 듯이 행동하는 그들을 지켜보며 함께 촛불을 들었던 결과가 고작 이것이었는지 우습기만 합니다.

여권의 고위층 인사들이 부정한 일을 저질렀을 때 민주당의 정치인 및 지지자들이 이를 대하는 태도와 대처에 많은 청년들이 실망감을 느꼈다는 것을 말씀드리고 싶습니다. 나아가 대통령은 열성 지지자들만의 대통령이 아닌, 모든 시민들을 아우르며 갈등을 조정하는 데 가장 큰 책임이 있는 사람입니다. 이런 부분에 있어서 아쉬움이 큽니다.

　　내년에 누가 대통령이 되건 당장 한국 사회의 모든 문제를 해결할 수 없습니다. 가난한 사람들의 처지는 생각보다 나아지지 않을 수 있고, 현재 청년세대가 겪는 절망감이 희망으로 돌아서기도 쉽지 않을 것이라고 생각합니다. 그렇지만 상대편의 비리엔 온갖 비판을 쏟아내면서 정작 자기편의 비리엔 눈을 감고 감싸는 태도만 보여준다면 국가 운영을 책임져선 안 된다고 생각합니다. 지지자가 아닌 사람들의 비판도 충분히 경청하고, 우리 측이 잘못을 했다면 즉각 인정하고 재발 방지를 위해 최선을 다해나가는 정치를 보고 싶습니다. 문재인 정부의 극복은 바로 이 지점에서 시작되어야 할 것입니다."

우왕(32·부산) "두 분이 같은 정당, 같은 지향을 가진 공동체의 일원으로 활동하기에 드리는 말씀입니다. 저는 이재명 님이 문재인 정부의 오류를 계승하셨으면 합니다. 부동산 정책의 실패, 코로나 상황 속 자영업자에게만 몰리는 거리두기의 사회적 비용. 저는 이 모든 오류를 그대로 계승하셔서 해결을 위한 고민을 시작하시길 바랍니다.

그것이 제가 제1정당에 가지는 기대이자 바람입니다. 같은 정당 내에서도 실패로 구분하고, 오류로 분별하며 나는 다르다 차별하는 모습을 너무 많이 보았습니다. 우리 사회가 나의 오류를 인정하고 겸허히 받아들이는 연습을 하기 위해선 선행적으로 정치부터 책임 있는 모습을 보여주어야 한다고 생각합니다. 마찬가지로 극복할 것이 있다면 문재인 정부의 성과이겠지요. 백두산에서 남북 정상이 함께 손을 맞잡았던 순간을 기억합니다. 북한의 주민들에게 대한민국의 대통령이 연설했던 순간의 감동을 기억합니다. 극복할 것이 있다면 이 성과를 넘어 실질적인 평화와 안전을 구축하기 위한 제도를 마련하는 것이겠지요. 계승하면서도 힘차게 뛰어넘으시길 기원합니다."

촛불의 프레임에서 벗어나기

———

　문재인 정부의 평가에 대한 여러분의 답
변을 꼼꼼하게 읽어보았습니다. 모든 답변에 균
형감각이 있어서 참 좋았습니다. 무조건 칭찬하
지도 않았고, 함부로 비난하지도 않았습니다. 여
러분의 이러한 균형감각에 고개 숙여 고맙다는
인사를 전합니다.

　성공회대학의 이남주 교수는 언론권력과
검찰권력 그리고 극우와 보수의 카르텔이 만들
어낸 프레임에 갇혀 허우적거리는 모습만 보여
주고 있는 행태 속에서 국민들의 정치 피로감은
극심해지고 있는 상태라고 진단하고 있습니다.
특히 언론이 주도하는 카르텔의 프레임은 문재
인 정부의 공에 대해 철저히 외면하면서 과만 강

조하고 있는 상태입니다. 그것을 모르는 바는 아니지만 프레임에 갇혀 허우적거릴 수밖에 없는 상황을 문재인 정부 스스로 자초한 것도 있다는 것을 지적하고 있습니다.

"앞으로도 촛불혁명은 정당한 것인가라는 질문에 계속 대면하게 될 텐데 민주당은 모호한 태도를 취할 가능성이 높다. 이와 함께 민주정부 3기, 4기 운운하는 것도 민주화에 여러 방식으로 기여한 다른 이들을 존중하지 않는 오만한 태도이자, 촛불시대가 그 이전과는 다른 각오와 새로운 방향 설정이 필요하다는 것에 대한 인식의 부족을 보여줄 뿐이다. 그리고 자신에게 정당성을 부여하고 스스로도 계승을 공언한 촛불혁명이라는 플랫폼을 떠나서 일견 참신하게 보이는 아이디어만으로 상황을 타개하려 시도하는 것은 스스로 무장해제를 하는 것과 다름이 없다. 이럴 때일수록 자신을 지탱하는 기반을 강화하고, 자신의 행동이 촛불혁명의 요청에 부합하는가 아닌가를 따져가며 한발 한발 나가야 하는 것이다. 이 작업을 제대로 하지 않고서는 내년

대선에서 촛불혁명이 큰 좌절에 직면할 수 있다. 내년의 새 정부가 단순히 민주당 집권의 연장이 아니라 촛불정부가 될 수 있다는 믿음을 주지 못하는 이들에게 촛불혁명을 지지했던 사람들이 다시 표를 줄 이유는 크게 줄어들 수밖에 없다."

_이남주, 〈창비주간논평〉

저는 이남주 교수의 의견에 전적으로 동의합니다. 부동산 문제 등이 터져서 문재인 정부에 대한 지지를 철회한 것이 아니란 뜻입니다. 고구마를 먹고 체한 듯 머뭇거리다가 임기를 마치고 마는 듯한 느낌이 들기 때문입니다. 사실과 인지는 다릅니다. 사실은 코로나 대유행의 시기에도 경제성장을 이루어낸 것 등등 공이 아주 많습니다. 그러나 적대적이 되어버린 언론은 이를 뉴스로 다루지 않습니다. 아주 작은 과라도 눈에 띄면 침소봉대하여 호들갑을 떨며 보도합니다. 그리하여 객관적 사실은 사라지고 분통 터지는 조작과 왜곡만 남게 되는 것이지요. 객관적 사실은 사라지고 주관적 인지만 넘쳐나는 시대가 되어버린 것입니다.

특히 긴 답변을 주신 김수연 님, 박서준 님, 참이슬 레드 님, 우왕 님께 감사드립니다. 문재인 정부는 명실상부한 촛불정부는 아니었습니다. 노력은 많이 했지만 아쉬움이 많이 남습니다. 하노이 노딜로 남북문제도 진전시키지 못했습니다. 여러 가지로 숙제를 많이 남긴 정부라고 할 수 있습니다.

청년 여러분! '제가 만일 다음 정부를 구성한다면, 어떻게 할 것인가?'라는 생각을 많이 해보았습니다. 저는 무엇보다도 이분법으로 작용하고 있는 정치 과잉을 해소하기 위해 포용하는 자세를 가지려고 합니다. 그러기 위해서는 여러분의 도움이 절실합니다.

대한민국의 위대한 전환을 위해 이재명이 시원하게 하겠습니다.

이재명이 묻다

여러분은 불평등/양극화 문제에 대해
어떻게 생각하십니까?

얼마 전 어느 청년이 전세계약을 맺기 위해 부동산 중개사 사무실을 찾았습니다. 서류작성이 끝나고 도장을 찍기 전에 집주인의 생년월일이 자신과 비슷한 것을 보았습니다. 본인은 전세금을 마련하기 위해 은행대출까지 받았건만 비슷한 또래 중의 누군가는 이미 집주인이라는 사실에 절망감과 함께 부러움을 느꼈다고 했습니다.

제가 알고 있는 어떤 지인의 아들은 대학에 다니면서 온갖 알바를 다한다고 합니다. 알바를 해서 모은 돈으로 주식과 코인을 사들이고 있다고요. 최근 중학생들까지도 주식과 코인 열풍에 빠져 있다는 말을 들었습니다. 알바를 해서 모은 돈으로 주식을 하고 있는 청년과 부모님이 합법적으로 증여해주고 또 몰래몰래 현금을 준 것으로 주식을 하고 있는 청년 사이에는 불평등이 존재합니다. 불평등은 알바를 해서 주식을 하는 청년과 알바만으로 겨우 살아가고 있는 청년 사이에도 존재합니다.

코로나19로 인해 양극화와 불평등 문제는 점점 더 심각해지고 있습니다. 지식정보화시대에 알맞은 문명사적 전환을 준비하지 못한 자영업자들은 점점 더 가난의 나락으로 빠지고 있습니다. 반면에 새로운 시대를 예비하며 충분히 교육받았거나 자산을 보유한 계층들은 발 빠르게 대응하여 소득을 더 많이 올리고 있는 것이 지금의 현실입니다. 고소득 자산의 세습은 누구나 꿈꾸는 일이겠지만 그것이 진정한 해결책은 아닐 것입니다. 세습하거나 받을 수 없는 인구가 이미 절반을 넘고 있기 때문입니다.

인류 전체의 재산을 100으로 본다면 20%의 인구가 80%의 재산을 소유하고 있으며, 80%의 인구가 20%의 재산을 보유하고 있는 것이 지구적 양극화의 현상입니다. 우리나라의 양극화도 이와 비슷하다고 보면 될 것 같습니다. 그렇기 때문에 양극화로 인한 불평등은 해소되기보다는 점점 더 심화되고 있는 것이고요.

청년 여러분. 불평등과 양극화 해소를 위해 우리가 어떤 노력을 기울여야 할까요? 불평등과 양극화 해소를 위한 여러분의 답을 기다립니다.

나에게 불평등과 양극화는……

Tag(31·경기) "불평등은 차별로부터 시작됩니다."

홍명근(36·경기) "저는 딸을 키우며 LH에 사는데 한 달에 한 번은 여성가족부에서 알림이 옵니다. 성범죄자가 우리 집 근처로 이사 온 것이죠. 집 주소에 얼굴까지 나오는데, 알려주는 건 당연히 좋지만 매번 그런 알림을 받을 때마다 미쳐버릴 것 같습니다. 내가 돈이 없으니까 이런 불안감에 떠는 거겠죠.

돈이 있고 없고는 당연하다고 생각합니다. 누군가는 일 안 하고 사는 사람도 있을 수 있습니다. 문제는 그런 사람이 너무 많고, 그렇지 않은 사람의 박탈감이 큰 게 문제인 것 같습니다. 나는 죽어라 열심히 일하고 있는데 돈이 모이지 않고 집을 살 수 없을 때, 불평등과 양극화가 심해진다는 걸 체감합니다.

일자리 수, 임대주택 수 같은 숫자가 아닌 좋은 일자리, 좋은 주거 조건이 만들어지면 좋겠습니다."

청년A(30·대전) "완전 평등 사회를 만들 수는 없지만, 양극화를 줄일 수는 있다고 생각합니다. 인간의 원초적인 욕망 때문에 부자가 직접적으로 자신의 부를 가난한 사람들과 나누는 경우는 아주 드물 것입니다. 이 때문에 정부가 필요하다고 생각합니다. 기업과 부유층에게 사회적 의무를 강하게 부여하고, 정부가 주도적으로 부의 재분배를 추진하는 것이 필요하다고 생각합니다. 국민 개개인 간에 해결할 수 없는 문제들을 해결하기 위하여 존재하는 것이 정부인만큼, 양극화 문제만큼은 보다 강력하게 정부가 정책을 이끌어나가야 한다고 생각합니다."

소바(29·부산) "알바만으로 겨우 살아가는 청년조차 눈 질끈 감고 단기수익을 고대하며 알바비를 코인에 몰빵하는 것이 요즘의 현실인 것 같습니다. 카푸어는 남 일인 것 같아 보이지만, 왜 그런 선택을 하는지와 저신용 대출을 땡겨주는 업자들을 생각하면 씁쓸하고 화가 납니다. 적정 임계점을 넘는 자산이 생활에 큰 의미가 없기를 상상했는데 그런 것은 다 허상이고, 정치인들이 억대 뇌물 받는 거 보면 그냥 나 따위 조용히 살다 죽어도 별일이려나 싶네요. 기업과 재벌들의 자산에 따른 세율을 높이고 국회의원은 명예직에 가까운 임금체계로 변경하고 직업에 귀천이 없는 사회를 만들어주시기를 바랍니다. 저는 빈곤층이므로 양극화 해소를 위해 더 돈을 열심히 벌어보겠습니다. 큰 기대는 없습니다."

보배(31·제주) "이번 내용에서 지역 격차를 다루는 부분이 없어 아쉽네요. 그래서 불평등/양극화 부분에서 지역 격차에 대해 조금이라도 이야기해보겠습니다.

　　저는 제주에서 살면서 섬이라는 제한된 환경 때문에 교육, 문화 등에서 이미 불평등을 겪을 수밖에 없었습니다. 특히 저는 소설가나 작가와 같은 문학 관련된 활동을 하려고 했는데 지방은 상대적으로 이러한 길로 가기 위한 일자리, 교육환경 등이 부족할 수밖에 없습니다. 그리고 저의 주변에도 제한된 환경으로 꿈을 포기하는 청년들을 수없이 보게 됩니다.

　　급변하는 사회에 맞춰 청년들의 욕구나 진로는 다양해지는데, 우리 사회는 그러한 변화를 받아들이기보다는 기존 사회의 관성에 청년들을 끼워 맞춘 일꾼으로 키우기 급급하다는 생각을 많이 했어요. 특히 지방은 제한된 환경으로 인해 청년들이 자신들이 가진 재능이나 능력들을 제대로 키우고 발휘할 수 있도록 해주지 못한다고 느꼈습니다. 저는 꿈을 키워나가야 할 청소년, 청년 시기에는 경제적이거나 지역적 차이로 차별이 발생해서는 안 된다고 생각합니다.

청년들이 미래사회를 준비하기 위해서는 단순히 일자리로 연결시켜주거나 주거 관련 지원하는 차원에서 끝나면 안 됩니다. 교육, 문화 등 삶의 행복을 위한 환경도 조성되어야 합니다. 하지만 현실은 지방에 태어났다는 이유로 많은 차별이 발생합니다. 어쩌면 불평등 문제를 해결하는 주요 키가 지역 격차일 수 있습니다. 그러므로 지역 격차에 주목해주시면 감사하겠습니다."

공정성장

생각보다 이 질문에 대한 답이 적네요. 그만큼 어려운 문제기 때문이겠지요. 답을 준 Tag 님, 홍명근 님, 청년A 님 감사드립니다. 불평등 문제에서 지역 격차의 문제에 관심을 갖게 해준 보배 님께도 감사드립니다. 이 문제는 지역균형 발전 차원에서 깊이 있게 다뤄야겠지요,

인류 전체의 재산을 100으로 본다면 20%의 인구가 80%의 재산을 소유하고 있으며, 80%의 인구가 20%의 재산을 보유하고 있는 것이 지구적 양극화의 현상입니다. 우리나라의 양극화도 이와 비슷하다고 보면 될 것 같습니다. 그렇기 때문에 양극화로 인한 불평등은 해소되기보다는 점점 더 심화되고 있는 것이고요.

문학평론가 한영인의 글에는 작년에 출간되어 화제가 된 『세습 중산층 사회』라는 책에 대해 언급한 구절이 나옵니다.

"평일 점심, 서울 을지로입구역 인근 식당가로 밥을 먹으러 나온 20대 노동자들의 모습을 그려보자. 그들이 SK텔레콤이나 KEB하나은행 사원증을 목에 걸고 있다면, 그들의 60년대생 부모도 대졸 화이트칼라일 가능성이 크다. 거꾸로 사원증이 없는 중소기업에 다니거나 아니면 명동 인근에서 서비스, 판매직에 종사하고 있다면 그들의 부모도 비슷한 일을 하고 있을 가능성이 크다."

_한영인, 〈창비주간논평〉

글을 읽은 뒤 눈을 감고 상상해보니, 양극화의 풍경이 고스란히 그려졌습니다. 그러나 양극화의 문제는 이 정도의 풍경만 있는 것이 아닙니다. 20대에 이미 고가의 아파트를 서너 채 가진 청년과 그 아파트 단지 옆에서 폐지를 잔뜩 실은 손수레를 힘겹게 밀고 가는 고령의 노인도 얼마든지 볼 수 있는 풍경인 것이죠. 한영인은 그 풍경을 설명하면서 다음과 같이 분석하고 있습니다.

"양극화는 오래된 문제지만 오늘날엔 그 격차를 유발하는 핵심적 요인이 세습이라는 점에서 과거와 다르다. '새처리즘'(Thatcherism)으로 표상되는 신자유주의 시대의 사회적 격차가 사회보장 폐지와 노동조합 무력화에 따른 노동자계급의 빈곤화에서 비롯했다면 오늘날 문제가 되는 격차는 교육과 1차 노동시장 진입의 여부에 의해 구획되는 상위 20%와 하위 80% 사이의 분할에서 발생한다."

_한영인, 〈창비주간논평〉

코로나19로 인해 양극화와 불평등 문제는 점점 더 심각해지고 있습니다. 지식정보화시대에 알맞은 문명사적 전환을 준비하지 못한 자영업자들은 점점 더 가난의 나락으로 빠지고 있습니다. 반면에 새로운 시대를 예비하며 충분히 교육받았거나 자산을 보유한 계층들은 발 빠르

09. 불평등/양극화

게 대응하여 소득을 더 많이 올리고 있는 것이 지금의 현실입니다. 욕망과 고소득 자산의 세습은 누구나 꿈꾸는 일이겠지만 그것이 진정한 해결책은 아닐 것입니다. 세습하거나 받을 수 없는 인구가 이미 절반을 넘고 있기 때문입니다.

청년 여러분!

저는 불평등과 양극화 해소를 위해 많은 노력을 기울일 작정입니다. 상위 20%가 가진 자산과 부를 훼손하는 방식이 아닌, 하위 80%의 삶을 질적으로 상승시킬 수 있는 방법을 찾아보도록 하겠습니다. 그 첫걸음이 공정성장이 아닌가 생각합니다. 공정성장을 위해 제가 시원하게 하겠습니다.

여러분에게 부동산은 무엇입니까?

청년들의 주거안정은 시대적 이슈가 되었습니다. 청년세대에서 특히 1인 주거가 많기 때문이기도 합니다.

저는 맞벌이 부부가 10년 동안 열심히 일해서 모은 돈으로는 수도권에 아파트를 살 수가 없게 된 것에 대한 절망과 저항을 해결하지 않고서는 한국 사회가 앞으로 나갈 수 없을 것이라고 생각합니다.

부동산 문제는 매우 어렵습니다. 한국의 부동산 문제에는 재산 확장이라는 개념이 작용하고 있기 때문입니다. 아파트나 집을 사고파는 것으로 재산을 한꺼번에 서너 배씩 확장하고자 하는 욕망과 단란한 생활을 위해 집이 필요한 요구 사이의 거리를 해결하기란 매우 어렵습니다.

청년 여러분. 공급을 늘리면 집값이 안정될까요? 종부세 등 세금을 가중하면 집값이 안정될까요? 여러분의 생각을 듣고 싶습니다. 최근 한국은행에서는 집값이 20%로 내리면 경제에 악영향을 미친다고 보고가 있었습니다. 소위 '빚투'와 '영끌'로 산 집들이 와르르 무너져내릴 수도 있다는 예상입니다. 이 문제도 미리 대처하고 준비를 하지 않으면 청년세대를 비롯해서 국민경제 전체가 혼란에 빠질 수 있습니다. 여기에 대한 여러분의 생각은 어떤지요? 그리고 주거안정에 대한 여러분의 생각도 묻습니다.

나에게 부동산은……

Tag(31·경기) "와르르 무너진다는 표현을 합니다. 문제가 닥친 후에 해결책, 봉합책을 내놓는다면 과거 어느 정부와 같은 비판과 불안감에 휩싸이는 절차가 될 것입니다. 우선 이를 위한 안전망 정책부터 신경 쓰는 것이 한 방향이 될 것입니다. 지금 벌써 문제가 되고 있는 갭투기와 전세사기는 빚투와 영끌의 '매매' 이슈에 묻혀 보이지 않지만 많은 괴로움을 나타내고 있고, 이는 앞으로 더 커다란 문제가 될 것입니다.

다음 방향으로, 주거를 기본권으로 인정하고 재산권보다 앞에 있는, 인간이 기본적으로 영위하기 위한 권리로 인정하고 다시 설계를 해야 할 것입니다. 그 후 인간은 안전한 공간을 점유하는 것에 있어서 자유로이 선택하고 정부가 이를 안전하게 유지하게 해주는 점유중립성을 보여주어야 할 것입니다. 그냥 공간이 아닙니다. '안전한' 공간이어야 합니다."

김민재(24·경남) "부동산 문제는 참 어렵습니다. 역대 어떤 정부도 부동산 문제를 확실히 잡지 못할 만큼 까다로운 이슈입니다. 사람들이 부동산에 몰두하는 이유는, 임금 노동으론 자본의 축적을 기대하기 어렵기 때문이라고 생각합니다. 불확실한 세상에서 가장 안정적으로, 가장 확실하게 투자할 수 있는 방법이 부동산이 되어버린 것입니다.

저는 부동산 문제를 해결하기 위해서는 토지공개념이 필요하다고 생각합니다. 공급을 늘린다고 집값이 안정되지는 않을 것이라고 생각합니다. 완전한 해결법은 아니겠습니다. 그러나 토지의 공공성에 대한 논의와 제도화를 통해 국민들이 '편히 쉴 수 있는 내 집'을 모두 가질 수 있으면 좋겠다는 생각이 듭니다.

토지공개념과 동시에, 질 좋은 주거환경을 청년들에게 제공하여 장기적으로 살 수 있는 평생주택을 공급해야 한다고 생각합니다. 자취를 하면서 이사를 많이 다녀보았지만, 삶의 질이 떨어지는 집이 많았습니다. 국가가 소유하고 잘 관리한다면 그 집에 사는 청년들의 삶의 질이 올라가지 않을까요? 집으로 돌아오는 길이 행복할 것입니다. 이재명 정부가 출범하게 된다면 이 부분을 확실하게 챙겨주었으면 좋겠습니다."

홍명근(36·경기) "매달 월 150만 원씩 적금을 넣고 있습니다. 월세 내고, 관리비 내고, 생활비 내고, 보험비 내고, 왕복교통료, 휴대폰,

인터넷비, 경차 할부 등을 빼고 정말 쪼개고 쪼개서 넣고 있습니다. 아프면 끝장이라고 생각하고 모으는 돈인데, 그렇게 모으면 1년에 1,800만 원이 모입니다. 10년 모으면 1억 8,000만 원입니다. 그런 저는 어디서 살아야 할까요? 김포에 서울로 출퇴근하는데 멀리 떨어질수록 싸니까 종점에서도 한참 들어간 곳에 살고 있고, 앞으로도 그래야 합니다. 김포지하철, 9호선 모두 출퇴근 시간 진짜 헬게이트입니다. 김포 집이 싼 게 3~4억 하니까 20~30년 모으면 김포에 작은 집 하나 살 수 있겠네요. 한 15년 뒤까지 지금처럼 소비하며 돈 모으고, 지금처럼 집값이 유지된다면 말이죠. 15년 뒤면 대충 60세입니다. 이게 부동산 문제입니다."

청년A(30·대전) "건설 중인 아파트를 보며 많은 청년들이 '에휴, 아파트는 이렇게 많은데 내 건 없네'라고 이야기합니다. 공급을 어디까지 늘려야 집값이 안정될지, 아니 공급을 늘린다고 집값이 안정이 되기나 할지 의문입니다. 보증금 200만 원에 30만 원짜리 월세방 하나를 구하기 위해서도 돈이 없는 사람들은 월차를 내고 부동산을 전전하며 이것저것 따져 '그나마 살기 좋은 방'을 얻습니다. 반면 가진 사람들은 마치 인터넷 쇼핑을 하듯이 전국 각지의 매물을 쓸어 담습니다. 부동산 문제 역시 시장경제체제를 부인할 수는 없습니다. 더 나은 집, 더 넓은 집을 구매하는 것은 개인의 욕구와 상황에 달려있지만, 투자를 위한 부동산 활용을 엄격히 제재하여 세대 구성이나 사회적 역할에 따른 최소한의 주거환경은 정부가 보장을 해주어야 한다고 생각합니다."

김수연(27·서울) "이미 집 살 생각은 거의 없습니다. 부동산 투기 하는 것을 보면 사람 사는 데 필요한 집 가지고 돈 놀음 하는 것이 가능한 사회란 것이 씁쓸합니다. 집을 구매하는 것이 직접 그곳에 살기 위해서가 아니라 그 집으로 돈을 벌기 위해서이고, 그것으로 정말 돈을 벌 수 있는 구조이기 때문에 이 문제가 해결되지 않는 것 같습니다.

쾌적한 집들이 많이 생겨났지만 여전히 밖에서 주무시는 분들이 많습니다. 우리나라에서는 집이 집으로서의 역할을 다하지 못하고 있습니다. 잘 지어진 집들은 비어있고, 쪽방촌에 사시는 분들은 다닥다닥 붙은 채 생활하거나, 서울역 지하보도에서 주무시는 국민들도 많이 있습니다.

국민들이 모두 집을 살 수 없는 구조라고 해도 적어도 국민들이 안전한 곳에서 잠을 자고 생활할 수 있었으면 좋겠습니다."

소바(29·부산) "세금 가중은 필요하다고 생각합니다. 집값이 20% 하락하는 일이 일어나지도 않을 거고요. 설령 그렇다 한들, 단순하게 말해 자기 살 집만 가지고 있는 사람들이라면 무슨 문제가 있겠어요.

계속 살면 손해는 실현되지 않는데 말입니다. 아쉬운 마음은 들겠지만 상환 계획대로 잘 갚아나가면 될 일이고요. 부동산 투기꾼들을 위한 한은의 때 이른 걱정에 하나도 공감되지 않습니다. 생숙과 같은 꼼수가 우후죽순으로 생기지 않도록 조정을 잘 했으면 좋겠습니다."

이누리(28·경기) "이재명 님께서 말씀하신 대로 '부동산을 이용한 재산확장'과 '단란한 생활을 위한 집' 사이의 간극을 좁히고, 재산증식의 수단으로서 집보다는 평안을 위한 집의 개념으로 바라볼 수 있는 국민적 논의를 시작해보면 좋겠습니다. 거대하고 대단한 것을 제안드리는 것은 아닙니다. 마을 단위의 시민참여부터 정부 단위의 시민참여까지, 지금껏 대한민국이 운영해온 각종 위원회와 거버넌스 플랫폼들을 보다 알차고 풍부하게 활용해보시길 권유드립니다.

정부 정책은 국민에게 발신하는 정부의 메시지입니다. 집값을 잡겠다고 공급을 늘리는 것은 집값 문제를 국민과의 공론이 아닌 토건을 통한 물량공세로 해결하려 한다는 뜻으로 들립니다. 분양되지 않는 아파트와 빈집이 넘쳐나고 수도권과 비수도권의 주거격차가 심한 대한민국에서 그런 문제는 들여다보지 않으려 한다는 뜻으로 들리기도 합니다. 국민과의 소통을 어려워하고 두려워한다는 느낌, 주거와 관련된 다양한 문제들을 통합적으로 해결하려는 것이 아니라 물량공세를 통해 우선 집값부터 빠르고 간단하게 잡아보고 싶어

한다는 느낌을 줍니다. 물론 집값 하락에 대한 국민들의 요구가 세지요. 또 여론은 종종 공격적이고 대의민주주의로 구성된 국회도 그와 다르지 않아 주거 관련한 문제들을 통합적으로, 그것도 국민과의 공론을 통해 다루라니 거대하고 머리 아프게 들리기도 합니다.

다수의 집을 보유한 시민에 대해 종부세를 높이는 것은 집이 없는 다수의 서민을 고려한 정책이므로 복지국가로 나아가기 위한 결정입니다. 하지만 지금껏 토건만능의 기조로 집값 문제를 해결해 오려 했던 정부와 국회에서 원만한 합의를 보기엔 어려운 부분이 있는 것 같습니다. 본 답변을 작성하고 있는 시점(21년 8월 22일) 기준, 국회에서도 종부세 개정안을 두고 갑론을박이 한창이네요."

개복치(34·전남) "서울에서 신혼집을 차린 지인이 있는데, 현재 작은 평수의 전셋집에 살고 있다고 한숨 섞인 말투로 이야기하면서 앞으로 어떻게 해야 할지 모르겠다며 말끝을 흐렸습니다. 지역마다 조건이 조금씩은 다르겠으나, 얼마 전 봤던 다큐멘터리에서 서울에서 20평이 안 되는 아파트 전세가격이 2억 6,000만 원 정도 수준이었습니다. 청약이 하나의 희망처럼 보이지만, 청약에 당첨되어도 기간 내에 현금으로 정해진 선금을 납입하지 못하면 그 집에 들어갈 수 없을뿐더러 계약금 등을 모두 돌려받지 못합니다. 지방에 사는 저 또한 청약 아파트 당첨을 염두에 두고 계산해보니, 기간 내에 해당 비용을 다 채우지 못할 것이라는 판단으로 몇 년 동안 넣어왔던 청약을 포기했습니다. 주거안정은 삶에서 기본적인 권리 중 하나입니다. 부동산으로 돈을 벌게는 못 해주더라도, 안정적으로 살 권리는 제공해주어야 한다고 생각합니다. 독일의 사회보장체제가 그 맥락에서 나온 것이고요.

최근에 3D프린터로 집을 지을 수 있다는 뉴스를 접했는데, 3D프린터 집짓기가 매력적인 이유는 우선 비용이 적게 들고(최소화된 인건비와 건설 기간), 친환경적인 건축이며, 원하는 라이프스타일에 맞는 설계 등인 것 같습니다. 그래서 농촌이나 어촌 지역에 살고자 하는 청년에게 3D프린터 집짓기를 위한 지원을 하면 좋지 않을까 생각합니다."

이희연(30·경기) "주거는 개인 또는 가족의 생활에 필수적인 요소입니다. 주거가 불안정하면 삶이 불안정해집니다. 하지만 그 필수적인 요소가 투기의 수단으로 이용되고 있습니다. 투기를 줄일 수 있는 방향으로 정책이 만들어져야겠지요. 1가구 2주택 이상일 경우 그에 따른 세금이 인상되어야 할 것입니다. 실거주의 목적으로 산 집의 경우 보장을 해주되 그 외의 목적일 경우는 법적인 제재가 분명하게 있어야 한다고 생각합니다. 공급을 계속해서 늘리기보다는 한 명이 여러 개의 아파트로 돈을 불리는 행위를 막는 것이 더 효과적이지 않나 싶습니다."

10. 부동산

청년세대의 주거안정

———

역시!!! 불평등과 양극화의 문제보다는 지금 당장 피부에 와닿는 문제가 주거안정인 것 같습니다. 여러분의 답이 많이 달렸네요. 주거가 불안정해지면 삶도 불안정해진다는 이희연 님의 답변이 가슴에 와닿네요. 주거를 기본권으로 인정하고 부동산 문제를 다시 설계해야 한다는 Tag 님의 말에도 공감이 갑니다.

부동산 문제는 매우 어렵습니다. 한국의 부동산 문제에는 재산 확장이라는 개념이 작용하고 있기 때문입니다. 아파트나 집을 사고파는 것으로 재산을 한꺼번에 서너 배씩 확장하고자 하는 욕망과 단란한 생활을 위해 집이 필요한 요구 사이의 거리를 해결하기란 매우 어렵습니다.

현실적으로 우리나라에서 집은 돈을 벌기 위한 수단에 지나지 않습니다. 대출과 전세를 끼고 수도권이나 지방의 중요도시에 집을 사두고 두어 해가 지나면 가격이 폭등해 큰 경제적 이익을 얻을 수 있다는 욕망과 비싼 집에 산다는 과시가 한국 사회의 부동산 문제를 어렵게 하는 철학적 이유라고 저는 생각합니다.

그러나 집은 사는(Buy) 것이 아니라 사는(Live) 곳입니다.

어쩌면 반대로 생각하는 사람들이 있을 수도 있습니다.

어떤 사람에게는 사지도(Buy) 못하고 살 수도(Live) 없는 것이 되었기 때문입니다.

인구가 수도권, 그중에서도 서울에 몰리는 것은 어찌 보면 당연한 일입니다. 산업혁명 이후 세계는 도시화의 길을 걸어왔습니다. 자본, 노동, 물자, 정보, 문화가 집결되어 팽창형 거대도시를 만들었습니다. 청년세대가 수도권에 살고자 하는 것도 마찬가지 이유입니다. 수도권에 와야 먹고 살 수 있다는 기대가 강력하기 때문입니다. 그것

10. 부동산

은 국가가 지역간 균형발전을 무시하고 수도권에다 모든 것을 집중한 까닭이기도 합니다.

홍명근 님이 매달 월 150만 원씩 적금을 넣고 있다는 답변에 가슴이 아팠습니다. '월세 내고, 관리비 내고, 생활비 내고, 보험비 내고, 왕복교통료, 휴대폰, 인터넷비, 경차 할부 등을 빼고 정말 쪼개고 쪼개서 넣고 있'다고 합니다. 이것이 현실이겠지요. 게다가 김수연 님은 집 살 생각이 아예 없다고 합니다.

청년 여러분. 여러분의 주거안정은 정말 시급한 과제입니다. 청년세대의 주거안정에 대해 청년세대의 말을 제대로 경청하지 못한 것도 사실입니다. 저는 이 문제에 관심을 갖고 공감할 수 있는 정책을 만들어내기 위해 노력하겠습니다.

11. 주식/코인

여러분에게 주식/코인은 무엇입니까?

———

주식과 코인에 대한 유행이 대단합니다. 대학 캠퍼스에서도 학생들의 대화 주제가 주식과 코인이고, 심지어 중학생 일부도 주식을 하고 있다는 소식이 들려옵니다. 심지어 이런 보도도 있습니다.

"정모(24) 상병은 "일과가 끝나는 오후 5시 30분쯤부터 오후 9시 정도까지 휴대전화를 쓸 수 있는데, 과거에는 유튜브 등을 보는 게 대부분이었지만 지금은 그야말로 주식 열풍"이라고 소개했다. 장병 월급이 병장 기준으로 60만 원 정도로 늘면서 주식 투자를 하는 병사가 대폭 늘었다고 한다. 정 상병은 "얼마 전까지는 코인 붐도 일었다"며 "코인이 폭락하자 생활관에서 휴대폰으로 확인하다 비명을 지르는 동료가 있었을 정도"라고 전했다. 암호화폐 시장은 24시간 거래되기 때문에 몇 시간가량의 휴대폰 사용만으로는 투자 관리가 어렵다. 정 상병은 "요즘 부대마다 PC방이 있는데, 일과 시간에도 짬을 내 컴퓨터로 코인이나 주식 시세를 확인하는 장병들이 있다"고 귀띔했다."

_「중앙일보」 2021.7.14.

주식과 코인이 돈을 모을 수 있는 기회인 것은 사실입니다만 여기에는 위험도 뒤따릅니다. 실제로 코인 가격의 하락이 그것을 증명하고 있습니다. 그 때문에 투자금을 잃는 사람이 점점 늘어나고 있습니다. 청년 여러분. 주식과 코인 열풍에 대해 어떻게 생각하십니까. 만일 주식에 투자하고 있는 청년이 있다면 주식이 폭락했을 때를 대비하여 어떤 대책을 갖고 계신가요?

청년이 말하고 이재명이 시원하게 합니다!

나에게 주식/코인은……

소바(29·부산) "투자는 리스크를 지는 행동입니다. 성실한 부의 축적이 불가능하니까 한탕주의로 가는 건데, 망해도 어쩔 수 없다고 생각합니다. 이러한 장면은 겉으로 드러나는 현상이고, 그 원인에 대한 해소가 필요하다고 생각합니다."

Tag(31·경기) "폭락한다면 정부는 무엇을 할 수 있습니까? 정부는 문제를 발견했다면 그에 대해 해결책과 안전망을 제시해야 합니다. 문제를 발견했으니 새로운 정부의 후보는 이를 위해 해결책과 안전망을 제시해야 합니다. 다양한 소득에 대해 인정하고 이의 균형을 위한 행동을 해야 하며, 어느 한쪽의 소득이 가장 많은 이득을 가져다줄 수 있는 것이 아님을 보여줘야 합니다."

홍명근(36·경기) "대책 없습니다. 부동산이 없고, 앞으로도 대출 끼고 30년 납입으로 부동산을 구입하지 않는 이상 60세까지는 부동산 없을 것 같은데, 도대체 뭘로 돈을 버나요? 답은 주식과 코인입니다. 그것뿐입니다. 폭락하면 존버해야죠."

김수연(27·서울) "이토록 열풍이 분다는 것은 사람들의 욕심이 커진 것도 있겠지만, 무엇보다 지금의 수입구조에 희망이 없다고 느끼고 있기 때문인 것 같습니다. 월급 모아봐야 사는 동안 집 한 채 장만하기 어렵습니다. 그런데 걱정은, 중년쯤 되면 이런 투자를 해볼 만하다 해도 어린 세대마저 자신에게 투자하지 않고 주식에 투자한다는 것이 조금 쓸쓸한 모습이 아닌가 싶습니다."

이정인(19·경기) "가상화폐 등 인터넷 발전에 따라 여러 기술들을 통해 금전적 이익을 취할 수 있는 기회가 많아졌다는 점은 인정해야 한다. 하지만 코인과 같은 가상자산은 발행 주체가 불분명하고 시세가 급격히 변동됨에 따라 많은 위험이 부담된다. 실제로 테슬라자동차의 CEO인 일론 머스크의 트윗 몇마디에 거대 가상자산인 '비트코인'의 시세가 급격히 하락한 사건은 이런 주장을 뒷받침하기 위한 사례로 충분했다.

　　헌법에는 국가는 자국민의 재산을 보호해야 하는 의무를 가진다고 명시되어있다. 그렇기 때문에 가상화폐 등 안정성이 보장되지 않은 자산의 경우 국민의 재산을 보호하기 위해 관련한 규제정책을 실시해야 한다.

　　현재 부동산 등 실물자산과 주식, 채권 등 현금성 자산은 모두 법의 테두리 안에서 운영되며, 발행주체 역시 명확하다. 또한 문제가 발생하더라도 절차에 의해 해결이 가능하고 국가가 개입할 수 있는 근거 또한 마련되었다. 하지만 가상자산은 신생 투기자산으로서 보호를 위한 장치 또한 부족하기 때문에 법 테두리 안에서 운영될 수 있도록 관련한 제도 마련이 우선적이라고 생각한다."

참참(32·서울) "부동산 문제도 마찬가지죠. 직장동료나 30대들과 얘기하다 보면, 이젠 딱히 부정하는 사람도 없을 정도로 흔하게 나오는 얘기가 월급 모아서는 답이 없다는 겁니다. 무엇에 답이 없느냐? 내가 살 집 한 칸도 마련할 수 없고 애도 키울 수 없고 노후도 대비할 수 없다는 겁니다. 집값이 오르는 속도가 내가 월급을 모으는 속도보다 빠릅니다. 일단 무슨 짓을 해서라도 집을 사놓으면 월급을 아무리 열심히 모으고 내 능력을 아무리 키우는 것보다 더 빠르게 재산이 증식된다는 게 이 사회에서 '상식'입니다. 거기에 혈안이 될 수밖에 없죠.

　　주식과 코인은 왜 할까요? 아무리 영혼까지 끌어모아도 부동산에 투자하는 건 쉬운 일이 아니니까요. 이미 너무나 비싸서 무슨 짓을 해도 부동산투자를 할 수 없는 데다 온갖 규제 등등으로 매우 복잡하니까, 주식이나 코인이라도 하는 겁니다. 없는 사람들이 복권 사는 거죠.

주식과 코인 같은 걸 좀 한다고 해서 별 문제는 없다고 생각하지만, 목숨 걸고 하는 청년들이 많아지는 건 절대적으로 문제라고 생각합니다. 첫 번째로 그 자체로 절대 좋은 사회가 아니라는 증거이기 때문이고, 두 번째로 삶의 중요한 것들을 돌아볼 시간과 에너지로 일확천금만 노리느라 삶을 내던지게 되기 때문입니다.

'아, 그때 샀어야 되는데, 아 그때 팔았어야 되는데'로 우리 청년들이 인생을 다 보내고 있습니다. 그리고 저 역시 왜 그러는지 너무나 이해가 됩니다. 어차피 희망이 없으니까요. 어차피 내일이 없으니까요. 도박에 가깝지만 그래도 희망의 불씨라도 보이는 건 그것들밖에 없으니까요.

청년들은 바보가 아닙니다. 확률이 낮지만 그래도 가능한 것과, 애초에 불가능한 것 중에 고르라면 당연히 확률이 낮은 쪽에 걸지 않겠습니까? 그게 주식과 코인인 거죠. 남는 시간에 열심히 자기계발해서 직장에서 인정받고 월급 올리는 것과, 받은 월급으로 주식, 코인 투자해서 대박을 노리는 것 중에 어느 쪽이 더 쉽고 빠르고 심지어 가능성도 높아 보인다고 생각하십니까?

제가 중소기업 다녀보니 군대랑 비슷합니다. 자기계발하면 할 수 있는 일이 늘어나서 해야 할 일만 늘어나지 월급은 크게 안 늘어 납니다. 정말 어떻게 잘 이직하다보면 그나마 인정받고 성장하면서 꽤나 돈도 많이 주는 직장으로 갈 가능성도 있긴 하지만, 로또나 주식, 코인 대박보다 더 가능성이 희박해 보이고 엄청난 운과 대단한 노력과 타고난 능력까지 필요합니다. 주변에 그런 좋은 직장 다니는 사람 자체도 거의 보이질 않으니 그런 꿈을 꾸기도 어렵습니다. (주변에 주식, 코인으로 돈 벌었다는 사람은 종종 보입니다.) 왜 잘 안 보일까요? 그런 회사가 거의 없기 때문이겠죠.

게다가 주식, 코인, 부동산투자 같은 데 열을 올리는 사람이 많아지면 많아질수록, 그들은 거대한 자본으로 주식, 코인, 부동산투자 등으로 실제 돈을 버는 사람들과 같은 입장에 서게 됩니다. 정치적으로도요. 본인이 집이 없어도 집값이 오르는 걸 바라게 됩니다. 본인 회사가 아니어도 주식이 오르길 바라게 됩니다. 본인도 조금은 이득 보거든요. 전 구간 소득세율이 올라가면 사실상 대다수의 국민은 이득을 본다고 봐야 하지만 그걸 원하는 국민이 있습니까? 부자들이 100만 원 더 내도 내 1만 원 더 안 내고 싶다는 정서가 너무 큽니다. 분명히 세금으로 만든 지하철 등의 인프라를 세금으로 매우 저렴하게 이용하고 있는 등, 세금 덕분에 보는 혜택이 찾아보면 많이 있을 테지만, 세금은 돈 뺏어가는 거라는 정서가 팽배하듯이, 저는 주식과 코인 투자에 열을 올리는 청년들이 많아지면 많아질수록 그들이 어떤 경제정책을 지지하게 될지도 걱정이 됩니다. 평생 도박 같은 것과 거리가 멀어 로또복권 한 장 사보지 않은 저조차도 최근 주식에 10~20만 원 정도를 넣어보고 있는 지경입니다. 요즘은 주식을 하지 않는 사람을 돈 벌기 싫어서 안달 난 사람처럼 보는 30대 또래들이 점점 많아지고 있는 걸 느낍니다."

김효일(24·대구) "저는 2018년에 코인에 소액 투자를 했었고, 2021년에 주식투자를 시작했습니다. 물론 저는 대학생 신분이기 때문에 큰돈을 투자하고 있지는 않지만, 주식에 대한 이해와 경제 흐름을 읽기 위해서 주식을 꾸준히 하고 있습니다. 코인과 주식은 근본부터 보자면 엄연히 다른 방식의 투자(투기)지만, 사람들이 리스크를 안고서도 투자를 하는 이유는 어느 정도 이해하고 있습니다. 도저히 일반적인 경제활동으로는 치솟는 물가상승률을 따라갈 수 없기 때문입니다. 여기서 물가상승률이라는 단어를 선택했지만, 예시로는 부동산 등을 들 수 있겠습니다. 일반적인 경제활동으로는 부동산 상승 속도를 따라가질 못하니, 아무리 경제활동을 해보아야 집을 얻을 수는 없습니다. 그 속도를 따라가기 위한 차선책으로 주식과 코인에 투자를 하게 되는 것입니다. 마치 돈을 많이 버는 직업을 원하듯이, 경제활동과 투자활동 중 돈을 더 많이 버는 쪽으로 사람들이 몰리는 것뿐입니다. 이를 해결하기 위해서 개인적인 생각으론 경제활동에 대한 지원을 더 늘려야 되지 않을까 싶습니다. 물론 쉬운 일은 아니겠지만, 경제활동이 줄어들고 투자활동만으로 사회가 진행되게 되면, 사회가 도태될 수밖에 없습니다. 경제활동과 투자활동이라는 두 가지 선택지 중 하나를 선택하게 했을 때, 경제활동이라는 직업을 선택하게 만드는 것이 이 국가가 풀어야 할 문제가 아닐까 싶습니다."

홍서윤(35·서울) "열풍이었습니다. 시장에 돈이 너무 많이 풀렸지만, 금리가 너무 낮았기 때문에 발생했던 현상입니다. 아주 일시적입니다. 물론 일시적이었지만 경제 상황이 호황기였던 배경도 주식투자에 적극적으로 관여하게 했던 것 같습니다. 저는 흑과 백이 있다고 여깁니다. 저축이나 부동산 등 안정자산에만 투자하던 풍토가 주식 등 기업이나 경제 투자로 이어져 국민의 금융 또는 재테크의 방식이 발전했다는 점에서는 긍정적입니다. 다만, '한탕'을 노리며 분석과 학습 없이 뛰어들었던 사람들이 많았다는 점은 부정적이라 생각합니다.

　　한편 코인은 주식과 다릅니다. 해외에서는 블록체인과 비트코인을 통한 거래가 활발합니다. 맞습니다. 다만 우리나라는 아직 준비가 부족했었습니다. 준비가 되지 않은 상황에서 시장이 먼저 열리다 보니 코인 시장이 도박장이 되었던 것도 부정할 수 없습니다.

　　그러나 주식이든 블록체인이든 개인의 투자까지 정부가 관여할 수는 없다고 생각합니다. 다만, 기존의 방식(저축 등)을 통해 부를 축적하기 어려워서 이러한 새로운 방식의 투자가 현 청년세대에 더 많이 활용되고 있다는 것을 알아야 합니다. 이에 따른 부작용을 방지하기 위해서라도 초·중·고, 대학 때 금융교육과 기업가 교육을 필수적으로 해야 한다고 생각합니다. 최소 각자의 인생을 걸고 도박으로 한탕주의를 노려서는 안 된다는 것을 학습해야만 합니다."

노윤수(28·경기) "주식과 코인 열풍은 신문이나 책과 같은 글 위주의 콘텐츠에서 인스타그램 등의 사진 위주의 SNS로, 사진에서 틱톡, 유튜브 쇼츠, 인스타그램 릴스 등의 짧은 동영상으로 넘어간 것과 같이 조금 더 자극적이고 즉각적인 결과를 얻을 수 있는 것들로 넘어간 것과 같다고 생각합니다. 예금이나 적금과는 달리 돈을 넣으면 그에 대한 결과값이 빠르게 출력되는 것, 그것의 첫 번째는 주식이었고, 그보다 더 자극적인 형태가 코인이었다고 생각합니다.

물론, 주식과 코인의 열풍이 도래하게 된 결정적인 트리거는 코로나로 인한 폭락장에서 사회 전반에 불었던 투자 열풍, 부동산 가격 폭등으로 인한 조급함 등이 있습니다. 하지만 결정적인 트리거 한 가지 때문에 광풍이 불었다고 생각하지는 않습니다. 결국 사회 전반의 흐름에 편승한 자연스러운 부분이었다고 생각합니다. 정치권에서는 이러한 흐름을 무조건적으로 막는 것이 아니라 청년들이 제대로 된 판단을 할 수 있게 도움을 주는 제도와 아직은 판단이 미숙한 이들을 보호할 수 있는 방법들을 함께 마련하는 것이 필요하다고 생각합니다.

저 또한 가만히 있는 돈이 알아서 움직이며 돈을 벌어다주기도, 잃기도 하는 것이 재밌었습니다. 단타를 통해 돈을 벌고자 한 적도 있습니다. 하지만 주식과 코인은 결국 수요와 공급에 따라 결정되기 때문에 전문 트레이더가 아닌 이상 개인이 주가를 예측하고 단타로 투자하는 것이 쉽지 않으며, 단타로 돈을 버는 것이 어려운 것을 알았습니다. 이때부터 조금씩 공부하며 장기투자의 영역으로 들어섰습니다. 무엇이 정답인지는 알 수 없기 때문에 단정지어 이야기하기는 어렵지만 제대로 알고 사는 것이 필요하다고 생각합니다."

한탕주의가 아닌 투자문화

———

주거안정과 부동산 문제 못지않게 주식과 코인도 핫이슈인 것만은 분명한 것 같습니다. 여러분의 답이 많이 달렸습니다.

주식과 코인이 유행한 이유는 여러 가지가 있겠습니다만 한편으로 이 현실이 불안하기도 합니다. 코로나 이전부터 미국은 금리를 0%로 운영하였고, 우리나라의 금리도 거의 0%에 가깝습니다. 금리가 낮으면 시중에 풀려있는 자금은 부동산과 주식으로 이동하게 됩니다. 게다가 코로나로 인해 자금이 더 풀려있는 상황입니다. 상황이 이러하니 적금 등의 방법으로는 자산을 불릴 수가 없는 지경이 되어버렸고 자연스레 투자 혹은 투기 쪽으로 이어진 게 아닌가 생각합니다. 가히 전 국민 주식투자의 시대가 되어버린 것입니다.

자금력이 풍부한 사람들은 하루에 5억 이상의 단타 매매를 하면서 1%(500만 원)의 수익을 매일 올릴 수도 있습니다. 카이스트 교수가 교수직을 버리고 주식에 올인했다는 기사도 있으니까요. 그러나 대부분의 개미들은 단타 매매를 통해 1%의 수익을 올릴 수 없습니다. 그럼에도 불구하고 환상은 널리널리 퍼지고 있습니다.

주식과 코인의 열풍은 마지막 사다리에 올라타려는 것과 같습니다. 개인 스스로 불평등과 양극화를 해소하겠다는 노력이기도 합니다만 걱정이 매우 앞섭니다. 이익을 많이 낼 때에는 문제가 발생하지 않지만 대규모 손실이 발생한다면 큰 문제가 되어버립니다. 개인의 선택이 정부 정책의 문제로 확대되는 것입니다. 이익을 많이 낼 때에는 '내 실력', 손실이 지속적으로 발생하면 '정부 탓'으로 돌리는 경우가 반드시 생기기라 봅니다. 어떻게 해야 할까요?

12. 전쟁과 평화

이재명이 묻다 Q

여러분에게 전쟁과 평화는 무엇입니까?

우리나라의 분단은 학살과 전선의 전쟁, 마을 내부의 전쟁, 마음의 전쟁을 불러일으켰고 그로 인해 수많은 사람이 생명을 잃었습니다. 여러 자료를 교차 검증한 결과, 6·25전쟁 당시의 인명피해를 살펴보면 상상을 초월합니다. 국군은 전사자 약 15만 명, 부상자 약 71만 명, 실종자 약 13만 명 등 전체 손실은 약 99만 명에 이릅니다.

청년이 말하고 이재명이 시원하게 합니다!

유엔군은 약 5만 명 정도의 사망자가 발생했고요. 인민군의 전체 손실은 약 59만 명, 중공군은 90만 명에 이르렀습니다.

전쟁은 필연적으로 병사든 민간인이든 가리지 않고 인간의 육체적인 생명을 빼앗는 것은 물론이고 일상까지도 폐허로 만듭니다. 한국전쟁뿐만 아니라 인류가 자행한 모든 전쟁은 반생명의 황폐와 일상의 폐허를 양산했습니다.

여러분은 2015년 9월, 시리아 내전으로 난민이 되었다가 바다에 빠져 파도에 해안가로 밀려와 죽어있는 '아일란 쿠르디'의 이야기를 들은 적이 있을 것입니다. 시리아가 평화 상태였다면 어린 꼬마는 그렇게 비극적으로 죽음을 맞이하지 않았을 것입니다. 아일란 쿠르디는 바로 '나'일 수 있습니다. 저는 그 어떤 전쟁도 반대합니다. 전쟁을 반대하는 것과 국가안보를 튼튼히 하는 것은 다른 문제라고 저는 생각합니다.

청년 여러분. 여러분도 전쟁을 원하지 않을 것이라고 저는 확신합니다. 그렇다면 현재의 남북관계에서 평화를 어떻게 구체화해야 할까요? 평화에 대한 여러분의 생각을 솔직하게 대답해준다면 정말 고맙겠습니다.

나에게 전쟁과 평화는……

———————

김민재(24·경남) "현재의 남북관계를 항구적인 평화 체제로 전환해야 합니다. 다른 나라에 휘둘리지 않고 북한과 함께 당면한 문제를 하나씩 풀어가면 좋겠습니다. 한미 훈련을 적정선에서 축소하고, 북한 지도자와 자주 만나 오랜 앙금을 털어버려야 합니다. 가장 중요한 것은 종전선언과 평화협정 체결, 그리고 향후 적정선에서 자유롭게 관광하며 오갈 수 있는 시스템을 구축하는 것이겠지요. 노무현 대통령의 말처럼, 오가다 보면 금단의 선이 지워질 것입니다."

소바(29·부산) "자세히는 고민해보지 못했으나 꾸준하고 적극적인 대화 시도가 필요하다고 생각합니다."

홍명근(36·경기) "우리나라가 국제사회에서 적극적인 역할을 할 필요가 있다고 봅니다. 많은 청년들이 한국을 넘어 세계를 바라볼 준비는 되어있다고 봅니다. 그런 기회가 늘어나길 바라봅니다."

김수연(27·서울) "무리하지 않게 교류를 만들어가는 것이 방법이지 않을까 싶습니다. 개성공단 폭파는 충격적이었기에 지금으로선 공동 관리를 한다거나 서로의 권한을 조율할 필요가 있는 것은 조금 지양하고, 다만 지속적으로 소식과 안부를 주고받는 것이 좋지 않을까 생각합니다. 모든 관계가 그러하듯이 나라 간의 관계도 마찬가지일 것 같습니다. 결국 실무자들도 사람이기 때문에 사람에게 통하는 방식으로 다가간다면 평화를 구축하는 데 도움이 되지 않을까 싶습니다."

그물(24·경기) "우리 모두 걱정 없이 위험 없이 행복하게 살기를 바랍니다. 그 행복은 대부분은 평화로운 상태가 밑받침되어야 가능합니다. 그러한 이유로 전쟁과 갈등 걱정 없는 일상의 행복을 간절히 바라며 남북 간의 평화를 염원해왔으나, 그 평화의 전제가 통일이어야 하는지는 모르겠습니다. 평화는 가치이자 이상이고, 통일은 방법입니다. 기존의 통일이라는 방법에는 지금 세대의 목소리가 반영된 건 아닙니다. 그래서 남북평화에 대한 새로운 국민적 공감대를 만드는 과정이 필요하다고 생각합니다. '당신들이 생각하는 남북 간의 평화가 어떤 형태인지' 꾸준히 묻고 이야기 나눌 수 있는 자리들이 필요합니다. 또 청년들이 남북 교류에 대한 다양한 상상력(북한과 함께할 수 있는 다양한 영역의 것들)을 펼칠 수 있는 안전한 판이 필요합니다. 개성공단 폐쇄는 그러한 상상력을 장기적으로 막아버린 대표적인 사태였습니다. 정치 영역에서의 갈등과 민간영역에서의 교류를 분리해서 볼 수 있는 제도적 장치가 있다면 좋겠습니다."

이희연(30·경기) "많은 사람이 바라보는 평화는 모호합니다. 사람들은 평화를 추상적이며 정의 내리기 힘든 속성을 가지고 있다고 생각합니다. 따라서 평화가 이슈로 등장하면 흔히 반대로 전쟁과 폭력을 떠올립니다. 평화에 비해 직관적이고 명확하기 때문입니다. 그렇게 평화는 '전쟁을 하지 않는 상태', '폭력이 없는 상태'로 쉽게 환원됩니다. 하지만 평화는 전쟁의 반대말이 아닙니다. 폭력의 반대 역시 아닙니다. 표면적으로 두드러진 현상의 밑에 존재하는 갈등을 어떻게 전환하고 풀어가는지가 평화의 핵심이라고 생각합니다.

　　사람은 누구나 갈등을 겪고 삽니다. 인생은 갈등의 연속이라고 해도 과언이 아닙니다. 하지만 우리는 갈등에 잘 대처하는 방법을 모릅니다. 누구에게나 갈등은 어렵고, 불편하고, 쉽지 않기 때문입니다. 그럴 때 가장 많이 나타나는 태도는 회피하거나 더 크게 반응하는 것입니다. 전쟁과 폭력도 이러한 맥락에서 볼 수 있습니다. 갈등을 회피하고 단절하는 극단적인 방법으로 사용되는 것이죠. 그렇다면 남북관계에서 평화를 구체화하는 방법은 활발한 의사소통과 교류를 통해 회피하고 단절하는 방법으로부터 벗어나는 것일 겁니다.

평화학에서는 '갈등 전환(Conflict transformation)'이라는 용어를 사용합니다. 갈등 해결과 갈등 관리에 여러 가지 위험이 내포되어 있다고 여긴 평화학자 존 폴 레더락이 사용한 단어입니다. 강자가 갈등을 무마하기 위해 약자를 회유하거나, 그래서 갈등을 통해 정당하게 제기되어야 할 중요한 이슈마저 사장해버릴 여지가 있다는 이유에서 사용되었습니다. 이는 '관계의 패턴'에 집중합니다. 갈등의 내용을 고려하는 한편 갈등이 관계 패턴의 시스템과 그물망에 뿌리내리고 있다고 봅니다. 즉, '표출된 문제'와 그 문제를 만들어낸 '관계 패턴의 시스템', 이 두 가지 모두를 해결하고 변화를 증대시킬 방안을 모색하는 것입니다.

한반도에서 갈등을 다룬다면 사회에 뿌리 깊게 내린 부정적 감정과 복잡한 관계의 패턴을 해체하고 건강하고 긍정적인 그물망을 다시 짜는 방식으로 가야 할 것입니다. 지속해서 각 국가의 존재와 관계에 대한 질문을 던지고, 사람들이 존재의 가치를 찾아 관계의 중요성을 인식할 수 있도록 사회적인 소통을 해야 할 것입니다. 그 소통에는 한국 사회에서만 공유된 인식이 아닌 남북이 같이 공유하는 인식, 문화 등이 자리 잡아야 할 것입니다."

홍서윤(35·서울) "솔직히 저는 남과 북이 하나 된 한반도로 살 수 있을 것이라는 기대가 없습니다. 독일이 동서로 통일을 이룬 방식을 기대하기 어렵다고 봅니다. 현재로서는 말입니다. 또한 지금의 청년세대들은 전쟁을 역사 교과서로만 배워왔습니다. 따라서 북한과의 관계가 피부로 와닿지 않는 것이 사실입니다. 그럼에도 평화로운 관계를 원합니다.

가장 핵심은 북한과의 동맹 관계라고 생각합니다. 우리나라는 저성장 기조이며, 북한을 통해 해외로 이전되었던 여러 가지 산업구조들을 한반도에서 안착할 수 있을 것입니다. 또한 문화와 관광 등 교류산업 역시 비약적 발전을 이룰 것으로 생각됩니다. 저출산 문제 역시 일정 부분 해결될 것으로 생각하며, 북한 역시 우리나라의 기술산업을 토대로 경제발전을 이루는 등 통일이 남북 중 어느 한 국가에만 득이 되지 않고 양국 모두에게 득이 될 것으로 생각합니다. 다만, 이 과정에서 우리나라와 북한의 정치적 통합이나 체계를 일원화하는 것은 짧은 시간 안에 가능하지 않다고 생각됩니다. 어쩌면 영원히 어려울 수도 있다고 생각합니다만, 그래도 일단 교류와 통일을 꼭 했으면 합니다. 분단으로 50여 년을 살았습니다. 이제라도 손잡고 마주 보고 함께 살아도 되지 않을까요.”

한반도의 평화 대전환

아프가니스탄에서 미군이 철수하자 탈레반이 수도인 카불을 점령해버렸습니다. 미국의 예측은 2~3년 걸릴 것이라고 내다봤던 것인데 불과 열흘 만에 탈레반이 거의 무혈입성하고 말았습니다. 사실 탈레반을 조직하고 군사적으로 키워낸 것은 미국이었습니다. 오직 소련에 반대하기 위하여 탈레반에 무기와 자금을 조달했던 것입니다. 그 시작의 비극이 오늘날에도 이어지고 있는 것이지요.

평화에 대한 이희연 님의 답변이 참 인상적이었습니다. 평화는 모호하고 전쟁이나 폭력은 직관적이고 명확하다는 지적에 고개를 끄덕였습니다. 하지만 아무리 모호하더라도 평화를 유지해야만 한다고 저는 생각합니다.

　　저는 국가안보의 핵심은 평화안보에 있다고 생각합니다. 침략이나 폭력을 위한 안보가 아니라 국민의 생명과 안전을 평화롭게 유지하는 안보 말입니다. 문재인 정부 출범 1년 후, 우리는 한반도 평화 프로세스를 몸으로 경험했습니다. 그러다가 하노이 노딜로 모든 것이 중지되고 말았습니다. 그러나 이대로 멈출 수 없다고 생각합니다. 한반도 비핵화와 한반도 경제공동체는 동시에 이룩될 수 있는 평화 프로세스입니다. 이를 위하여 우리 모두 노력해야 하겠습니다. 북한과는 당사자 원칙으로 대화를 하겠습니다. 중국과 미국과는 한반도 비핵화와 평화 문제에 최선을 다해 협력해달라고 요구할 것입니다. 한반도의 평화는 남북 당사자들이 이뤄가야 할 문제입니다. 그것을 다른 국가에 위임할 생각은 없습니다.

　　특히 김민재 님의 의견에 귀를 기울이며 한반도의 대전환을 위해 노력하겠습니다. 그 길에 여러분의 동참을 기다리겠습니다.

여러분에게 통일은 무엇입니까?

———

통일연구원에서 발간한 'KINU 통일의식조사 2021'을 자세히 살펴보았습니다. 청년 여러분, 특히 MZ세대의 통일에 대한 생각이 어떤지 궁금했기 때문입니다. 그 결과는 이랬습니다.

통일 선호 12.4%, 평화공존 선호 71.4%.

통일보다 평화를 추구하는 경향이 무려 59%의 차이를 보이고 있습니다. 자료에 의하면 '젊은 세대일수록 북한을 통일의 대상이 아닌 공존의 대상으로 보는 추세'라며 이런 경향이 앞으로 더욱 강화될 것이라고 예측하고 있습니다.

물론 MZ세대뿐만 아니라 전 세대를 아우르는 조사자 전체의 의견도 통일 선호 25.4%, 평화공존 선호 56.5%로 나타났습니다.

청년 여러분. 2045년은 분단 100년이 되는 해입니다. 분단 100년이 되면 여러분의 나이는 40대에서 50대가 되어있겠지요. 여러분이 꼰대라고 말하는 기성세대는 70대에서 80대가 되어있을 것입니다. 엄밀하게 말해 2045년에 대한민국을 운영하는 주체는 바로 여러분입니다. 싫든 좋든, 원하든 원하지 않든, 시간이 그렇게 만들어갈 것입니다.

여러분이 생각하는 평화와 통일에 대한 솔직한 답변을 기다리겠습니다. 지금 당장 여러분이 생각하는 것도 중요하지만 2045년에 대한 생각도 듣고 싶습니다. 그 사이에 우리가 무엇을 할지에 대한 생각도 듣고 싶고요. 감사합니다.

나에게 통일은……

그물(24·경기) "위에 서술했듯 평화는 가치이자 이상이고, 통일은 평화를 실현하기 위해 전통적으로 제시되어온 방법이자 오랫동안 민족적 목표였습니다. 이런 통일 담론을 주도해온 세대는 분단을 직접 겪은 세대이고요. 그런데 앞으로 남북관계를 이끌어갈 지금의 세대는 분단과 전쟁을 겪지 않았고 태어날 때부터 분단국이었습니다. 그렇다 보니 통일은 당연한 목표가 아니며, 각자가 통일을 바라보고 여기에 부여하는 의미가 다를 수밖에 없습니다(평화의 일환으로 통일을 생각, 이산가족, 경제적 이유 등). 통일이란 건 대단히 거창한 게 아니라 우리가 행복하고 존엄하게 살기 위한 고민과 노력의 과정이라고 생각합니다. 저에게 지금의 통일이란, 오랜 세월 분단으로 단절된 우리가 어떻게 함께 살아갈까의 고민입니다. 어떻게 하면 함께 살 수 있을까의 문제로 받아들여집니다. 오랜 세월 분단으로 인한 문화의 단절, 세대의 변화를 먼저 고려하는 과정들이 필요합니다. 소통이 기반이 되어야 경제 문제라든지 이념의 문제가 조금 더 원활하게 풀리지 않을까 생각합니다."

홍명근(36·경기) "저는 이 부분에서 제 또래 청년들과 좀 다른 시각입니다. 대부분의 청년들은 북한이 그냥 다른 나라처럼 남처럼 지내길 바랍니다. 저는 물론 통일해야 한다고 생각합니다만, 지금 같은 현실에 평화를 신경 쓸 여력도 이유도 없다고 생각합니다. 상호호혜적 입장으로 적극적인 남북관계를 기대합니다.

남남갈등은 문재인 대통령이 정상회담할 때는 거의 없고 지지만 있었습니다. 오히려 남북관계가 안 좋을 때 남남갈등이 발생하는 듯합니다. 평창올림픽 때 단일팀같이 공정이나 정의 문제가 아니라면 남북의 상호호혜적 관계 설정이 우선 중요하다고 봅니다."

김민재(24·경남) "통일은 헌법 정신입니다. 그러나 1국가 1체제 1정부로의 통일만 통일이라고 보지 말고, 1국가 2체제 2정부와 같은 다양한 가능성을 열어두고 고민하면 좋겠습니다. 연방제가 시기적으로 맞지 않다면, 우선 어느 정도 서로 왕래할 수 있는 환경, 육로를 통해 대륙으로 진출할 수 있는 환경조성부터 시작하면 어떨까요? 지금부터 논의하고 준비하여, 분단 100년이 되는 2045년에는 남북관계의 새로운 전환을 만들어내면 좋겠습니다."

소바(29·부산) "평화적 공존도 좋지만 북한 사람들의 인권은 처참한 상황이라고 알고 있습니다. 통일 여부와는 별개로라도 북한이 개방을 할 수 있도록 돕고 한국을 중심으로 세계 각국에서 원조와 지원을 통해 북한 국민이 보편 인권을 보장받을 수 있도록 국가적 차원에서 더욱 힘써 도왔으면 합니다."

김수연(27·서울) "이대로라면 시간이 지날수록 통일에 가까워지기 어렵지 않을까 싶습니다. 북한은 무엇보다 자유민주주의체제가 아니다 보니까 통일을 한다면 어떤 체제의 변화가 있을지를 특히나 고려해봐야 할 것 같습니다. 만약 통일로 인해 우리나라도 제도적 대혁명을 맞이하여 빈부격차 해소 등 손대지 못하고 있는 사회문제에 어떤 희망이 있다면 또 모르겠습니다.

통일했을 때 경제적인 측면은 쉽게 말해서 단기적으론 나쁘고 장기적으론 좋다고 해도, 특히 정치 제도적인 측면이 어떻게 변화될 것인지에 따라서 통일을 할지 말지를 선택할 수 있을 것 같습니다. 그저 통일을 하면 경제적으로 10년 전으로 돌아가는 수준이라고만 이야기한다면 통일을 선택하지 않을 것 같습니다. 통일로 인해서 정치 제도적으로 변화할 수 있는 여러 가지 부분을 고려해본다면 통일을 생각하는 통계수치도 좀 달라지지 않았을까 싶습니다."

조항결(21·인천) "통일은 필요합니다. 그러나 그 전에 종전이 필요합니다. 어렸을 때부터 통일이 가져오는 경제적 이익에 대해, 동독과 서독의 예시에 대해 들었습니다. 그러나 경제적인 이익 뒤엔 통일 과정과 안정기에 감수해야 했던 경제적 손실이 있었습니다. 동독과 서독의 관계 또한 현재 우리나라와 다릅니다. 그렇기 때문에 예시와 경제적 이익만으로 통일을 이야기해선 안 된다고 생각합니다. 그래서 통일보단 종전을 이야기해야 하며, 통일은 손을 잡는 것이라고 생각합니다. 손을 잡기 위해선 같은 눈높이에서 바라봐야 합니다. 우리의 통일은 북한을 구하고 품는 것이 아니라 서로가 서로를 위해 평화적으로 합치는 것이어야 한다고 생각합니다."

이희연(30·경기) "남북관계는 '통일' 담론을 중심으로 이루어집니다. 통일에 대한 상은 여러 가지이겠지만 전체적으로는 통합의 관점이 우세하다고 봅니다. 통합은 '둘 이상의 조직이나 기구 따위를 하나로 합침'이라는 의미가 있습니다. 이를 반영한 통일 교육에서는 여전히 '우리는 하나', '한민족이기 때문에 통일이 되어야 한다'는 식의 관점이 주를 이룹니다. 하지만 평화를 바라보는 관점에는 통합의 관점만 있는 것이 아닙니다. 갈등 해결과 갈등 전환의 관점 역시 존재합니다.

앞서 말했듯 저는 갈등 전환의 관점을 추구합니다. 갈등이 존재한다는 가정하에 그것을 어떻게 전환하는지가 중요하다고 생각합니다. 이는 구성원들의 합의와 인식, 평화적 방법으로의 전환이 기본이 되어야 할 것입니다. 또한 그 구성원에는 한국전쟁의 여러 당사국의 원수뿐만 아니라 시민 역시 포함되어야 할 것입니다. 시민들의 공공 외교와 교류, 국가 차원의 외교가 균형 있게 이루어질 때 평화와 공존은 구체화됩니다. 2045년을 생각하는 우리는 다양한 층위의 평화가 이루어질 수 있는 실제적인 교류와 공존을 고민해야 합니다."

이제이(31·서울) "그러니깐 통일은……' '쉿, 조용해. 사람들 있잖아.'

남자친구와 지하철에서 통일에 관한 생각을 나누던 도중, 사람들이 몰려오자 대화가 중단되었습니다. 이유를 물어보니 주변의 눈치가 보여 통일 주제의 대화가 꺼려진다고 합니다. 분단국가에 살지만, 통일이 어색하고 불편한 남자친구의 모습이 퍽 마음에 들지 않았습니다. 일상에서 통일을 자유롭게 이야기하는 한반도를 꿈꿔봅니다.

2020년 국회입법조사처에 따르면, 남북협력기금은 남북 간 교류 협력이 활발하면 집행률이 상승하지만, 남북관계 경색 시에는 남북 간 상호교류가 중단돼 집행률이 떨어진다고 합니다. 북한과 직접적인 상호교류가 있는 남북문화교류사업에 한정 짓다 보니 집행률이 낮아질 수밖에 없습니다.

남북협력기금 운용이 유연하게 집행돼 일상 속 다양한 남북협력사업이 마련되길 바랍니다. 남북문화교류사업에 청년 일자리 창출, 문화·예술·체육 사업으로 K-평화 구축, 메타버스로 미리 만나는 한반도 등 누구나 쉽게 평화를 고민하고 생각할 수는 있는 계기들이 늘어나면 좋겠습니다."

시민참여형 통일 프로세스

2045년은 분단 100년입니다.

이렇게 문장을 적어놓고 보니, 가슴이 덜컹 내려앉는 기분입니다. 분단 100년의 과제를 청년 여러분께 남겨놓아야 하는가 싶어 얼굴이 화끈 달아올랐습니다. 저는 여러분들이 우리 사회의 기성세대가 되어 분단 100년을 맞이했을 때, 슬기롭게 헤쳐 나갈 수 있는 평화의 기반과 토대를 만들어야 한다고 생각합니다. 평화의 기반과 토대는 기성세대가 반드시 해내야만 하는 일입니다.

통일 담론을 새롭게 구성할 수 있는 실질적 사회적 대화를 시작해야 합니다. 이희연 님의 갈등 전환의 관점이 중요하다는 것에 대해 동

의합니다. 통일의 전제조건으로 평화를 말씀해
주신 조항결 님의 의견은 두말할 필요도 없을 정
도로 중요합니다. 그물 님도 평화의 가치에 대해
말씀해주셨고, 홍명근 님은 적극적으로 남북관
계 개선에 나서야 한다고 하셨으며 김민재 님은
통일이란 헌법정신이니 다양한 가능성을 열어
두자고 하셨습니다. 김수연 님은 통일 이후의 체
제 변화에 대해 고려해야 한다고 하셨습니다. 북
한 인권을 생각하는 소바 님의 의견에도 공감합
니다. 좋은 답변 준 모두에게 감사드립니다.

저는 청년 여러분과 함께 시민참여형 통
일과 한반도 평화를 위한 프로세스를 진행하고
싶습니다. 세상의 모든 것을 이분법으로 나눠버
리는 분단체제 극복을 위해 다양한 노력을 해야
한다고 생각합니다. 그중에서도 남남갈등 해소
를 위한 사회적 대화를 매우 중시할 것입니다.
끼리끼리의 대화가 아니라, 진영 내부의 대화가
아니라, 갈등과 긴장을 불러일으키는 상대 진영
과 대화를 하는 사회적 대화를 해내야 합니다.
이러한 사회적 대화의 주인공은 바로 청년 여러

분입니다. 청년 여러분과 함께하지 않으면 존중과 배려가 있는 사회적 대화가 어려울 수도 있다고 생각합니다. 지하철에서 통일에 대한 대화를 중단해야 했던 이제이 님의 경험은 참으로 슬펐습니다. 그리고 남북협력기금 운용의 유연한 집행으로 일상 속에서 다양한 평화 기반 남북협력 사업이 마련되길 바란다는 제안에 대해서는 깊게 고민하겠습니다.

저는 통일을 위해 여러분들이 쉽게 참여할 수 있도록 사회적 대화 광장을 만들어보겠습니다.

우리 사회는 안전합니까?

———

　'낮보다 밤이 밝은 나라'라는 별명만 봐도 알 수 있듯이, 대한
민국의 치안은 세계적으로 가장 좋은 편에 속한다는 평가를 받습니
다. 2018 서울시 외래관광객 실태조사 보고서에 따르면 서울을 관광
한 외국인들이 가장 만족했던 분야도 바로 치안이었죠. 하지만 사회
안전 인식에 대한 또 다른 자료들을 살펴보면, 치안에 대한 전반적
평가와 사회적 불안감 정도에는 괴리감이 있는 듯합니다. 특히 여성

들에게는 말이죠. '2018년 서울시 성인지 통계 : 통계로 보는 서울 여성의 안전'에 따르면, 여성의 50.3%는 우리 사회가 '불안하다'고 인식합니다. 이는 남성들(37.9%)에 비해 매우 높은 수치이며, 특히 20대(63%)와 30대(59.2%)에서 불안감이 가장 크게 드러났죠. 이들은 '범죄 발생에 관한 두려움이 가장 크다(71.9%)'고 응답했습니다.

왜 이런 인식이 발생하는 걸까요? 강남역 살인사건, N번방 사건, 불법 촬영, 스토킹 범죄 등 우리 사회에서 지속적으로 발생하는 크고 작은 범죄 행위들이 축적되어 집단적 불안감을 불러일으키는 게 아닌가 하는 생각이 듭니다. 여러분께 묻고 싶습니다. 우리가 살아가고 있는 이 사회는 남성과 여성 모두를 포함한 사회구성원에게 안전한 사회라고 생각하십니까? 만약 그렇다면, 또는 그렇지 않다면, 그 이유는 무엇인가요? 모두에게 안전한 사회를 만들기 위해서는 어떤 제도나 정책이 필요하다고 생각하시나요?

나에게 사회적 안전은······

Tag(31·경기) "인식이 아닌 현실입니다. 부족한 부분을 인정하고 그를 위해 노력해야 합니다. 남성이 37%, 여성 50%가 느끼고 있다면, 여성을 위해 바꿔야 시민 전체에게 이로운 안전망이 만들어질 수 있습니다. 예를 들어 유니버설디자인을 보면 처음에는 장애인을 위한 안전 수단으로 시작되어 지금은 모두의 안전을 위한 디자인을 추구합니다. 그러면서 모두에게 적용될 수 있는 소비재, 서비스, 공간 등으로 반영되고 있습니다. 우리 역시 하나의 포인트(여성)로 시작하여 모두를 위한 안전망으로 발전할 수 있을 것입니다."

이누리(28·경기) "범죄행위들이 축적되어 집단적 불안감을 불러일으킨다기보다는, 그간 주목받지 못했던 집단적 불안감이 강남역 살인사건을 통해 터져 나오면서 이후의 사건들도 수면 위로 올라오게 되었다고 생각합니다. 결론부터 말하자면, 이러한 문제에 대한 해결은 교육과 캠페인 및 성 주류화 정책을 통해 사회 분위기를 형성하는 것만이 유효하다고 생각합니다.

불법촬영은 앙심을 품은 연인의 리벤지 포르노 등 개인의 비정상적인 행위였으나 불법촬영으로 명명되면서 피해자들은 그것을 범죄라고 부를 수 있게 되었고, N번방 또한 '추적단 불꽃'이라는 이름으로 이 문제에 관심을 갖기 시작했던 2명의 20대 여성 덕분에 사회문제로 호명될 수 있었습니다. 그 덕에 우리는 지금 N번방을 통해 퍼진 영상들을 음란물이나 국산야동이 아닌 불법촬영물로 부를 수 있으며, 피해자들은 이것이 자신의 잘못이 아니라 성폭력을 목적으로 접근한 범죄자들의 구조적 설계에 의해 발생한 범죄임을 인지할 수 있게 되었습니다. 특히 N번방을 비롯한 온라인 성범죄가 아동부터 청소년까지 대부분 10대를 대상으로 일어나고 있다는 점에서 이 문제가 단순히 비정상적인 일탈이나 불안감이 아닌 범죄라고 호명되게 된 것은 굉장히 다행스러운 일입니다. 스토킹 범죄 또한 마찬가지입니다. 좋아하는 사람에게 조금 과하게 애정 표시를 하는 것이 아니라, 상대방의 일상을 침해하고 나아가 정신적·물리적 폭력까지 행사하는 범죄행위라는 것을 사회적으로 인지하게 되었습니다.

이같이 타인을 성적으로 착취하고 성적 쾌락을 얻는 도구로 대상화하는 범죄들은 시민의식을 기르지 않는 교육과 사회로부터 시작됩니다. 일례로 남성들은 어릴 때부터 성기를 드러내는 것이 당연시되는 분위기 속에서 자라지요. 어디서나 성기를 드러내고 소변을 볼 수 있고 어디서나 성기를 언급하며 성적인 농담을 하며, 그런 것은 당당하고 자유로운 것, 성은 남성이 주도해야 하는 것으로 교육받습니다. 남아선호사상은 한물간 이야기지만 여전히 어떤 곳에서는 유효한 이야기이며 대부분의 남성은 리더십을 발휘하고 목소리를 내는 존재로 길러집니다. 반대로 여성은 성기는 숨겨야 하는 것, 섹스는 부끄러운 것, 여성은 순종적이고 연약하며 남성을 따라가야 하는 존재로 교육받아왔습니다.

이렇게 교육받아온 여성과 남성이 한 공간, 한 사회에서 살아가게 된 지금의 상황에서 위와 같은 결과는 예견된 것이 아니었을까요? 강남역 살인사건, N번방 사건, 불법 촬영, 스토킹 범죄 등 일련의 범죄들은 능동적이고 발언권과 의사결정권을 가진 존재로 자란 남성이 수동적 존재로 자란 여성의 입장에 대해 고려하지 않는 태도가 심화되면 나타날 수 있는 결과였습니다. 우리는 이러한 사회를 성별이분법에 고착되어 있는 성차별적 사회라고 부릅니다.

성평등·청년활동을 하는 저는 주변에 성평등 교육활동을 하는 활동가들이 있습니다. 그들 중 현장에 나가 남성 청소년 대상으로 성평등 교육을 진행하면서 아직 우리 사회에 희망이 있음을 느끼는 동료가 있습니다. 강남역 살인사건이 있고 성평등에 대한 대중적인 여론이 형성된 이후, 우리 사회엔 자기 모습 그대로를 드러내는 시민들이 늘어났습니다. 여성스러운 여성이 아닌 인간으로서의 여성, 성소수자임을 드러내는 시민, 다양한 가족의 형태를 이야기해보려는 시민 등 우리 사회 내에서 보다 다양한 형태의 행복과 평화가 가능함을 이야기하는 사람들이 늘어나고 있습니다. 교육과 캠페인, 성 주류화 정책은 즉각적인 효과 또는 효능감을 느끼는 형태의 해결책은 아닙니다. 그러나 작지만 확실한 변화를 일으킬 수 있는 수단입니다. 부디 다음 정부에서는 이러한 수단의 힘을 충분히 활용해주시길 부탁드립니다."

홍명근(36·경기) "저는 제 딸을 보며 제가 남성으로 태어나 누린 안전을 최근에서야 많이 느낍니다. 동시에 딸이 살아갈 불안을 느낍니다. 남녀를 떠나 누구나 안전을 느낄 수 있는 사회가 되었으면 좋겠습니다. 저는 CCTV를 늘리는것도 좋다고 생각합니다."

김수연(27·서울) "우리나라는 안전한 나라에 속한다고 생각합니다. 외국은 밤에 정말 못 돌아다니겠더라고요. 총기 소지가 허용된 나라는 두말할 것도 없습니다. 우리나라는 다행히도 총기 소지가 안 되는 나라이고, 시민의식도 다소 뛰어나다고 생각합니다. 국민들 대다수가 위험한 상황에 어느 정도 대처할 수 있는 수준이라고 생각합니다.
　　다만 보다 안전한 사회를 만들기 위해서 모방 위험성이 있거

　　　　　　　　14. 여성의 사회적 안전

나 사회적 인식에 큰 영향을 미치는 난폭성, 잔인성 등을 내비치는 방송물 등은 어느 정도 제한해야 하지 않나 생각합니다. 예술작품에 표현의 자유를 제한해서는 안 되지만, 사실 대사 하나, 장면 하나가 보는 사람으로 하여금 긍정적인 영향을 주기도, 심각한 부정적 영향을 주기도 합니다. 그 영향은 잘못된 인식체계로 자리 잡을 수 있고, 모방 범죄 등의 위험성도 있습니다.

방송은 권력이라고 생각합니다. 그것은 큰 광고시장이고, 인식을 바꿔놓을 수 있는 것입니다. 어떻게 활용하느냐에 따라서 양날의 검과 같기 때문에 경각심을 가지고 잘 사용해야 한다고 생각합니다. 예를 들어 방송통신심의위원회의 권한을 좀 더 늘려서, 시청자들의 의견을 잘 듣고 반영할 수 있는 방법은 어떨까 싶습니다.

현실에서 일어나는 범죄 중에는 영화나 게임을 보고 따라 하는 모방범죄가 많습니다. 스스로는 생각지도 못했던 것을 외부로부터 감각적으로 접한 뒤에는 그것을 생각하기 쉬워집니다. 현실에서 가능하지 않은 잔인하고 난폭함을 매체를 통해 그대로 접할 수 있게 하면서, 현실에서는 왜 이런 일이 급증하는지 모르겠다고 하는 것은 난센스인 것 같습니다."

소바(29·부산) "차별금지법 제정. 성비 할당제."

박서준(19·대구) "대한민국의 치안은 전 세계 최고 수준이지만, 퇴근 길이나 하굣길에 어둑한 밤길을 걷는 여성들의 마음은 결코 편치 못 할 것입니다. 이렇듯 여성들이 일상 곳곳에서 성폭력, 스토킹, 그리 고 불법카메라 범죄에 노출되어 있는 이상, 우리나라와 타국의 상황 을 비교하는 것은 아무런 의미가 없습니다. 대한민국의 치안 수준에 대한 구체적인 통계 자료도 여성들의 삶 전반에 걸친 경험을 담아내 고 있지는 못할 것입니다. 여성에 대한 폭력이 여전히 실존하는 한, 한국 사회는 여전히 남녀 모두에게 안전하다고 할 수 없습니다.

말하자면 성범죄 발생 자체를 막는 것이 근본적인 해결책이라 는 뜻입니다. 그러려면 지금보다 성폭력에 더욱 엄격한 사회적 분위 기가 조성되어야 할 텐데, 법과 제도적 정비는 이러한 사회적 인식을 유도하는 좋은 수단이 될 수 있습니다. 많은 국민들이 성폭력 가해자 가 받는 처벌은 지나치게 가볍고, 피해자들은 보복 조치 등으로부터 충분히 보호받지 못한다고 느낍니다. 때문에 성범죄 가해자 처벌과 피해자 보호를 더욱 강화하는 것이 무엇보다 중요하겠습니다. 최근 후보님께서 제안하신 스토킹처벌법의 반의사불벌제 폐지, 성폭력 피 해자에 대한 철저한 신변보호 정책 역시 좋은 해법이 될 수 있을 것 입니다.

아울러, 성폭력 없는 사회를 만들기 위해서는 공직 사회가 먼 저 모범을 보여야 합니다. 안희정, 오거돈, 박원순 등 여당 소속 광역

단체장들의 성비위 사건은 국민들에게 큰 충격과 실망을 안겨주었습니다. 두 번 다시는 반복되지 말아야 할 부끄러운 잘못입니다. 이재명 님께서 대통령이 되신다면 공직자 성범죄에 대한 엄중하고 단호한 조치에 앞장서주십시오. 성범죄를 저지른 공직자가 있다면 즉각 파면하는 원스트라이크 아웃제를 시행한다면, 우리 사회가 성범죄를 용인하지 않는다는 강력한 메시지를 줄 수 있을 것입니다."

허솔(23·경기) "솔직히 말해, 중요한 사회적 논의를 담는 이 질문집에 젠더 이슈가 여성의 안전 문제로만 축소되어 질문되었다는 점에 유감을 느낍니다. 이것이 이 질문집의 문제만은 아닙니다. 여성을 대상으로 한 범죄와 폭력들이 사회적으로 큰 이슈가 된 이후, 여성 안전에 대한 정책은 여성이 안심하고 다닐 수 있는 밤길 만들기, 공공장소 불법카메라 수사 등으로 대표되곤 했습니다.

물론 여성이라는 이유로 죽거나 폭력의 대상이 되지 않도록 범죄를 예방하는 일은 중요합니다. 실제로 그러한 일들은 일어나고 있고, 그것을 막는 일은 최소한의 안전망이겠지요. 그러나 우리가 사회적 안전성을 논하고자 한다면, 안전은 치안이나 범죄근절의 문제만이 아닙니다. 개인과 일상의 층위에서 안전은 내가 속한 공동체가 폭력과 차별을 당연하게 여기지 않을 거라는 믿음에서 비롯합니다. 물론 폭력과 차별이 말끔히 사라진 사회라면 좋겠지만, 그것은 불가능하기에, 차별과 폭력이 발생하더라도 그것이 반복되도록 놓아두지 않을 거라는 믿음 없이는 나의 일상이 안전하다고 느낄 수 없습니다.

개개인이 이러한 믿음을 가질 수 있는 공동체가 되려면, 우선 차별과 폭력이 무엇인지에 대한 공동의 이해가 있어야 하고, 차별 및 폭력 행위를 용납하지 않기 위한 구체적인 실천들이 있어야 한다고 생각합니다. 현재 한국 사회는 약자의 위치에 있는 사람들에게 차별이 반복되지 않을 것이라는 믿음을 가지기 어려운 사회입니다. 이러한 관점에서 안전을 논의한다면, 차별금지법이 안전한 사회, 개인이 일상을 살며 안전하다고 느낄 수 있는 공동체를 만드는 기반이 되지 않을까요?"

그물(24·경기) "서울시 성인지 통계와 마찬가지로 저 또한 여성으로서 밤길을 걸을 때, 공중 화장실을 사용할 때 실질적 공포를 느낍니다. 당장 내가 범죄를 당할 수도 있다는 공포를 안은 채 밤길을 걷고, 공중 화장실을 이용합니다. 하루에도 몇 개씩 쏟아지는 여성 대상 범죄 기사를 보면 이러한 공포는 막연함에서 구체적 공포로 변해갑니다. 그런 의미에서 대한민국이 치안은 좋을지언정, 여성인 저에게 안전한 사회는 아니라고 생각했습니다. 어떤 제도나 정책이 필요할지는 저도 잘 모르겠습니다. 당사자 입장에서 당장 바라는 건 불법 촬영, 성범죄, 스토킹 범죄 등에 대한 처벌 강화겠죠. 그로 인해 우리 사회에 경각심이 생겼으면 좋겠습니다."

이희연(30·경기) "이 사회는 사회구성원에게 안전하지 않다고 생각합니다. 언제 누가 나를 해칠지도 모른다는 두려움이 만연하기 때문입니다. 특히나 여성들의 경우 끊임없이 발생하는 여성 혐오 범죄와 성범죄로 인해 긴장감을 안고 살아갑니다. 이는 다양한 원인으로 인해 발생하겠지만, 제가 생각하는 주된 이유는 극단적인 경쟁과 가부장제에 익숙한 사회적 분위기입니다. 남성이 주도적 위치를 잡아야한다는 압박감과 경쟁 사회에서 그러지 못하는 현실, 이러한 불안과 불만이 해소되지 못한 상태에서 극단적 폭력으로 표출되어 범죄가생긴다고 봅니다. 또한 이는 단지 여성에게만 가해지는 것이 아닌 일대일의 관계에서 힘이 약한 사람에게 일어난다고 생각합니다. 약자는 짓밟아도 된다는 인식, 경쟁에서 지는 것이 삶을 무력하게 만드는분위기가 점점 개인을 극단적 선택으로 몰아간다고 생각합니다. 건강하지 못한 개인이 자신의 분노나 불만을 더 약하다고 생각하는 사람에게 분출하거나 자기 자신을 죽이는 행위로 드러나는 것이 아닐까요.

이러한 사회를 변화시킬 수 있는 제도나 정책으로는, 우선 사회적 약자를 보호할 수 있는 안전망을 만드는 것이 절대적으로 필요하다고 생각합니다. 경찰에 신고할 경우 신변 보호가 확실히 될 수 있도록 하고, 범죄가 일어나기 전에 대책을 마련해야 할 것입니다. 주변의 사례를 보면 스토킹 등의 위협이 가해져 신고를 했더니 '아직 아무 일이 일어나지 않아 어떠한 조치도 취할 수 없다'는 답변이 돌아왔다는 지인들이 대부분이었습니다. 이러한 상황에서 신고를 한 사람은 언제 무슨 일이 일어날지 모른다는 공포와 두려움에 사로잡히게 됩니다. 그리고 사회로부터 안전을 보장받지 못한다고 느낍니다. 사건이 일어나기 전에 미리 대비할 수 있는 제도적 방안이 마련되어야 할 것입니다.

또한 가해자에 대한 범죄 형량을 늘리고 성범죄 공소시효를 없애는 등 법적인 처벌을 무겁게 하는 것과 동시에 피해자를 위한 정신적 치료 보장 및 물질적 지원이 있어야 합니다. 한편으로는 정신적으로 건강하지 못한 사람이 범죄를 일으키는 상황까지 가지 않도록 건강검진에 정신과 검진이 포함되는 등의 방법으로 예방과 방지에도 신경을 써야 한다고 생각합니다. 물론, 이는 심신미약으로 가해자의 처벌이 감형되는 것과는 별개로 이루어져야 합니다."

노윤수(28·경기) "사회의 안전성에 대한 외국인의 평가는 의미가 없다고 생각합니다. 결국 이 나라에 계속해서 거주하고 삶을 영위하는 대상은 대한민국 국민이기 때문입니다. 대한민국 국민이 불안하다고 느끼면 이는 문제가 있고, 해결해야 할 부분이 있는 것이라고 생각합니다. 저 또한 여자친구가 밤늦게 집에 혼자 가거나, 택시를 타는 경우에 불안감이 생깁니다. 이는 질문 모음에 나와있는 크고 작은 범죄 행위들이 축적되며 생긴 불안감이라고 생각합니다.

　　이를 해결하기 위해서는 안심귀가 보안관, CCTV 확대 설치 등의 즉각적인 해결책 또한 필요하지만 근본적인 해결책이 필요합니다. 바로 '남성과 여성의 젠더 갈등의 해결'입니다. 결국 이러한 불안감은 남성과 여성의 젠더 갈등, 성 대결로 이어지며 서로에 대한 불신과 불만 속에서 남성과 여성의 혐오 범죄가 매스컴을 타며 불안감이 형성되고 있습니다.

　　『저는 남자고, 페미니스트입니다』라는 책을 인상 깊게 읽었습니다. 페미니즘을 여성의 시각이 아니라 남성의 시각에서 쓴 책이기 때문에 깊게 와닿았습니다. 원시 시대에서의 생물학적 구조를 바탕으로 한 남성과 여성의 성 역할 구분이 현재에는 그 의미가 크지 않습니다. 물리적인 힘에 의해 생존이 좌지우지되지 않기 때문입니다.

　　이러한 현상을 받아들이고 이해하는 것이 필요하지만, 아직 개인의 생각이나 사회구조적인 부분의 개혁은 충분치 않다고 생각합니다. 남자와 여자의 젠더 이슈는 바로 이 지점에서 시작되었다고 생각합니다. 바뀐 성역할만큼 사회 구성원의 인식과 제도가 크게 달라지지 않았다는 점, 이를 위해 서로가 서로를 이해하고 노력해야 한다는 점, 즉 이해교육이 필요하다고 생각합니다. 이러한 근본적인 교육들이 초·중·고등학교 때부터 이루어진다면 조금 더 안전한 사회를 만들 수 있을 것이라 생각합니다.

사회적 안전성 이외에도 출산에 대한 부담감이 많이 안타깝습니다. 저는 〈82년생 김지영〉을 보고 눈물을 흘렸습니다. 저희 누나가 겪고 있는 상황과 오버랩되었기 때문입니다. 아이가 생김에 따라 어쩔 수 없이 직장을 그만둬야 한다는 점, 아이의 탄생이 어떻게 보면 개인에게는 마냥 기쁠 수 없는 일이라는 점, 그러한 책임을 어쩔 수 없이 개인이 짊어지고 가야 하며, 현실적으로 이용 가능한 제도가 많지 않다는 점이 안타까웠습니다. 실질적으로 도움이 되는 정책들이 필요하며, 이를 사회 구조적으로 바꿔야 하는 시점이라고 생각합니다.

여성이 안전한 사회

———

대한민국이 세계 최고의 치안을 자랑한다고 하지만 여성들이 느끼는 불안은 꽤나 커 보입니다. 다른 나라와 비교하여 안전하다는 것이지 여성들이 느끼는 불안은 상대적일 수 없는 것임을 답변을 통해 알았습니다. 이희연 님의 답변은 매우 현실적이었습니다. 사건이 일어나기 전에 미리 대비할 수 있는 제도적 방안이 미흡하나마 존재하는 것도 사실입니다. 그러나 제주도 중학생 살해사건에서도 보듯이 신변보호를 수차례 요청했음에도 경찰은 묵살하다시피 했습니다. 제도의 문제가 아니라 운영의 문제도 심각합니다. 가해자에 대한 법적인 처벌과 피해자에 대한 지원의 문제도 심층적으로 연구하여 가능하도록 하겠습니다.

또한 최근 군대 내에서의 성폭력과 이를 대처하는 지휘부의 성인지감수성은 거의 빵점에 가깝다는 것이 드러났습니다. 특히 수직적 조직문화일수록 성인지감수성이 떨어진다는 게 문제입니다. 성인지감수성이 낮을수록 사회적 안정성도 낮을 수밖에 없습니다. 사회적 안정성의 문제와 관련하여 노윤수 님의 답변도 매우 인상적이었습니다. 여성의 출산과 경력단절의 문제 또한 사회적 안정성에서 다뤄야 하는 문제인 것 같습니다.

허솔 님이 '중요한 사회적 논의를 담는 이 질문집에 젠더 이슈는 여성의 안전 문제로만 축소되어 질문되었다는 점에 유감을 느낀'다는 답을 주었습니다. 젠더 이슈와 관련하여 질문이 여럿 있었으나 최종적으로 다루지 않기로 했습니다. 허솔 님을 비롯한 청년 여러분께 죄송하게 생각하고 있습니다.

젠더 이슈가 여성 대 남성의 대결로 한정되는 것에 대해 매우 불편하기만 합니다. 젠더 이슈의 핵심은 성과 성의 대결이 아니기 때문입니다. 역사적으로나 전통적으로 긴 세월 동안 차별과 억압을 받아왔던 문제와 직결되어있다고 생각합니다. 또한 차별과 차이를 넘어 존중과 존엄으로 가는 공동체의 미래와도 연결되어있습니다. 지금은 젠더 이슈에 부족한 점이 많지만 앞으로 젠더 이슈와 관련된 대화와 소통을 더욱 활발히 하여 문제의 핵심에 접근하도록 노력하겠습니다.

앞으로 청년들과 깊은 대화를 하며 사회적 안정성의 문제를 더욱 끌어올리도록 시원하게 노력하겠습니다.

이재명이 묻다

여러분에게 건강한 조직문화는
무엇입니까?

네이버 '직장 내 괴롭힘' 있었다 ······ 경영진은 알고도 '쉬쉬'

고용부 특별근로감독 ······ 5월 근로자 사망 이후 대대적 점검

상사 폭언 격무 정황, 동료 진술 일기장 등서 확인

괴롭힘 신고도 알아서 '킬' ······ 신고채널 있으나 마나

직원 52% "최근 6개월간 한 차례 이상 괴롭힘 겪어"

_「쿠키뉴스」, 2021.7.27.

고용노동부의 네이버 특별근로감독 결과를 보고 큰 충격을 받았습니다. 네이버라면 많은 청년들이 취업하고 싶어 하는 대표적인 대기업입니다. 그런데도 네이버 사옥에서 노동자가 직장 내 괴롭힘을 호소하는 메모를 남기고 스스로 목숨을 끊어야 했으니, 충격이 더했습니다.

　　월급을 많이 주고 나아가 복지혜택을 최고로 누리게 해주는 대신에 노동삼권을 부정하고 노동자의 인권을 배려하지 않는다면 그 회사의 일자리는 과연 좋은 일자리일까요? 정확한 답을 내리기는 참으로 어렵습니다. 예전에는 주어진 업무 이외의 업무도 해야만 했습니다. 심지어는 상사의 사적인 업무도 처리해주는 경우가 다반사였습니다. 수직적 관계에서의 갑질문화는 여전히 조직 내에 존재하고 있습니다. 조직문화를 건강하게 바꾸고 싶은데 어떻게 해야 하는지 저도 잘 모르겠습니다.

　　청년 여러분이 생각하는 건강한 조직문화와 좋은 일자리는 어떤 것인가요? 구체적으로 의견을 주시면 매우 감사하겠습니다. 좋은 일자리, 건강한 조직문화라고 하면 어떤 것이 떠오르시나요? 어떻게 하면 그런 건강한 일자리 문화를 만들어갈 수 있을까요?

나에게 조직문화는……

롱(34·전북) "중간관리자의 역할을 수행하면서 건강한 조직문화와 좋은 일자리가 무엇인지 항상 생각하게 됩니다. 관리자 입장에서의 좋은 문화와 직원 입장에서의 좋은 문화의 간극을 메우기는 너무나 어려운 것 같습니다.

그러나 상호 신뢰를 바탕으로 자율적 참여를 가능하게 하는 것이 건강한 조직문화의 첫 번째 길인 것은 분명한 것 같습니다. 의사결정권이 온전히 리더에게만 있다면 구성원들의 자발적 행동엔 제약이 있으며, 결정권과 책임을 동시에 부여했을 때 구성원들은 적극적으로 성과를 내고자 노력할 것입니다. 결국 구성원의 결정과 책임의식이 조직의 의사결정에 반영될 때 좋은 조직문화라고 할 수 있을 것 같습니다.

그렇다면 건강한 일자리 문화는 무엇일까요?

민간에서 운영하는 일자리에 대해선 정부가 관리할 수 있는 부분에 한계가 있지만, 적어도 공공에서 운영하는 다양한 일자리에 대해서는 관리자가 관리의 방식으로 조직을 운영하는 것이 아니라 직원과 공동운영의 방식으로 조직을 운영한다는 개념을 가지고 있을 때 조직문화가 한결 더 유연해질 수 있습니다. 그리고 과거의 '나'의 관습에서 벗어나 '현재'를 이해하려고 하는 관리자(리더 그룹)의 인식 개선이 우선되어야 합니다."

홍명근(36·경기) "최저임금을 올리고 기본소득이 만들어진다면 일과 조직문화에 대한 관점도 바뀔 거라고 생각합니다. 돈이 있고 기본적인 삶이 충족된다면 나쁜 일자리는 점점 사람이 줄고, 그러면 조직문화에 대한 개선과 사내복지 방안을 강구할 거라고 생각합니다."

김수연(27·서울) "일단 떠오르는 것은 일자리에서 만나, 각자 자기가 오픈하고 싶은 만큼 오픈하고, 각자 주어진 일을 하는 것입니다. 나와 상대방이 함께 원하면 좀 더 친밀한 관계로 나아갈 수 있더라도, 어느 한쪽이 그렇지 않은 것 같다면 업무적인 소통 위주로만 나누는 것이 건강하지 않을까 싶습니다.

　　결국 조직 구성원들 개개인의 특성에 맞게 원하는 관계의 형태를 존중해주고, 관계 친밀도가 업무에 지장을 주지 않는 것이 공과 사가 구분되는 건강한 조직문화일 것 같습니다. 그리고 일하는 시간에 각자 일 열심히 하고, 퇴근할 시간에 퇴근하는 것입니다.

일은 함께 일하는 사람에 따라서 같은 업무라도 체감하는 강도가 엄청 다른 것 같습니다. 특히 갑질하는 상사는 같은 업무라도 어렵게 주곤 합니다. 그래서 직장 내 괴롭힘이 힘든 것입니다. 돈을 버는 일은 생존과 관련된 문제라서 쉽게 이야기하지도 못합니다. 생각보다 더 큰 문제로 인식해야 한다고 생각합니다.

그래서 직장에서 상담기관과 연계하여 정기적으로 상담을 할수 있는 체계가 있으면 좋을 듯합니다. 아니면 근처 상담기관 리스트를 국가마크 붙이고 포스터 제작해서 회사 내에 의무적으로 붙이게 하는 것도 좋을 것 같습니다. 그것만으로도 가해자도 조금 조심하게 되고, 피해자도 언제든 한번 가봐야겠다는 생각이 들 수 있지 않을까 싶습니다."

소바(29·부산) "0. 기본 원칙 지키기(최저임금 및 노동시간 등 준수)

　　1. 과로로 재생산 불능 상태가 되지 않는 정도의 노동

　　2. 불필요한 조직 내 감정노동이 없는 직장

　　3. 상명하복이 없는 위계가 수평적이고 평등한 조직

　　4. 가장 기본적인 부분에서 차별이 없는 시스템(식대비 차등 지급, 미·비혼 여성 급여 및 승진 차별, 남성 가장에게 특혜 부여 등)"

황호연(24·경기) "현재 많은 기성세대분들께서 MZ세대에 느끼는 불편함(?), 어색함(?) 중에 하나가 바로 조직문화에 대한 인식에서 올 것이라고 생각합니다. 저희 세대는 무조건적인 수평적 문화를 지향한다기보다는, 직장 내 괴롭힘이 없으면서도 오로지 실력으로 인정받을 수 있는 것들을 지향하는 세대라고 생각합니다. 물론 실력이 없어도 무조건 인정해달라는 것은 아닙니다. 아부와 사회생활을 통해 올라가기보다는 실력과 업적으로 평가를 받고 올라갈 수 있는 조직문화를 꿈꾸고 있습니다.

그러한 조직문화를 만들기 위해서는 인식이 바뀌어야 하는 것도 있지만 제도적인 측면에서도 보완이 되어야 할 것입니다. 그런 문화를 장려하는 정책을 만들어낸다든지, 건강하지 못한 조직문화를 막을 수 있는 법적 장치를 마련한다든지.

저는 스타트업에서 약 3년 동안 근무한 적이 있습니다. 팀장 한 분과 저, 둘이서 팀을 꾸려서 일을 하고 있었는데, 팀장님이 갑자기 퇴사를 하시면서 제가 팀장님의 업무까지 모든 것을 처리해야 했습니다. 물론 기존에 팀장님이 내리던 모든 결정권한을 다 가지고 온 것은 아니지만 사실상 팀장의 업무까지 모두 수행하고 승인만 임원들에게 받는 구조였습니다. 그러나 팀장에 준하는 업무를 하다 보니 책임 소재의 문제가 항상 발생하였고, 낮은 직급의 저는 항상 다른 팀의 팀장분들과 미묘한 갈등이 생길 수밖에 없었습니다.

그러던 와중 저는 회사에 팀장의 준하는 직급을 부여할 것을 요청하였으나, 회사는 명백한 사유가 없이 이를 거절했습니다. 아마도 다른 팀장들의 눈치를 보기도 하였을 것이고, 제가 일은 잘하지만 나이가 어리기 때문에 팀장이라는 직급을 준다는 것이 불안하기도 했겠죠.

저는 이것이 아직도 '나이'에 집착하는 한국 사회의 고질적인 문제라고 생각하고, 이런 문제가 조직문화에도 고스란히 반영되는 것이 문제라고 생각합니다. 나이에 집착하는 조직문화, 더 나아가 한국의 문화, 그리고 그 문화가 반영된 각종 법과 정책들…… 이런 것들이 해결되어야 건강한 조직문화를 만들 수 있고, 그러한 조직문화 속에서 좋은 일자리가 나올 것이라고 생각합니다."

Tag(31·경기) "우리는 조직의 문제를 항상 안타까운 결과를 통해 알게 됩니다. 그러면 부족한 부분은 이 결과가 나오기 전의 과정이라는 부분에서 찾아볼 수 있지 않을까 싶습니다. 삼권분립처럼 서로를 견제하고 서로를 인지한 상태에서 토론과 민주주의 과정이 이루어지는 것처럼 노동, 주거, 경제 등등 많은 위치에서 견제하고 관찰하고 민주주의 과정이 이루어질 수 있는 기관과 행동하는 사람들이 필요합니다. 그리고 이 견제하는 곳은 힘이 있어야 합니다. 노동시장에 노동자를 움켜쥐고 있는 권력이 있다면, 노동시장을 관찰하고 견제하는 곳도 똑같이 힘이 있어야 합니다. 지금 인권위, 공익신고/보호, 고용노동부 어딜 봐도 말만 하는 노동자 보호만 있습니다. 권고만 있습니다. 전혀 힘은 없고, 시민들이 믿고 기댈 수가 없습니다. 시민들이 믿고 다가갈 수 있는 공공기관과 힘이 필요합니다.”

이미나(32·경기) “제가 여러 회사를 다니면서 느끼는 것은, 항상 사측은 직원들이 더 열심히 회사에서 자기계발도 하며 회사와 함께 성장하기를 바라는 것 같다는 것입니다. 하지만 ‘열·정·페·이’라는 단어가 왜 생겼을까요? 말은 좋지만, 사측은 저런 입장을 고집하며 직원들에게 더 많은 시간과 에너지를 회사에 쏟기만을 바랍니다. 진정으로 직원과 회사가 함께 성장하고 싶다면, 직원이 온전히 건강하고 행복해야 하지 않을까요? 물론 좋은 복지와 높은 급여는 좋은 일자리에 들어가기 위한 조건이라고 생각합니다. 하지만 건강한 조직문화란 어떻게 만드는 걸까요? 직원을 인간적으로 대하는 마음이 가장 중요하다고 생각합니다.

저희 회사에서도 직장 내 괴롭힘 문제로 한 팀의 팀장이 가해자로 지목되는 사건이 있었습니다. 어떤 직원은 팀장이 다른 사람에게 본인을 육두문자로 욕하는 걸 듣기도 했고, 어떤 직원은 걸음걸이와 말투를 가지고 성소수자 같다는 성희롱적 발언을 듣기도 했습니다. 모든 팀원이 힘들어했고 이 내용은 직장 내 괴롭힘으로 판단되어 저희 회사를 담당하는 노무사의 객관적 상담도 받고 상담 기간 동안 피해자는 가해자와 분리 조치를 얻어내기도 했습니다. 그러나 어느 정도 분리가 된 부분도 있지만, 성희롱적 발언을 들은 직원은 굳이 필수적이지 않은 자리에 해당 팀장과 다시 자리를 함께해야 하기도 했습니다. (대표가 TF를 굳이 둘을 붙여 만들었습니다.)

노무사와의 상담은 생각보다 순조로운 듯했습니다. 하지만 팀장에 대한 인사위원회가 열렸고, 공간 분리가 아닌 감봉 수준의 징계만 있었습니다. 직장 내 성희롱 발생 시, 징계를 주기 전 피해자의 의견도 듣고 피해자의 관점에서 사건이 정리되어야 함에도 해당 팀원에게 사전 의견도 묻지 않았습니다.

그렇게 징계 수위가 결정되고 난 뒤, 대표는 고충을 토로했던 해당 팀원들에게 간담회라며 자리를 마련해서 얘기를 나누자고 했고, 그 자리에서 인사위원회 결과를 구두로 얘기하고, 가해자 입장을 거의 변호하다시피 했습니다. 직장 내 괴롭힘을 당했던 팀원은 극단적인 선택을 하려고 한 적도 있다며 오열했고, 앞으로도 그분과 함께 일하면 또 극단적인 선택을 해야 하나 생각할 것 같다고 말했지만, 회사에서는 인사위원회의 결정이며 다시 번복할 수 없다는 말만 반복했습니다. 게다가 극단적인 선택을 하려 했다는 이 팀원에게 '~님은 약간 예민한 부분이 있다'며 오히려 2차 가해를 했습니다. 그러고는 마지막에는 가해자와 직장 내 괴롭힘을 당한 팀원에게 성격이 너무

달라서 이런 문제가 생긴 것이라는 설명으로 간담회를 마쳤습니다.

다음 주 가해자는 다시 팀장직으로 복귀하며 공개 사과도 할 것이라는 말과 함께 일은 그렇게 마무리되었습니다. 모든 팀원들은 이를 인정할 수 없었지만, 막무가내였습니다.

건강한 조직문화였다면, 사측은 우선 피해자를 이해하고 최대한 배려해야 했다고 생각합니다. 과연 사측에서 피해자를 위해 한 것은 무엇일까요? 사측에서는 피해자를 위해 노무사를 선임해 객관적 입장을 들으려고 했다, 조정 기간 동안 가해자와 피해자를 최대한 분리시켰다고 말합니다. 하지만 분리도 정확히 되지 않았을뿐더러 노무사의 조사는 분명 부족한 부분이 많았습니다. 과연 여기서 직장 내 괴롭힘을 당한 팀원에게 어떤 문제라도 발생한다면, 회사는 최선을 다했다고 또 얘기할까요?

위에 네이버에서 있었던 일도 이와 크게 다르지 않았을 것이라 생각합니다. 현재 저희 팀원들은 모두 직장 내 괴롭힘을 당한 팀원을 걱정하고 있습니다. 저도 그렇게 생각하지만 저희 팀원들도 한번이라도 사측에서 우리를 이해하고 공감해줬다면 이렇게까지 됐을까라는 생각을 합니다.

사측은 주관적 입장을 가졌기 때문에 직장 내 괴롭힘이나 성희롱 문제가 있을 시에는 사내에서 해결하지 않고 정부 관련 신고기관이 있어야 한다고 생각합니다. 그래서 사측도 근로자도 알지 못하는 제3자가 이를 해결하도록 하고, 이를 감독하는 감독관도 있어야 한다고 생각합니다. 현재 여느 회사든 운영되는 인사위원회는 비밀리에 장소와 위원, 날짜가 정해져 진행되고 있습니다. 이때 인사위원회에서도 문제와 관련해 사실관계를 위한 질문과 답변만 서로 주고받고 주관적 의견을 공유하지 않아야 한다고 생각합니다. 그렇게 인사위원회의 개개인이 각각의 주관적 의견을 반영하여 정할 내용을 투표하고, 공정하게 과반수의 의견으로 의결되도록 해야 한다고 생각합니다.

최미정(19·강원) "갑질이 없고, 정당한 대가를 노동자에게 지급하는 것이 건강한 조직문화라고 생각한다. 이게 해결된다면 조직 내의 괴롭힘 등등 여러 문제가 해결될 것이라고 생각한다. 일자리에 대해서는 '좋은 일자리'라는 것이 정해져 있는 것이 아니라, 내가 하고 싶고 좋아하는 일이 곧 나에겐 좋은 일자리일 것이다. 이걸 아는 청소년도 많지만 모르는 청소년도 굉장히 많기에 이 부분에 대해서는 따로 교육이 이루어져야 한다고 생각한다."

이제이(31·서울) "'사상 최악의 실업률, 고용 절벽'을 뚫고 입성한 직장에서 청년세대는 새로운 위기에 직면합니다. 바로 역피라미드 구조입니다. 기업은 신입 사원을 적게 뽑고, 연공서열 중심으로 조직을 운영하고 있습니다. 일할 직원은 적어지고, 관리직 직원은 늘어난 역피라미드 구조입니다. 실례로 저희 회사는 사원급은 전체 직원의 11.1%을 차지하지만, 부장급 이상은 전체 직원의 44.4%에 달합니다. 다른 회사에서도 같은 양상이 보입니다.

역피라미형 구조에서 청년세대는 모셔야 할 상사가 많다 보니, 직장에서 참 고달픕니다. 사회적 인식에 따라 회식 장소 예약, 우편 수발, 부서 내 여러 서무는 막내인 청년세대에게 분배됩니다. 조직 내 가장 적은 비율인 청년세대가 허드렛일을 도맡기엔 버겁습니다. 누군가는 호봉제에서 성과제, 직무제 등 능력 중심의 조직문화가 역피라미드 문제를 해결할 수 있다고 합니다. 오랫동안 잠식된 연공서열문화가 제도의 변화로 없어질 수 있을까요?

청년세대는 약자입니다. 조직 내 적은 비율을 차지하는 청년세대는 조직 내 목소리를 낼 수 있는 창구가 없습니다. 정부는 청년을 약자로 인식하고, 직장 내 청년이라는 이유로 차별받지 않도록 보호할 수 있는 제도가 마련되면 좋겠습니다. 청년이라는 이유로 당직을 더 맡거나, 업무를 과하게 분배 맡거나, 잡무를 도맡는 불공정한 사회가 없어지길 바랍니다."

건강한 조직문화와 좋은 일자리

먼저 이미나 님의 긴 답변 찬찬히 잘 읽어 보았습니다. 이미나 님의 경험이 반복되고 있는 게 현실입니다. 2021년만 해도 벌써 군대 내에서 벌어진 성폭력 사건으로 2명의 부사관이 자살하고 1명의 부사관은 극단적 선택을 시도하였고 현재는 병원에 입원해있습니다. 6월에 공군, 8월에 해군, 8월에 다시 육군에서 같은 일이 반복되어 나타났습니다.

경악할 일입니다.

강력한 처벌을 통해 이미나 님이 경험한 저런 사건들이 다시는 일어나지 않아야 한다고 생각합니다. 수직적 조직문화의 대표 격으로 군대가 있습니다. 상명하복의 조직은 건강한 조직문화를 만들어내기가 어렵다는 것을 상징적으로 보여주는 것이죠.

황호연 님의 답변은 MZ세대가 가진 솔직함이 있어서 좋았습니다. 건강한 조직문화는 인식의 대전환에서 온다고 생각합니다. 사용자들과 상위직급자들의 인식의 전환이 이뤄지지 않으면 건강한 조직문화는 만들어지지 않을 것입니다. 수직적 관계의 조직문화에서 수평적 관계의 조직문화로 이행하는 게 쉽지는 않을 것입니다. 수평적 관계의 조직문화라는 개념도 불과 몇 년 전에야 생긴 것이니만큼 인식의 전환에 시간이 걸리기 때문입니다.

소바 님의 답변은 간결하지만 깊은 고민이 담겨 있는 것 같습니다. 그렇게만 된다면 얼마나 좋겠습니까. 최미정 님의 답변도 매우 인상 깊었습니다. 룡 님, 홍명근 님, 김수연 님, Tag 님도 감사합니다.

건강한 조직문화와 좋은 일자리는 우리 공동체의 미래를 위한 전제조건입니다. 무엇보다도 새롭게 취업하는 MZ세대의 조직관을 기성세대들이 이해하려는 노력이 필수적이라고 생각합니다. 결국에는 세대교체가 일어날 것이고 조직문화도 변화하게 될 것이기 때문입니다. 지금은 과도기라고 생각합니다. 조직문화 변화의 과도기에 사회적 비용이 지출되는 것은 좋은 일이 아닙니다.

일할 직원은 적고 관리직 직원은 늘어난 역피라미드 구조의 회사에서 근무한다는 이제이 님의 답변을 읽고 적이 놀랐습니다. 사원급은 11.1%, 부장급 이상은 44.4%라니 언뜻 상상이 가질 않습니다. 이런 구조라면 건강한 조직문화가 나오기 어려울 것 같습니다. 사회적 변화가 필요한 것 같다고 생각했습니다.

건강한 조직문화와 좋은 일자리는 우리 공동체의 미래를 위한 전제조건입니다. 그것을 위해 최선을 다하겠습니다.

할당제에 대해
어떻게 생각하십니까?

────────

　최근 들어 할당제에 대한 논의가 활발합니다. 청년할당제, 여성할당제, 장애인할당제 등을 두고 이것이 다양성을 보장하고 평등을 실현하는 제도인지, 아니면 오히려 불공정을 야기하는 제도인지에 대한 갑론을박이 인터넷을 달구기도 했는데요. 여기서 말하는 할당제란, 정치·경제·사회·문화 등 사회 각 분야에 기용하는 인원 중

일정 비율 이상을 특정 사회적 약자 집단(청년, 여성, 장애인 등)에게 할당하는 제도를 의미합니다.

특정 인종, 민족, 출신지역 등 역사적으로부터 차별받아온 집단을 우대함으로써 구조적 차별 속에 놓여있었던 구성원들에게 보다 풍부한 사회 참여 기회를 부여하기 위한 방편으로 '적극적 조치(Affirmative Action)'라는 개념이 있습니다. 할당제는 이러한 개념으로부터 뻗어나온 정책이라고 볼 수 있죠. 할당제를 찬성하는 입장에서는 그간 유리천장 등으로 인해 특정 구성원들의 사회적 진입 또는 성장을 저해했던 불평등 구조를 해체하는 정책이라고 말하며, 반대하는 입장에서는 그러한 정책이 특혜이며 역차별이라는 주장도 합니다.

여러분들은 할당제에 대해 어떻게 생각하시나요? 우리 사회에서 할당제가 필요하다고 생각하시나요? 필요하지 않다면 그 이유는 무엇일까요? 필요하다면 어떠한 할당제들이 필요하다고 생각하시나요?

16. 할당제

나는 할당제를······

소바(29·부산) "기울어진 운동장. 할당제 매우 필요. 청년할당제가 아닌 세대구간별 할당제가 필요. 특히 청소년 참여 가능한 장에서는 청소년 할당제가 꼭 필요함. 장애인도 정신장애인, 지체장애인, 발달 장애인 등 다양한 장애 특성에 따른 할당 고려 필요."

홍명근(36·경기) "누군가에게는 생존권이라고 생각합니다. 할당제 로 어느 정도 비율을 유지해야 차별이 완화될 거라고 생각합니다."

김수연(27·서울) "할당제가 아니면 사회적 약자를 어떻게 실질적으 로 배려할 수 있을까요? 법의 강제성을, 평등을 위해서 사용하는 제 도라고 생각합니다. 역차별이라지만, 법으로라도 의무화하지 않으면 이만한 실질적인 변화가 가능했을까 싶습니다. 겉으로만 봐서는 역 차별 같아 보이지만, 그것이 평등을 향해 가는 길입니다. 본래의 목적을 향해 가고 있다면 괜찮지 않을까요? 이것이 나은 방안이라고 채택되어 시행하고 있는데 역차별이라고 평가한다면 그 사람들에게 평등을 향한 더 나은 방안은 무엇일지 물어보고 싶습니다. 물론 그 방안이 역차별적이지도 않고 평등을 향한 것이라면 할당제를 내려놓고 그 방안을 따르면 될 것 같습니다."

박서준(19·대구) "이재명 님께서 자주 거론하시는 억강부약(抑强扶弱)은 민주주의의 기본 원칙 중 하나이지요. 자본주의 사회에서 부유층의 자녀와 빈곤층의 자녀가 갖는 기회가 결코 동일하지 않으며, 남성 중심 사회에서 남성과 여성이 갖는 기회가 결코 균등하지 않다는 것은 자명한 사실입니다. 할당제(또는 '어퍼머티브 액션')는 바로 이러한 격차를 보정하는 조치로서, 사회에 존재하는 여러 가지 차별과 불평등을 해소하기 위해 반드시 필요한 제도라고 할 수 있습니다.

　　사회적 소수자들에게 추가적인 어드밴티지를 부여한다는 측면에서, 어퍼머티브 액션은 많은 비판과 지적에 부딪히기도 합니다. 할당제를 반대하는 측에서는 가산점을 주는 방식 등으로 소수자를 우대하는 것이 오히려 다수자들에 대한 역차별로 이어질 수 있다고 우려하곤 합니다. 하지만 우리 사회를 한쪽으로 기울어진 양팔저울에 빗대었을 때, 무게가 가벼운 쪽에는 반대편보다 더 무거운 무게추를 달거나 무거운 쪽으로부터 일정량의 무게추를 옮겨 달아야만 저울의 수평을 유지할 수 있을 것입니다.

　'어퍼머티브 액션을 폐지하고 모두에게 동등한 기회를 부여하자'는 주장은, 말하자면 양팔저울의 기울기를 전혀 보정하지 않은 채 기계적으로 양측 접시에 똑같은 무게추를 달자는 것과 같습니다. 이처럼 기계적 평등은 다수자와 소수자 사이의 사회적 격차를 해소하는 데에 전혀 기여하지 못합니다. 사회적 불평등과 차별의 역사성은 시간이 지남에 따라 중첩되므로, 기존의 차별적 사회 구조를 해소하고 실질적 평등을 구현하기 위한 수단으로서의 할당제는 일각의 주장대로 축소 혹은 폐지될 것이 아니라 오히려 더 확장되어야 하겠습니다.

　현재 대한민국에는 여성, 청년, 지역, 장애인, 저소득층 등에 대한 할당제가 시행되고 있습니다. 저는 그중에서도 여성 할당제의 필요성에 주목해보고 싶은데, 여성 할당제가 지금보다 더 적극적으로 도입되면 OECD 국가들 중 유리천장 지수에서 9년 연속 꼴찌를 기록한 대한민국이 한층 성평등한 사회가 될 것으로 기대됩니다. 그중에서도 이공계 분야에 여성들의 진출이 특히 적다는 문제를 해결하려면, 이공계 분야에 여성 할당제를 적극적으로 도입하고 이공계 여학생들을 장학금 지급에서 우대하는 제도 등이 필요하다고 생각합니다."

이정인(19·경기) "할당제는 균형 있는 사회 조직을 위해 꼭 필요한 제도이다.

우선, 내가 생각하는 공정이란, 모두에게 각자 주어진 조건이 다르기 때문에 이를 조정해 나아가는 과정이다. 다시 말해, 출발선의 균형을 맞추어주는 것.

현재 우리 사회에는 소득 등 가정환경이 달라서, 성별이 달라서, 혹은 나이가 어리거나 많다는 이유로 여러 분야에서 소외되거나 격차가 심화되는 현상이 발생하고 있다. 예를 들어, 강남 지역 청소년과 그 외 지역의 청소년은 함께 같은 날 같은 수능을 치르지만, 자라온 환경 탓에 동등한 출발선이 보장되지 않고, 그들이 성장하면서 겪는 교육격차는 부정할 수 없다. 그렇기 때문에 이는 공정하다고 보기 어렵다.

이런 이유로 대학에서는 '사회적배려대상자', '농어촌 지역 전형' 등 특별전형을 실시한다. 교육격차 등 불평등 현상을 부정하지 않고, 공정한 기회와 결과를 위해 그들을 위한 '할당'을 마련한 것이다.

사회에서도 그들을 위한 '할당'이 필요하다. 청년이어서, 여성이어서, 혹은 장애를 가지고 있기 때문에 기회와 결과에서 동등하지 못한 경우들이 있다. 그렇다고 해서 상대적 소수인 그들의 목소리가 결코 필요 없거나 의미 없는 것은 아니다.

그렇기 때문에 공정한 출발선과 공정한 결과를 위해 할당제를 통해 그들이 함께 참여할 수 있는 기회를 보장해야 한다.”

조항결(21·인천) “‘그들만의 리그’라는 말 알고 계신가요? 기득권들의 세상에서 다른 계층은 참여할 수 없고 ‘그들’만이 존재하는 것을 말합니다. 할당제만 존재하는 것은 반대합니다. 할당제는 평등한 사회로 나아가는 사다리이기 때문입니다. 할당제가 없다면 힘이 없는 계층은 참여가 힘들 것입니다. 그렇기에 일단 기득권이 아닌 계층이 앉을 수 있는 ‘의자’를 보장해주는 것입니다. 이 ‘의자’를 통해 새로운 계층의 목소리가 보장되는 것이고 나아가 굳이 보장을 해주지 않더라도 새로운 계층이 ‘의자’에 앉을 수 있게 되는 것입니다. 그렇다면 다양한 계층의 목소리가 모이는 것이고 더 나은 세상을 만드는 아이디어와 목소리가 되는 것입니다. 할당제가 필요하지 않은 세상을 위해 할당제는 존재하는 것이라고 생각합니다.”

그물(24·경기) “성평등 지수, 혹은 여성의 경제·정치 활동 참여율이 높은 나라들의 사례를 보면 모두 할당제가 있습니다. 처음부터 평등했던 게 아니라, 이러한 과정들을 통해 평등에 근접할 수 있게 된 것이라고 생각합니다.

　　할당제의 본래 목적은 여성만을 고용시키기 위한 제도라기보다는 직업 내 한쪽 젠더가 70% 혹은 80% 이상을 차지하지 않게 하기 위한 제도입니다. 즉 여성의 비율이 압도적인 직업이라면, 할당제를 통해 일정 부분 남성을 고용하도록 할 수 있습니다. 여성만을 위한 제도가 아니라, 직종 내 성평등을 위한 제도인 것입니다. 그래서 할당제는 필요하다고 생각합니다.

특히 정치권에서 더욱 확대되어야 합니다. 다수가 남성인 집단에 소수의 여성이 있으면 이 소수가 남성화된다는 말을 들은 적 있습니다. 처음엔 그 집단에서 살아남기 위해 가면을 쓴 것일지 모르나, 자꾸 수행하다 보면 결국 남성적 시각을 공유하게 된다는 의미입니다. 그런데 정치권의 경우 일반 기업처럼 이익집단이 아니라, 모든 국민을 대표하고 대변하는 집단입니다. 그런 집단에 특정 세대, 특정 젠더의 시각이 주류라는 건 국민들에게 아무런 도움도 되지 않는다고 생각합니다. 특정 시각이 압도적인 정치는 우리에게 너무 큰 손해입니다. 우리 삶을 더 행복하게 만들어줄 수 있는 사람들이 얼마나 많을지를 상상해본다면 말입니다.

남성 중심의, 50~60대 중심의, 엘리트 중심의 정치인들만이 정치를 하는 건 그래서 우리에게 손해입니다. 더 다양한 정당들이 진입할 수 있는 토대가 만들어져야 하고, 다양한 정치인들이 나타나야 합니다. 할당제를 통해 여성, 장애인, 성소수자, 소상공인 등 다양한 집단을 정치권에 포함시켜 시각을 넓히고 다양성을 확보할 수 있다고 생각합니다.”

채린(24·경기) "'당신의 자리가 있는 서울.' 지난 서울시장 보궐선거에서 한 후보가 내세운 구호입니다. 서울 시민도 아닌 제게 많은 고민거리를 안겨준 화두인데요. 가장 먼저 떠올린 '자리'는 물리적 공간으로서 주거와 일자리였습니다. '서울에 아파트/회사가 이렇게 많은데, 내가 비집고 들어갈 곳은 없다.' 친구들과 매일같이 나누는 대화입니다. 대학가 자취촌, 고작 내 몸 하나 뉠 만한 4~5평짜리 방의 월세를 볼 때면 '몸 둘 바를 모르겠다'는 말이 절로 나옵니다.

일상화된 취업난으로 '설 자리가 없는' 상황은 또 어떤가요. 학창 시절 직업교육을 통해 직업은 생계유지, 사회참여, 자아실현을 위한 수단이라고 배웠습니다. 자아실현은 고사하고, 수도권에서 집을 사려면 월급 한푼 안 쓰고 8년을 모아야 한다는데, '밥값하기'가 원래 이렇게 어려운 걸까요?

각자도생이 생존법이 되자 살아남지 못한 이들에겐 공동의 부에 편승하는 무임승차자, 밥만 축내는 기생충이란 낙인이 찍힙니다. '마음 둘 곳' 없는 사람들에게 주어진 선택지는 투사로서 약자(타자)를 혐오하거나 내사로서 우울, 자살인 듯합니다.

자리에 대한 고민은 시민권의 문제로 이어졌는데요. '서울퀴어문화축제'가 서울시장 보궐선거의 쟁점으로 떠올랐을 당시 후보들이 보인 태도는 실망스러웠습니다. 사회적 약자와 소수자의 다름을 인정한다면서 유보적인 태도를 보이거나 심지어는 '도심 밖에서 해야 한다'는 주장도 서슴지 않고 제기됐습니다. 점입가경으로 '광장은 모든 시민들이 이용하는 곳'이라는 설명에 할 말을 잃었습니다. 아니, 광장에서 촛불 들 땐 시민이고, 무지개 깃발 들면 시민이 아니게 되나요?

특히 선거철에는 시민으로서 자리에 신경을 곤두세우게 됩니다. 요즘 언론에서 보이는 'A 후보는 청년 정책, B 후보는 여성 정책' 식의 대결구도를 볼 때면, '여성은 청년이 아니란 말인가?' 의문이 듭니다. 은연중에 청년 앞에 '남성'이 생략된 것 같은 기분은, 제 착각일까요? 모 경선 후보의 발언, '기존 청년들의 징병 기간을 늘리든 여성도 같이 가는 방법밖에 없다'를 보면 꼭 착각만은 아닌 것 같습니다.

일전의 이재명 님도 인터뷰에서 '청년세대는 단 한 번의 기회를 갖기 위해서도 동료들, 여자사람친구와 경쟁해야 한다'고 말씀하신 것을 기억합니다. 물론 부분만으로 개인을 평가해선 안 되거니와 개인의 문제만도 아니란 생각이 듭니다. 몇 년 전 서울시 정책 홍보물에서 '82년생 김지영'을 위한 출산과 보육 제도와 '93년생 이진욱'을 위한 청년수당과 일자리 정책을 대비시켜 논란이 일기도 했습니다. 이런 경험들을 통해 사회구성원들은 이 나라가 누구를 시민으로 규정하는지를 몸소 학습하게 됩니다.

생각해보니 이 사회는 제가 소비의 주체(MZ세대)일 때, 선거철 청년과의 '소통'이 필요할 때(민지야 부탁해?)만 찾아주는 듯합니다. 말

〈신세한탄〉이 길어졌네요. 다시 할당제로 돌아와, 저는 할당제를 의석수로만 접근해선 안 된다고 생각합니다. 청와대의 의도와 달리 청년 비서관 발탁이 반발을 일으킨 것도 진지한 고민 없이 당장의 대응을 위해 자리를 마련한, 미봉책임을 눈치챘기 때문입니다. 할당제는 국가가 누구의 목소리에 귀를 기울이는가, 누구에 곁을 내주는가의 문제입니다.

책 『장애학의 도전』의 서문에는 '시좌(視座)'에 관한 문제의식이 등장합니다. 한자 뜻 그대로 보는 자리라는 뜻인데요. 저자는 관점(觀點)이 관찰의 대상과 양자의 관계에 초점을 맞춘다면, 시좌는 주체가 자리한 위치와 관련 있다고 말합니다. 보는 자리에 따라 풍경 자체가 달라질 수밖에 없다는 것입니다. 어쩌면 아는 만큼 보이는 것이 아니라 보이는 만큼 알게 되는 건 아닐까요? 저 역시 저의 자리를 벗어나지 못하고 있습니다. 누군가는 10대 중 3대 꼴인 저상버스, 노키즈존 팻말, 여대에서 일어난 입학 반대 시위를 보며 본인의 자리를 고민하겠지요.

한편 '너만 힘드냐, 나도 힘들다, 고통을 경주하는 사회에서 이웃의 처지를 살피자'는 말은 또 얼마나 공허한가요. '모르는 게 권력'이라고 말하는 개인이나 자본을 상대로 설득할 수 있을까 무력해집니다. 답 없는 고민 끝에 결국 정치에 희망을 걸게 됩니다. 경제 논리, 무한경쟁에 묻혀 들리지 않는 목소리에 힘을 실어주고 보이지 않는 문제를 가시화하는 것, 최소한의 자리를 보장해주는 것, 할당제는 그 자체로서 정치의 역할이라고 생각합니다. '내가 나로 사는 한 결코 알 수 없는 세계가 있다'는 말을 곱씹으며, 알 수 없는 세계를 미지로 남겨두는 것은 또 어떤 결과를 초래할지 생각해 봅니다. 이재명 님이 서 계신 곳은 어디인가요? 그쪽의 풍경은 환한가요?"

Tag(31·경기) "할당제는 그간 차별적인 사회 속에 살아왔기에 생긴 것이라 생각됩니다. 그렇기 때문에 우리는 이 차별을 극복하기 위해 어떤 힘을 키우고 어떤 견제를 해야 하는지 생각해야 합니다. 정부는 이를 공정한 눈으로 바라보고 부족한 부분을 채워야 합니다. 예를 들어 여성 할당제를 이야기할 때 남성은 남성을 보호하는 남성 할당제를 이야기할 수 있습니다. 그러면 정부는 어디를 보아야 할까요? 남성의 이야기가 아닌, 정말 여성의 비율이 적은지, 여성이 어떠한 경우에 남성과 다른 차별을 겪고 있는지를 보아야 합니다. 만약 그런 부분이 있다면 바로 개선하고 평등한 수치까지 끌어올려야 합니다. 청와대에서 실업자와 취업자의 적절한 비율을 고민하며 일자리 전광판을 매일 바라보는 것처럼, 남들이 말하는 차별의 지점을 항상 바라보며 평등한 관계로의 기울기가 완만해지는가를 매일 살펴야 합니다. 그리고 이 차별이 완만한 기울기를 보였다면 과감하게 제도를 멈추고 이 기울기가 어느 한쪽으로 기울어지지 않도록 매일 보며 신경써야 합니다. 정책은 한번 실행되면 평생 지속될 수도 있지만 상황에 따라 On/Off할 수 있어야 합니다. 저는 할당제라는 것에 이 같은 것이 적용되어야 한다고 생각합니다."

진정한 할당제의 정착

할당제도 뜨거운 이슈가 분명하네요. 좋은 답변들이 많이 왔습니다. 고맙습니다.

홍명근 님의 '누군가에게는 생존권', 김수연 님의 '할당제가 아니면 사회적 약자를 어떻게 실질적으로 배려할 수 있을까요?', 이정인 님의 '할당제는 균형 있는 사회 조직을 위해 꼭 필요한 제도', 조항결 님의 '할당제는 평등한 사회로 나아가는 사다리', Tag 님의 '할당제는 차별적인 사회 속에 살아왔기에 생긴 것', 채린 님의 '할당제는 국가가 누구의 목소리에 귀를 기울이는가, 누구에 곁을 내주는가의 문제', 소바 님의 '할당제 매우 필요'라는 대답에 깊이 공감합니다.

그물 님의 '할당제의 본래 목적은 여성만

을 고용시키기 위한 제도라기보단, 직업 내 한쪽 젠더가 70% 혹은 80% 이상을 차지하지 않게 하기 위한 제도. 즉 여성의 비율이 압도적인 직업이라면, 할당제를 통해 일정 부분 남성을 고용하도록 하는, 여성만을 위한 제도가 아니라 직종 내 성평등을 위한 제도'라는 의견은 할당제의 의미를 비교적 정확하게 알고 있다는 측면에서 아주 좋았습니다.

그러나 아직도 할당제가 사회 전반에 고루 적용되지 않고 있는 것도 현실입니다. 할당제를 정착시키기 위해서 더 많은 연구와 노력이 필요하다고 생각합니다. 기계적으로 할당제를 적용하는 것도 문제가 있습니다. 그러나 기계적인 할당제도 아직은 제대로 이뤄지지 않고 있는 게 현실입니다. 박서준 님의 '할당제는 기회균등'이라는 말에 대해서도 깊이 생각하고 실현되도록 노력하겠습니다.

여러분과 함께 이 문제를 반드시 풀어가도록 하겠습니다.

교육제도에 대해
어떻게 생각하십니까?

우리나라 교육제도의 핵심은 뭐니 뭐니 해도 대학입시일 것입니다. 대학입시 제도는 본고사 중심에서 예비고사(1969년~1981년)와 본고사 제도로, 학력고사(1982년~1993년)와 본고사 폐지, 대학수학능력시험(1994년~현재)과 논술고사 등으로 변화되어왔습니다. 2002년부터는 수시전형이 본격적으로 도입되어 2010년대 이후에는 보편적으로 시행되었으나 숱한 논란을 불러일으키고 있습니다. 수시 폐지와 정시 확대에 대한 의견이 첨예하게 대립하는 실정이지요.

수시 폐지와 정시 확대에 대한 장점과 단점은 일정한 논리를 갖고 있습니다. 저도 여기에 대해 많은 생각을 해본 적이 있습니다. 청년 여러분. 여러분의 생각을 묻고 싶습니다. 수시를 폐지하고 정시를 확대하는 게 좋은지 아니면 공정성을 최대한 확보하여 수시를 유지하는 게 좋은지 대답해주면 좋겠습니다. 그 외에도 우리나라 교육제도나 혹은 대학입시에 대해서 의견을 주시면 감사하겠습니다.

나는 교육제도를……

김수연(27·서울) "우리나라 교육은 너무 높은 수준이라고 합니다. 수학과목만 놓고 봤을 때 미국의 SAT가 우리나라 수학의 중학교 3학년 수준이라는 이야기를 들은 적 있습니다. 그리고 외국대학의 수학과 대학생도 못 푸는 수학 문제를 우리나라 고등학생이 척척 푸는 것도 방송에서 본 적이 있습니다.

왜 대학생이 배울 만한 것을 중고등학생 때 그렇게 스트레스를 받으면서까지 미리 배워야 하는 걸까요. 그렇게 돈과 시간을 많이 투자해도 진정 원하는 공부가 아니라면 행복하지 않을 것이고, 잘 아시다시피 우리나라 청소년들의 행복도는 세계 꼴찌 수준입니다. 외국에서는 자연도 보고 놀러도 다니면서 공부하는데, 우리나라 학생은 대다수가 방학에도 공부합니다. 그게 어느새 당연시되어버린 사회의 모습입니다.

억지로 하는 것은 해롭다고 생각합니다. 우리나라는 사회가 공부를 억지로 시키고 있다고 생각합니다. 저 역시도 고등학생 때 원하지 않는 과목을 공부했던 시간이 아깝습니다.

우리나라를 좋아하지만 싫은 부분 중에 하나가 높은 수준의 교육을 받아야만 하는 것입니다. 원해서 하는 것이 아니라 해야만 하는 것입니다. 안 하면 되지 않느냐고 하실 수 있겠지만, 안 하면 안 되더라고요. 대학교 졸업이 아니면 웬만한 회사에는 지원조차 할 수 없으니까요.

좀 개선되었으면 좋겠습니다. 그렇게까지 알아야 할 필요 없는 교육은 과감히 없애버렸으면 좋겠습니다. 1등만 행복한 세상이라는 말이 있었지만, 이제는 1등도 행복할까 싶습니다. 등수 그렇게 따지는 게 과연 누구를 위한 것인지.

다시 생각해봐도 고등학교 때 그렇게까지 세밀하게 알 필요는 없다고 생각합니다. 본인이 생각했을 때 관심 가면 더 알아볼 수 있게 하되, 기본 교육이라는 이름에는 넣지 않았으면 좋겠습니다."

소바(29·부산) "수시 유지 필요. 대학이 너무 많음.

일자리 양극화가 극심해지면서 가난에 대한 혐오가 정당화됩니다. 그것이 정말 두려운 부분입니다. 청년 보수화와도 긴밀한 연관이 있다고 생각합니다. 빈곤은 가난한 상태가 아닌 무능함의 결과이자 증명처럼 다뤄지고 있습니다. 당연히 입시 경쟁도 이와 연관이 있다고 생각합니다.

수순처럼 대학을 가느라 소모되는 비용(순수 대학 등록금 등+입시 경쟁 비용 등)이 전국적으로 도대체 얼마일지를 상상하면 정말 아깝습니다. 수준이 떨어지는 대학은 폐지하고, 프랑스처럼 일부 특화대학을 제외한 전국 거점 대학을 평준화하면 좋겠습니다."

홍명근(36·경기) "수시나 정시를 넘어 아이들이 원하는 교육을 받으면 좋겠고, 그 기회와 과정이 공정했으면 좋겠습니다. 굳이 대학을 가지 않아도 괜찮은 일자리를 얻을 수 있고, 일을 하면 먹고사는 데 걱정이 없으면 교육 문제도 해결되리라 봅니다."

청년A(30·대전) "우선 당면한 문제로 입시에 있어 수시와 정시의 문제로 보자면, 공정성을 최대한 확보한 채 수시를 유지하는 것이 바람직하다고 생각합니다. 단순 수능 성적과 그에 따른 줄세우기식 대학입시와 달리 수시 제도는 학생 개개인의 다양한 흥미와 재능을 반영할 수 있다고 생각하기 때문입니다. 다만 질문하신 바와 같이 '공정성을 최대한 확보'하는 것이 관건이 될 것이라고 생각합니다.

나아가 우리나라 교육이 입시만을 위한 교육으로 변질되어가는 것을 바로잡아야 한다고 생각합니다. 대학 시스템을 개혁하지 않는 한 대학입시는 변하지 않을 것이며, 이에 따라 초·중·고등학교는 계속해서 대학입시를 위한 교육을 하게 될 것입니다. 전면적인 대학 통폐합을 통해 대학은 실질적인 고등교육기관으로서의 역할, 대학원은 연구기관으로서의 역할을 하도록 하면 어떨까 생각합니다. 평생교육을 통해 일을 하며 필요한 교육을 받을 수 있도록 하고, 전문성이 필요한 특정 부분을 대학 교육을 통해 배울 수 있도록 하여 모두가 당연히 대학에 가야만 하는 것이 아닌 필요한 사람이 대학 진학을 선택할 수 있도록 하면 좋겠습니다.

초·중·고 교육은 대학 진학이 아닌 다양한 분야로의 사회진출을 선택할 수 있도록 하여 기초 지식 학습과 진정한 '사회화' 및 '민주시민 육성'에 초점을 맞춰 진행되면 좋겠습니다."

현민(22·경기) "많은 사람들이 교육제도를 이야기할 때 대학입시에만 초점을 맞추는 것이 참으로 유감입니다. 저는 대학에 가지 않은 22세 청년입니다. 사람들은 제 나이를 들으면 곧바로 대학생이라고 생각합니다. 그럴 때 저는 '그냥 스물두 살'이라고 말하는데요. 사람들에게 보편적으로 내 삶이 이해될 수 있는 여지가 부족하다고 느낍니다. 대학에 가지 않은 사람들의 이야기도 필요합니다. 누구에게나요. 그것이 더 좋다거나 자유롭다거나 등의 언어로 포장되기를 원치는 않습니다. 대학에 나온 사람이 있으면 대학에 나오지 않은 사람도 있다는 것을 사람들이 상상할 수 있는 가능성이 있어야 한다는 말입니다.

저 역시 12년의 학교생활 속에서 대학에 가지 않으면 제 인생이 망할까봐 불안함을 느껴왔습니다. 그러나 대학에 가지 않아도 별일 없더라고요. 여전히 좋은 사람들이 제 주변에 있어요. 사람들이 이렇게나 다양하고 서로 달라서 아름다운데, 왜 한 명도 빠짐없이 모두가 대학에 가야 한다고 생각하는 것일까요? 그런 미래에 대한 허구, 그것들이 얼마나 우리 청년들의 삶을 불안하게 하나요? 다른 삶의 방식이 있을 거라는 상상력이 발휘될 수 있을 때 많은 사람들이 편해질 수 있을 거라고 생각합니다. 저는 대학을 다니지 않지만 대학생 친구들보다 더 자유롭지도, 더 불행하지도 않습니다. 대학을 선택한 내 친구들에 대해서도 함부로 말하고 싶지도 않습니다. 우리의 삶이 행복과 불행으로 평가되거나 자유와 속박으로 분리되지 않고, 삶 그 자체로 보이기를 바라고 있습니다."

박서준(19·대구) "영국의 유명 록밴드 핑크 플로이드의 표현을 빌리자면, 우리는 '벽 속의 또 다른 벽돌'이 아니니까요. 개인의 적성과 특기를 보다 잘 발휘할 수 있는 교육 환경이 되었으면 하는 마음이 간절합니다만, 안타깝게도 대한민국의 획일화된 주입식 교육 체계는 학생들을 '벽 속의 또 다른 벽돌'로 만들어내고 있습니다. 특히 전국의 학생들이 자신이 커서 무엇을 하고 싶은지, 또 무엇이 되고 싶은

지도 알지 못한 채 수능만을 바라보고 내달리는 모습을 보고 있노라면 사실 서글프기까지 하지요.

해마다 치러지는 대학수학능력시험은 바로 이와 같은 주입식 교육의 결정체와도 같습니다. 일각에서는 '그게 제일 공정하지 않느냐'고도 하지만, 사실 알고 보면 그렇게 공정하지도 않습니다. 마이클 샌델 교수의 책 『공정하다는 착각』에서는 대입 시험이 부모의 경제력에 의해 크게 좌우되며, 소위 말하는 '개천에서 용 나는' 케이스는 극히 드물다고 밝히고 있습니다. 물론 학생부종합전형이나 논술고사 등을 포괄하는 수시전형 역시 경제력이나 성장 환경의 영향을 많이 받지만, 학생들 개개인의 개성을 발휘하기에도 유리하고 획일적 정답이 강요되는 측면 역시 상대적으로 덜하다는 점에서 정시보다는 그나마 나은 입시 제도라고 보고 있습니다.

저는 높은 학업열으로 잘 알려진 대구 수성구에서 중·고등학교를 다니면서, 학생들의 높은 학업 스트레스를 종종 피부로 느끼곤 했습니다. 중학교 시절에는 중간고사나 기말고사를 한 달쯤 앞둔 시점만 되면 시험 기간이랍시고 모든 여가생활을 포기하고 시험공부에만 열중하는 진풍경을 볼 수 있었습니다. 시험이 한 학년에 네 차례 있었으니 일 년 중에 넉 달을 그렇게 흘려보낸 것입니다. 시험을 약 일주일여 앞두고 보고 싶은 영화도 보러 가지 못하고, 그래서 학생이라는 것이 억울했던 적이 한두 번이 아니었습니다.

비단 저희 동네에만 국한된 이야기는 아닐 것입니다. '학생의 본분은 공부'라고 말하는 윗세대의 어른들에게 오로지 학업에만 열중할 것을 강요받으며 자라온 전국의 모든 학생들이 비슷하게 겪고 있는 문제라고 생각합니다. 교육은 결국 더욱 윤택한 삶을 살아가기 위한 것인데, 미래의 행복을 위한다는 명목으로 인생에서 그 어느 때보다 꿈 많고 열정 넘치는 청소년기를 불쏘시개로 이용하는 것이 과연 맞을까요. 학생들을 과중한 스트레스로 몰아넣지 않고, 조금 더 쾌적한 환경에서 미래를 준비하게끔 하는 교육이 되어야 한다고 저는 생각합니다.

미국의 흑인 민권운동가였던 W. E. B. 두보이스는 '교육은 단순히 일만을 가르치는 것이 되어서는 안 된다. 삶을 가르쳐야 한다'고 말한 바 있습니다. 학생들의 적성이나 흥미 분야에 무관하게 일괄적인 주입식 교육을 제공하고, 문제풀이 요령과 수학·과학 공식, 각종 암기과목 내용과 같은 단순 지식들을 머릿속에 억지로 집어넣는 대한민국 교육이 새겨들어야 할 경구입니다. 학교는 인문학적 소양을 갖춘 건강한 사회구성원들을 양성하는 공간이 되어야지, 경제발전에 쓰일 인적 자원을 찍어내는 일종의 공장이 되어서는 안 됩니다.

획일적 결과로만 평가받은 사람은 결국 다른 사람을 획일적 결과로밖에 평가할 줄 모르는 사람이 됩니다. 중간고사, 기말고사로 대표되는 초·중등 교육에서의 일제고사를 축소 또는 되도록 폐지한다면, 학생들의 학업 스트레스를 상당 부분 경감할 수 있을 뿐만 아니라 주입식 교육에서도 탈피할 좋은 기회가 될 것입니다. 아울러 시험 중심의 교육 체계를 해체함으로써 사회에 만연한 결과지상주의를 걷어내고, 우리 사회가 결과에 상관없이 사람 자체를 더욱 존엄하게 대하는 계기가 될 것으로 기대합니다.

　　자라나는 다음 세대가 치열한 경쟁보다 더불어 살아가는 방법을 배우도록 하려면 먼저 교육부터 바뀌어야 합니다. 우리 사회가 자로 잰 듯 네모반듯한 벽돌로 쌓아 올려진 벽이 아니라, 서로 다른 모양의 돌덩이들이 조화를 이루는 하나의 돌담이 될 수 있도록 이재명 님께서도 각별한 관심을 기울여주시리라고 믿습니다."

참참(32·서울) "수시를 늘리니 정시를 늘리니 하는 것은 문제의 근본과 아무런 상관이 없습니다. 대학입시가 과열되는 이유는 애초에 대학에 서열이 존재하기 때문입니다. 서열이 존재하고 그 서열로 인간을 판단하는 한, 그 어떤 입시제도를 도입한다 해도 사교육비는 새로운 걸 도입할 때마다 증가하리라고 확신할 수 있습니다. 그 새롭게 바뀌는 입시제도에 대해 많은 사람들이 모르기 때문에 새로운 시장이 창출되고, 말 잘하는 이들이 어마어마한 돈을 벌어들일 기회가 될 뿐이거든요. 사람들이 미친 듯이 경쟁하는 근본 원인은 그대로 있는데 경쟁의 방법을 바꾸는 것에만 이러쿵저러쿵하는 것이 코미디 같습니다.

　　물론 그나마 조금이라도 더 도움이 되는 지식을 조금이나마 더 도움이 되는 방식으로 조금이나마 더 공정하게 평가하는 것도 중요한 문제입니다. 이를테면 근로계약서 쓰는 법, 임대차계약서 작성하는 법, 퇴사할 때 연차수당을 계산하는 법, 연장추가근로수당을 계산하는 법, 생존을 위한 수영법, 교통법규, 자전거 타는 법 등을 가르치고 시험에 내야 합니다. 달달달 외워서 누구도 모르는 사람이 없도록 말입니다. 그 교육을 받은 자는 대부분 근로자가 될 것이고 일부는 사업자가 될 것이며, 대부분 세입자가 될 것이고 일부는 건물주가 될 것인데, 누구도 근로기준법과 임차인보호법을 몰라서 손해를 보거나 이익을 위해 법을 어기고도 몰랐다는 것으로 변명을 삼을 수 있으면 안 되겠습니다.

　　그러나 영어나 다른 과목들은 어떻습니까? 시험문제를 잘 풀기 위해서라는 명목하에 말도 안 되는 것들을 가르치고 있습니다. 'the'를 써야 문법에 맞는지 'a'를 써야 문법에 맞는지가 그렇게 중요합니까? 심지어 영어는 우리나라처럼 '국립국어원' 같은 곳이 존재해서 어느 것이 맞는지 땅땅땅 정해줄 수도 없는데요? 그것이 필요하다면 영어로 논문이나 신문기사를 작성할 정도 레벨에서일 것입니다. 미국인, 영국인과 일상적인 소통을 나누고 수다를 떠는 데 그게 중요할까요? 근데 우리나라 교육에서 제일 중요하게 다루는 것은

　　　　　　　　　　　　　　　　　　　17. 교육제도

바로 아무짝에도 쓸모없는, 원어민들은 아무 신경도 쓰지 않는 것들 뿐입니다. 영어만 그럴까요? 모든 과목이 그렇습니다.

문학작품을 음미하고 글 쓰는 일을 즐기고, 음악과 노래의 아름다움을 알고 경험해보는 것 따위는 아무도 신경 쓰지 않습니다. 작가의 의도도 아닌 출제자의 의도에 따라 감히 문학작품에 정답을 만들고, 노래와 악기연주에 점수를 매겨 교과목으로 존재하는 모든 주제에 대해 피로와 환멸만 느끼게 만들 뿐입니다. 차라리 아무것도 가르치지 않는 편이 바람직할 것 같다는 생각이 들 정도입니다.

최근 코딩의 교과목이 어떻게 운영되는지를 보고 현직 개발자들이 얼마나 황당해하는지 모릅니다. 다른 과목들은 관습적으로 그렇게 해왔으니까라는 변명이라도 가능하지만 극히 최근에 정식 교과목이 된 코딩, 프로그래밍은 그런 변명조차 불가능합니다. 단순히 점수로 평가하기 위해, 역시 다른 과목들과 마찬가지로 전혀 말도 안되는 걸 가르치고 있습니다. 정말로 코딩의 원리와는 너무나 동떨어진 것으로 점수를 매기고, 이걸 코딩을 가르친다고 해야 할지 가르치는 흉내만 내는 거라고 해야 할지 모르겠을 지경입니다. 학생들에겐 점수가 높게 나오는 것이 그걸 '잘하는' 일이라고 받아들여지겠죠. 근데 컴퓨터에게 똑같은 일을 시키는 코드를 작성하는데, 컴퓨터가 그 똑같은 일을 처리할 때 더 오래 걸린다면 비효율적인 코드 아닐까요? 근데 왜 말 같지도 않은 이유로 그 비효율적인 코드에 더 높은 점수를 부여하고 있습니까? 아마 '객·관·적'으로 점수를 매기려면 그런 식으로 평가하는 게 '편리'다고 하겠죠. 맹목적인 서열경쟁이 모든 걸 망치고 있습니다. (참고 : http://www.bizhankook.com/bk/article/14992)

근본적으로 대학을 평준화해야 한다고 생각합니다. 그 뒤에야 '교육'이 가능합니다. 그러고 나서야 그놈의 객관적인 점수와 시험이라는 평가방식을 조정하고, 교사에게 더 많은 자율권을 주는 등 다른 변화들을 꿈이라도 꿔볼 수 있을 것입니다.

웬만한 단순 정보는 검색 한번으로 알아낼 수 있고, 반복적인 일은 AI와 기계들이 빠르게 대체해나가고 있는 이 시국에 하루의 거의 모든 시간 동안 아무 짝에도 쓸모없는 지식을 달달 외우게 시키면서 세상의 즐겁고 창조적이고 탐구해볼 만한 주제들에 대해 거부감만 심어주고 있다니, 이 사회의 미래를 일부러 망치려고 작정이라도 한 것 같습니다."

이희연(30·경기) "우리나라의 교육제도는 입시를 중심으로 움직입니다. 입시에서 어떤 과목을 선택하는지, 어떻게 입시가 이루어지는지에 따라 고등학교-중학교-초등학교 순으로 정책이 만들어집니다. 하지만 저는 가장 기초적인 초등학교에서부터 중학교-고등학교로 교육정책이 구성되어야 한다고 봅니다. 아이들이 무엇을 접하고, 만들어갈지 미래에 대한 청사진을 펼치고 이를 구체화하는 과정으로 중·고등학교 교육이 연계되어 이루어져야 한다고 생각합니다. 분절적인 교육제도와 입시를 중심으로 이루어지는 경쟁적인 교육 시스템의 본질적인 문제를 해결하지 않으면 교육제도는 제자리에서 맴돌 수밖에 없습니다."

황호연(24·경기) "한국이 의무교육을 실시한 지 많은 시간이 흘렀고, 다른 후진국들에 비해서 교육열도 높고 교육수준도 굉장히 높다고 생각합니다. 그러나 이제는 한국의 의무교육이 혁신적으로 바뀌어야 할 타이밍이 왔다고 생각합니다. 아직도 한국 교육제도는 획일적인 교육을 시행하고 있고 학생들 개개인의 개성을 존중해줄 수 없는 방식으로 운영되고 있습니다.

물론 사회인으로서 살아가기 위해 꼭 필요한 교육들이 있습니다. 그러나 그러한 교육 외에 많은 분야의 교육들까지도 획일적으로 강요되고 있다는 생각이 듭니다. 예를 들어 체육 과목을 초·중·고 학생들이 수강하고 싶다고 했을 때 분명히 축구, 농구, 야구 등의 종목들에 대해 교육이 실시될 것입니다. 그러나 어떤 학생들은 공을 사용한 위 종목들보다는 필라테스나 요가 등 정적인 운동을 하고 싶어 하는 학생들도 분명히 있을 것입니다. 공동체 문화를 강조하던 한국 사회이다보니 아마 협동심을 가질 수 있는 운동 종목을 체육 과목에 적용시켰겠지만, 이제는 다른 시대가 되었다고 생각합니다. 협동심은 다른 수업으로도 충분히 기를 수 있고, 그것이 꼭 몸을 쓰는 체육 과목을 통해서만 기를 수 있는 것은 아니라고 생각합니다.

　　체육 과목 이외에도 많은 과목들이 학생들의 다양성을 존중할 수 있는 방식으로 교육이 구성되어야 한다고 생각하고, 현재 그에 충분한 교사의 인력 풀을 충원할 수 있다고 생각합니다. 교육을 통해서 한국의 청소년들을 지성인으로 길러낼 수 있고, 사회의 많은 부작용들을 해결할 수 있습니다. 조금 더 다양한 개성을 존중하는 교육이 실현되기를 소망합니다."

Tag(31·경기) "우리는 다양성과 존중을 이야기하면서 교육에서는 계속해서 차별과 반다양성을 강조하고 있습니다. 과연 교육은 입시 중심의 교육제도를 통해서만 가능한 것일까요? 대학이 모든 것이고 살아가면서 필요한 모든 교육과 입시교육을 구분하는 관점을 버리고 새로운 설계가 필요합니다. 그리고 기본권과 헌법이 말하는 교육을 보장하기 위해서는 기존 공교육을 넘어서서 정부가 제안하는 실험적인 공교육 2.0을 사회에 적용할 필요가 있습니다. 왜 다른 것들은 새로운 것을 도입하여 조정하려 하지만 교육은 제자리일까요?"

보배(31·제주) "우리나라의 교육제도를 그릴 때 대학입시는 빼놓지 말아야 할 이야기입니다. 그러나 대학입시라는 틀 속에 갇혀서도 안 됩니다. 세상은 빠르게 변화하고, 그 변화 속에서 대학의 역할은 변화하고 있습니다. 직업계고 입학률이 올라가고, 대학 진학률이 떨어지던 상황도 이 같은 변화를 인식하고 있기 때문일 것입니다. 한국사회의 학벌주의와 경색된 고용시장으로 인해 다시 청년들이 대학으로 향하고 있지만 그들의 대학교육 만족도는 나날이 낮아지고 있습니다.

그러므로 우리는 '대학'이 아닌 변화하는 사회에서 어떻게 미래 청년, 청소년들이 자신들의 길을 주체적으로 걸어갈 수 있을 것인가라는 관점에서 교육환경에 더욱 주목해야 합니다.

이번 정부에서 대학입시가 공정이라는 이름으로 다시 정시 중심으로 변화했습니다. 그런데 정말 그게 옳은 방향이었을까요? 저는 단연코 아니라고 생각합니다. 청소년들이 자신들의 미래 삶을 설계하는 시도를 충분히 지원하지 못하기 때문에 우리는 그저 효율이라는 명목하에 청소년들을 기초학력 쌓기에 매몰해두고 있는 것일지도 모릅니다. 그래서 교육제도 개혁은 '대학'에 갇혀서는 안 됩니다. 급변하는 사회 속 우리의 미래세대들이 불안하지 않고, 자신의 삶을 그려갈 수 있을지 고민하고 그 환경을 조성해줘야 합니다."

최미정(19·강원) "난 고등학교 3학년. 대한민국의 수험생이다. 우선

교육은 평등하지 않다. 강릉에서 태어나고 강릉에서 살면서 지방과 수도권의 교육격차를 정말 몸소 느꼈다. 지역이 다르다는 이유로 받는 교육에 있어 차이가 있다면 이게 과연 올바른 교육일까. 여러 인프라의 차이로 지방의 학생들은 수도권의 학생들에게 밀린다. 그래서 경쟁 자체가 힘든 경우도 많다. 이걸 해결하기 위해서는 수시를 늘리냐 정시를 늘리냐가 아니라 어떻게 하면 사교육이 필요 없게 공교육을 잘할 수 있을까가 논의가 되어야 한다고 생각한다."

교육백년대계의 설계

————

교육제도에 대해서 청년 여러분들의 관심이 뜨거운 것 같습니다. 다른 분들도 모두 좋은 의견을 보내주셨습니다만 특히 참참 님의 답변은 매서웠고 정확했습니다. 대학이 너무 많다는 소바 님의 의견도 고민해야만 하는 문제입니다.

수시 폐지냐 정시 확대냐의 문제로 우리나라 대학입시를 규정하는 것은 근시안적인 태도가 분명합니다. 그런데도 일부 기득권층은 실력주의(부모가 가진 재산까지 포함하여)를 확장하기 위해 정시 확대를 꾸준히 제기하고 있습니다.

그런 점에서 현재 고3인 최미정 님의 의견은 매우 소중합니다.

올해 7월에 마침내 '국가교육위원회 설치

및 운영에 관한 법률'이 국회 본회의를 통과했습니다. 2002년에 처음 제안되었으니 20년 만의 일입니다. 비로소 교육백년대계를 구상할 수 있는 기본틀이 만들어진 셈입니다.

문제는 시스템이 만들어졌다고 해서 운영이 잘 되는 것은 결코 아니라는 점입니다. 문제는 사람입니다. 국가교육위원회 위원장과 위원을 임명하는 과정은 순탄치 않을 게 뻔합니다. 그러나 제대로 된 사람, 적절한 인사를 한다면 국가교육위원회가 일을 제대로 할 수 있다고 봅니다.

제가 생각하는 교육은 미래의 과업을 준비하는 일입니다. 그런데도 미래를 보는 게 아니라 현재의 문제에만 급급하여 단기적 처방만 남발한 것은 물론이고 입시제도만 조금씩 바꿔왔을 뿐입니다. 이제부터는 명실상부 교육백년대계를 설계할 때가 왔습니다.

여러분의 목소리에 귀 기울여 교육문제에 접근하도록 하겠습니다.

여러분에게 촛불정신은
무엇입니까?

———

　그해 겨울의 촛불 이후 5년이란 세월이 흘렀습니다. 그 사이에 촛불은 거센 바람 앞에서 그 존재마저 희미해지고 말았습니다. 언제 그런 일이 있었나 싶기도 합니다. 하지만 저는 촛불정신에 대해 생각해보기로 하였습니다. 명실상부한 촛불정부를 만들고 싶기 때문입니다. 촛불정신이란 무슨 정신일까요? 여기에 대한 깊은 사유를 하지 않고서는 우리 사회 앞에 놓인 산적한 문제들을 해결하기가 참으로 어렵습니다.

공정과 공감 그리고 적폐 청산은 새로운 시대, 새로운 대한민국, 미래사회로의 대전환을 품고 있는 이슈들이었지만 그것에 대한 열린 논의나 깊은 성찰은 이어지지 않았습니다. 규탄에서 공정과 공감으로, 적폐 청산에서 사회관계의 대전환으로 나아가야 했지만, 현실은 그리 녹록지 않았습니다. 공정은 불공정 때문에 위기를 맞았고, 적폐 청산은 언론권력과 검찰권력이 포함된 기득권 세력의 강력한 저항에 직면하였으며, 결국 미완성의 상태에 놓이고 말았습니다.

그 까닭은 구체성을 놓치고 지리멸렬한 추상성에 매달렸기 때문입니다. 검찰개혁은 시대적 사명임에도 불구하고 구체성은 놓치고 말았습니다. 그로 인해 검찰은 피해자가 된 듯이 굴었고 개혁에 저항하는 주체가 된 듯했습니다. 그에 따라 촛불에 대한 지지율 저하와 피로도가 사회 전반으로 코로나처럼 퍼져나갔던 것입니다. 부동산 문제에 대한 정책 제시나 실행 그리고 이어진 LH공사 직원들의 부동산 투기로 말미암아 공정과 공감마저도 큰 타격을 입었습니다.

이제 우리는 다시 촛불정신으로 돌아갈 때입니다. 그러기 위해서는 청년 여러분이 생각하는 촛불정신에 대한 이야기를 듣고 싶습니다. 여러분의 좋은 대답을 간절히 기다리겠습니다.

18. 촛불정신

나에게 촛불정신은……

———————

홍명근(36·경기) "촛불정신은 나라의 기본에 대한 질문이라고 생각합니다. 동시에 지금도 우리 사회가 가장 크게 위협받는 가치라고 생각합니다.

집은 사는 곳이고, 병원은 아플 때 가는 곳입니다. 어쩌면 너무나 당연한 이야기지만, 지금은 집이 투기의 대상이고 어떤 의료원은 폐쇄되고 영리병원 이야기가 나오는 걸 보면 기본이 무너진 듯합니다. 다음 사회는 기본이 바로 서서 공정하고 정의로웠으면 좋겠습니다."

김수연(27·서울) "우리나라의 시민정신을 보여준 것이라고 생각합니다. 평화를 바라는 마음도 나타나있고, 그토록 많은 사람들이 함께했다는 건 그만큼 기다려왔던 운동이라는 뜻이라고 생각합니다.

세월호 사고가 터졌을 때부터, 그리고 그 대처를 보고 있을 때부터 느꼈습니다. 예전 같았으면 분명 들고 일어날 일인데, 왜 일어나지 않을까. 국정농단 문제만 가지고 촛불 혁명이 이루어졌다고 보지 않습니다. 세월호 사건, 그 이전 대선 댓글조작사건 등등 수많은 일들을 보면서도 국민들은 그저 참고 있었고, 일상에 치이고 있었고, 그리고 마음 한켠에는 누가 시작해주길 바랐던 것 같습니다.

시작된 촛불의 크기는 점점 커졌습니다. 현장에서 옆에 같이 촛불을 든 사람들을 만나보니 우리는 모두 옆 사람과 같은 마음이었습니다. 서로가 바라는 사회를 이야기하고 확인할 수 있었던 역사적인 순간들이었습니다. 벌써 5년이 지났네요. 엊그제 일 같은데, 그 순간을 함께했다는 것에 영광이고, 또다시 필요하다면 함께할 의지가 있습니다.

계엄령, 탱크를 투입할 작전까지 있었다고 했죠. 시행되지 않았지만 이런 문건이 있었던 것도 계속 언급해야 한다고 생각합니다. 제가 생각했을 땐 대통령기록물로 30년 봉인한 박근혜의 7시간도 계엄령 문건처럼 어이없는 일입니다. 근데 그것은 이미 시행되어 이제는 다들 30년 뒤에야 볼 수 있다는 것을 전제하고 생각합니다. 탱크도 시행됐다면 아주 위험한 상황이 초래되었을 것입니다. 촛불정신도 꺼져갔을 것입니다. 시행되지 않아서 그저 넘어가지만, 시행될 수도 있었다는 생각에 아찔합니다.

헌법재판소의 제대로 된 판단이 없었다면 저 역시 그 당시 지방에서 다시 서울로 올라갈 생각이었습니다. 그 정신이 촛불정신이라고 생각합니다. 작은 불씨지만 옆에 사람이 있으면 꺼져도 다시 켤 수 있습니다. 촛불정신은 내 염원과 옆 사람의 염원이 모여 큰 물줄기를 이루고 세상을 바꾼 역사입니다."

박서준(19·대구) "촛불혁명은 부패한 정치권력과 당시 집권세력에 대한 퇴진 운동이었을 뿐 아니라, 사회에 만연하던 부정의, 비상식, 부조리에 참다못한 대한민국 국민들이 대대적 개혁을 요구한 역사적 혁명입니다. 광화문 광장에 모인 1,700만 촛불시민들은 박근혜 정권으로 대표되는 부패한 기득권 세력을 규탄하고 그들이 지배하던 시대의 종언을 고하였습니다. 박근혜 대통령의 탄핵을 이끌어내는 쾌거를 거둔 촛불혁명은 소수의 권력자들이 독점하던 권력을 다시 시민들의 품으로 돌려놓았고, 대한민국의 주권은 국민에게 있으며 모든 권력은 국민으로부터 나온다는 헌법 제1조 2항의 정신을 다시금 주지시키는 계기가 되었습니다.

　　촛불혁명이 파면을 선고한 기득권 세력은 비단 박근혜 정부와 새누리당뿐이 아니었습니다. 지금에 이르기까지 여전히 제 식구를 감싸고 부당한 권력을 행사하고 있는 검찰 및 사법권력, 알량한 직업윤리로 자신들의 이해관계에 따라 국민들을 현혹하는 언론권력, 그리고 사람의 생명과 존엄보다 자본의 논리와 금전적 이익을 우선시하는 기업권력 등이 바로 그것입니다. 박근혜 정부의 후신인 보수 야

당은 그들을 등에 업고 필사적으로 개혁에 저항하고 있습니다.

촛불혁명을 통해 들어선 문재인 정부는 최선을 다해 검찰개혁, 사법개혁, 언론개혁 등을 추진했으나, 기득권 카르텔의 강고한 벽을 허물어뜨리기에는 역부족이었습니다. 시대적 소명이었던 검찰개혁은 '살아있는 권력의 검찰 죽이기', 건강한 민주주의 사회를 위해 반드시 필요한 언론개혁은 '언론의 자유에 재갈 물리기' 등으로 심각하게 오도되었죠. 반개혁 세력의 집요하고 조직적인 저항은 결국 개혁정치에 대한 국민들의 피로감을 유발, 국민들이 개혁으로부터 등을 돌리게끔 하는 결과를 초래했습니다.

촛불정신으로 다시 돌아가기 위해서는 우리가 촛불을 들었던 그해 겨울의 분노와 용기를 되찾아야 합니다. 사회의 기득권을 무너뜨리고 국민들에게 그 권력을 돌려준다는 것은 총체적인 개혁을 필요로 하기에 때로 거센 역풍을 마주하기도 할 것입니다. 하지만 역풍에 부딪히지 않는 개혁은 없습니다. 큰 새는 바람을 거슬러 난다는 말이 있지요. 역풍이 거셀수록 더욱 담대한 자세로 저항에 맞서는 것이야말로 진정 '바람을 거슬러 나는 큰 새'의 숙명이라고 믿습니다. 지금 불어오는 바로 이 역풍도 결국 여느 때처럼 그저 지나가는 한때의 바람에 불과할 것입니다. 그러니 저는 기득권 세력의 반발에도 불구하고 꿋꿋하게 앞으로 걸어나가는 것이야말로 촛불정신이라고 말하겠습니다."

18. 촛불정신

조항결(21·인천) "촛불은 부당한 권력과 무능을 향해 불타올랐습니다. 그러나 촛불은 어떤 권력 한편에 서있는 것이 아닙니다. 촛불은 특정 권력층을 대변하고 지지하는 것이 아닌 국민을 대변하는 것입니다. '촛불 민심이 돌아섰다'라는 것이 아니라 애초에 촛불은 '못하는 것'을 향해 불타오른 것이었습니다. 촛불정신은 국민입니다. 국민을 위해 힘써주시면 그 촛불은 그것을 밝힐 것이고 국민을 속이고 우롱하려 한다면 그것을 향해 불탈 것입니다. 다음 사회는 국민을 위해, 그리고 저와 같은 청년을 위해 힘써주세요."

Tag(31·경기) "촛불정신의 이름이 가진 힘은 잘 알고 있습니다. 하지만 이 이름에 잡아먹히면 안 될 것입니다. 이 촛불 속에 든 가치가 앞으로 나와야 합니다. 시민의 안전은 어디 가고 언론과 검찰이 우선이 되었습니까? 시민의 생존과 관련된 공감대와 공정성이 먼저이고, 그다음 이를 가지고 정치화하는 언론과 검찰을 견제해가며 균형을 맞춰야 한다고 생각합니다. 촛불은 시민이 들었고, 시민의 공감은 시민 개개인이 느끼는 감정으로부터 비롯되기 때문에 시민과 가장 밀접한 것으로부터 시작되어야 한다고 생각합니다."

소바(29·부산) "정신, 이런 것은 청년들에게 노잼입니다. 그리고 마치 청년들이 얼마 전에는 좋은 정신머리를 가지고 있었는데 지금은 해이해진 것처럼 이해하시면 곤란합니다. 위기의 상황에서 국민적 필요를 느낄 때, 자신이 국가정치공동체의 일원이라는 정체성과 함께 행동해야 할 때라는 시의성이 대두될 때 그런 장면은 다시 발현될 거라고 생각합니다. 두 번째 문단에 나온 문제를 다시 바로잡으면 되지 않을까요? 검찰개혁 다시 시작하고 공정사회 세팅하고 LH 갈아엎어주세요. 그런 건 이재명 님께서 정말로 잘하시는 분야라고 생각합니다."

창(38·전북) "세월호, 탄핵, 위안부 피해 집회, 스쿨미투 등 전라북도에서 이런 집회의 초기에는 청년들이 학생들이 매번 집회에 나와서 발언하고, 함께하고, 봉사했습니다. 이런 청년과 청소년들의 행동이 정치가 되는 순간 사라지는 것을 목격합니다. 이들을 대변하는 정치인에게 그리고 정치조직에게서 청년은 이미 지워졌습니다. 청년과 함께 만들어진 정치인과 정치조직은 평소에는 '청년이 보이지 않는다'고 말하고 청년이 목소리를 내는 경우에는 '지금은 때가 아니다'라고 이야기합니다.

촛불정신에 청년이 있었습니다. 그럼 지금은 어디 있나요? 되묻고 싶습니다."

18. 촛불정신

촛불이 아니라 촛불이 담은
가치를 지향하는 정치

———

먼저 박서준 님의 답변에 깊은 공감을 느꼈습니다. '나라의 기본을 물었다'는 홍명근 님, '시민정신을 보여줬다'는 김수연 님, '부당한 권력과 무능에 대한 항거'라는 조항결 님, '촛불이라는 이름에 사로잡히면 안 된다'는 Tag 님, '촛불 속에 청년이 있었다'는 창 님의 답변도 모두 소중합니다. 깊은 성찰 끝에 나온 대답들이어서 공부할 거리가 많다고 생각했습니다.

촛불정신으로 출범한 문재인 정부는 이명박 정부와 박근혜 정부의 모순적 실패를 극복하기 위해 많은 노력을 기울였습니다. 출범 초기에는 비정규직의 정규직화, 소득주도 성장, 일자리를 나누기 위한 주 52시간 노동 등을 앞세웠습니다. 제대로 정착되고 실행되면 매우 중요한 변화를 이끌어낼 수 있는 정책들이었습니다. 하지만 매우 아쉬웠습니다.

비정규직의 정규직화는 정규직들과 취업준비생들의 공정성 이슈를 앞세운 저항에 직면했으며 주 52시간 노동과 최저임금 인상은 자영업자들과 중소기업의 경영조건과 충돌하기도 했습니다. 조중동문을 비롯한 보수언론은 하루도 빠짐없이 부작용을 찾아 기사화하기에 바빴습니다.

결국 일자리는 나눠지지 않았고 자영업자들은 알바비 때문에 적자라고 아우성을 쳤습니다. 시간강사를 보호하기 위해 시간강사법을 제정했더니 대학들은 아예 시간강사직을 모조리 없애는 것으로 대응하였습니다. 취업이 어려워진 청년세대는 공정성 이슈에 민감하게 반응하였습니다. 이러한 저항은 예상한 바가 아니었습니다. 기득권 카르텔이 모든 상황을 절묘하게 이용하였던 것입니다.

18. 촛불정신

여기까지가 촛불정신에 대한 제 나름의 사회학적 분석입니다. 하지만 무언가 부족하고 미진하게 느껴집니다.

촛불정신의 핵심적 가치는 무엇이었을까요? 제가 생각하는 촛불정신의 핵심은 미래사회를 위한 대전환이 아닐까 싶습니다. 미래사회는 아주 먼 다른 나라의 이야기가 아닙니다. 단적인 예로 코로나와 함께 가는 시대 역시 아주 가까운 미래사회의 모습입니다. 백신 접종만으로 코로나는 소멸되지 않습니다. 끊임없이 다른 변이종들이 나타나 강력한 전염력으로 인류의 건강과 정상적인 삶을 위협할 것입니다. 방역과 거리두기와 접종만으로 해결할 수 없다는 의미입니다. 그렇다면 코로나와 함께 가는 삶임을 인정하고 문명사적 대전환을 이루어낼 수 있도록 철저히 준비하는 것이 다음 정부의 큰 역할일 것입니다.

분단체제에서 평화체제로의 대전환, 문화 변화에 따른 1인 거주의 폭발적 증가와 그에 따른 부동산 정책의 대전환, 인공지능 로봇의 대규모 발전과 생산에 따른 산업체제의 대전환, 그에 따른 일자리의 형태와 정책의 대전환, 소비적 민주주의에서 생태적 민주주의로의 대전환, 기후위기에 대응하는 일상생활의 대전환 등등 규탄과 청산을 넘어서는 문명사적 대전환을, 촛불정신은 요구하는 있는 것인지도 모릅니다.

이것이 촛불정신에 대한 나름대로의 철학적 분석입니다. 물론 아직 미흡합니다만 앞으로 각론을 차근차근 채워나가면 될 것이라고 생각합니다.

이제 우리는 다시 촛불정신으로 돌아갈 때입니다. 그러기 위해서는 청년 여러분들이 주인공이 될 다음 사회의 모습도 미리 설계해두어야 합니다. 그 설계의 몫은 청년 여러분들에게 있습니다. 그래서 저는 여러분들에게 촛불정신의 내용과 의미를 묻고 싶으며, 다음 사회가 어떠해야 할지 묻고 싶은 것입니다. 여러분과 함께 그 길을 가겠습니다.

19. 최저임금

이재명이 묻다 Q

여러분은 최저임금을
어떻게 생각하십니까?

　　지난 7월 12일 최저임금위원회는 제9차 전원회의를 개최하여 2022년도에 적용할 최저임금을 의결했습니다. 노사 양측이 팽팽한 줄다리기를 하던 중에 최저임금 심의촉진구간으로 9,030원~9,300원(시급 기준, 3.6%~6.7%)를 제시하면서 협상이 급속히 진행되었습니다. 민주노총은 문재인 대통령의 공약이었던 시급 1만 원을

청년이 말하고 이재명이 시원하게 합니다!

지키지 않았다며 4명 전원이 퇴장했고 사용자위원 전원도 인상 폭이 크다며 퇴장하였습니다. 공익위원들과 한국노총 근로자위원들만 표결에 참여하여(재적 27명, 출석 23명, 찬성 13명, 기권 10명)으로 의결되었습니다. 퇴장한 위원들은 모두 기권으로 처리되었다고 합니다.

2022년 최저임금은 시급으로는 9,160원(2021년 8,720원)인데 209시간을 곱하여 월급으로는 191만 4,000원 정도입니다. 200만 원이 안 되는 액수입니다. 한 달에 191만을 받고 살아간다는 것은 참으로 어려운 일입니다. 숱한 비정규직 노동자, 알바생들 모두가 한 달에 200만 원을 못 번다는 것이지요. 그런데 이에 대한 저항도 만만치 않습니다.

- 산업계, 최저임금 '불복종 운동' 확산
- 최저임금 9,160원 '체감온도' 상이
- 경총 이어 중기중앙회도 이의제기
- 중기·소상공인 지불여력 고려 안 돼
- 지역 산업계 "최저임금 상승에 채용축소 불가피"
- 경제계 이례적 이의제기… 최저임금 불복종 본격화

문제는 최저임금을 받는 사람들에 대한 기사는 거의 없다는 것입니다. 100건의 기사가 있다면 서너 건에 불과할 정도입니다.

19. 최저임금

청년 여러분. 여러분의 입장에서 2022년도 최저임금에 대해서 어떻게 생각하십니까? 여러분의 삶과 관계된 중요한 질문이니 솔직한 답변을 요청드립니다.

나에게 최저임금은……

홍명근(36·경기) "1시간 일하면 1만 원은 받아야 한다고 생각합니다. 영화관 일할 때 하겐다즈 아이스크림이 5,000원이었는데 내가 1시간 미친 듯이 일한 게 아이스크림 가격과 똑같은 걸 보며, 그 아이스크림은 먹을 수가 없었습니다."

박서준(19·대구) "고작 191만 원으로 어떻게 월세 내고, 배고프지 않도록 먹으면서 살 수 있겠습니까? 적절한 최저임금이 정확히 얼마쯤인지 확답하기는 어렵겠지만, 적어도 1만 원보다 더 높아야 하는 것만은 확실합니다. 최저임금이 1만 3,000원까지 오르면 한 달에 270만 원이 조금 넘는 금액을 받게 되는데, 그러면 적어도 지금보다는 상황이 훨씬 나을 것입니다. 2022년 최저임금으로 결정된 9,160원은 전년에 비해 불과 5.05%밖에 인상되지 않은 금액으로, 문재인 정부의 마지막 최저임금이 결정되며 대선 공약이었던 '최저임금 1만 원' 역시 무위로 돌아가고 말았습니다.

　　최저임금 결정 과정에서 사용자 측에서는 '코로나19로 인해 위축된 경제 형편을 고려해야 한다'는 논리를 들어, 올해에도 동결에 가까운 금액을 제시했다고 합니다. 그러나 코로나발 경기 침체로 굶어 죽을 위기에 내몰리는 것이 사용자보다 노동자에 가깝다는 사실은 누가 보아도 자명합니다. 재난은 강자보다 약자에게 더욱 춥고 가혹하게 다가온다는 점을 생각하였을 때, 코로나 팬데믹 상황 속에서 결정된 2022년 최저임금은 동결에 가까울 정도로 소폭 인상할 것이 아니라 취임 초기에 맞먹도록 크게 뛰어올랐어야 했습니다.

　　차기 정부에서 꾸준한 연간 상승 폭을 유지하며 최저임금을 1만 원대 초중반 선으로 끌어올린다면, 저소득층 노동자들에게 어느 정도 인간다운 삶을 보장할 수 있을 뿐 아니라 소득 불평등을 완화할 분배 정책으로도 효과적으로 기능할 것입니다. 무엇보다 노동자들이 흘린 땀의 가치를 충분히 인정하기 위해서라도 최저임금은 인상되어야 하며, 이것이 우리나라가 노동 존중 국가로 나아가는 길이라고 믿습니다."

이미나(32·경기) "저의 첫 직장은 공항에서 항공사의 협력업체 직원이었습니다. 벌써 10년 전의 일입니다. 그 당시 연장근무와 새벽근무를 하며 번 돈은 월급으로 170만 원~190만 원가량이었습니다. 지금 현재 시민단체에서 일하며 작년까지만 해도 월급 180만 원 ~190만 원을 벌던 저는 3년 만의 임금동결 끝에 협상한 금액으로 현재는 월급 210만 원이 안 되는 금액을 받고 있습니다. 물가는 얼마나 상승했을까요?

게다가 지방이 본가였던 저는 현재 전세대출로 18평가량 되는 오래된 아파트에 살고 있습니다. 다행히 경기도에서도 문산이라는 작은 지역에 살고 있기 때문에 가능한 일입니다. 지금 이직이라도 하려면 서울에서 살아야 하는데 서울에서는 현재같이 돈을 벌면서 제가 살 수 있는 집이 없습니다. 언젠간 경기도에서라도 집을 살 수 있을까요? 청년의 앞은 까마득합니다.

최저임금은 문재인 정부가 처음 공약했던 내용만큼 충분히 올랐어야 했다고 생각합니다. 물론 소상공인 등 문제도 많다고 생각합니다. 소상공인들의 문제가 꼭 임금 상승 때문일까요? 오히려 수수료 납부, 임대료, 잘못된 대기업의 협력업체와의 관계 등 여러 이유가 문제이지 않을까요?

저희 어머니는 홈플러스 안에 계약되어 있는 허시퍼피라는 매장을 운영했습니다. 허시퍼피와 홈플러스가 계약을 맺고 매장에서 일할 점주가 사업자를 내고 운영하는 것이었습니다. 여기서 홈플러스가 임대료로 수수료를 떼고 허시퍼피에서도 수수료를 떼고 나면, 실상 점주가 가져갈 수 있는 비율은 적을 수밖에 없습니다. 게다가 홈플러스 안에 있기 때문에 맘대로 문을 열고닫을 수도 없고, 매일 밤 12시까지 일을 해야 했습니다. 이런 잘못된 시스템들로 사업주들의 삶의 질 또한 떨어질 수 밖에 없는 실정인 것입니다. 임금 상승은 진행하면서 저런 잘못된 시스템들로 인해 어려움을 겪는 분들의 문제도 함께 해결해야 한다고 생각합니다.”

소바(29·부산) “최저임금 1만 원 꼴 보는 게 그렇게 어렵네요. 너무나 많은 사람들이 자신이 잘될 거라는 담보 아래에 무턱대고 자영업을 하면서 자신의 성공을 위한 타자 착취를 당연시합니다. 돈을 못 쓰겠으면 사람을 쓰지 말아야 합니다.

알바 하면서 사장들이 너희 알바비 주고 나면 남는 것도 없다며 하소연하는 꼴 많이 들어줬습니다. 감정노동 추가수당도 없는데!!! 늘상 잃을 게 많은 놈들이 잃어버릴까봐 웁니다. 내가 그 눈물도 닦아줘야 해? 휴지값이나 주고 시키든가.”

최진(31·대전) “참으로 예민한 문제가 아닐 수 없습니다. 물가는 상승하고, 삶의 질을 향상시키기 위한 물건은 같은 물건이라도 어떠한 기술력이 녹아있는 물건이냐에 따라서 물건의 가격이 적게는 1.5배에서부터 많게는 10배까지 차이가 나는 세상에서 우리는 살고 있습니다. 비정규직, 비전문직 노동자에게 한 달에 200만 원이라는 급여는 적다면 적고 많다면 많은 비용이라고 생각합니다.

협의적으로 급여에 집중할 것이 아니라, 광의적으로 대한민국이 처한 현실 속에서 현안을 바라보았으면 합니다. 다양한 기술력을 보유한 기술직 종사자들이 만족할 만한 보수와 사회적 지위를 보장받는 대한민국의 문화가 형성된다면, 기술력을 바탕으로 국가경쟁력을 형성한 대한민국으로 거듭날 수 있을 것입니다. 아르바이트로 삶을 영위할 수 있는 환경을 지속적으로 제공한다면, 큰 뜻을 품은 영세기업의 입장에서도 근로자를 고용하기 부담스러울 것이고, 그 부담감은 고스란히 영세기업 종사자의 과다한 업무 스트레스 및 업무 다양화로 인한 잦은 이직이 사회문제로 대두될 수밖에 없습니다.

조금 무리해서 표현하자면 이는 대한민국 기업의 존폐의 문제와도 결을 같이할 날이 도래할지도 모릅니다. 과거에는 컴퓨터로 정보들을 취합하여 정리하고 기록하는 업무에 종사하던 사람들을 단순 사무직 종사자로 분류하였지만, 현재는 빅데이터 전문가라는 신규 직군의 상당한 고연봉직으로 분류하고 있습니다. 현대 산업의 발전 방향은 예측이 어렵지만, 분명한 것은 국가기술력은 기업에게서 나오며 기업은 개인의 역량이 만든다는 사실입니다."

참이슬 레드(29·서울) "내년 최저임금이 9,160원까지 인상되었습니다. 문재인 정부의 공약이었던 1만 원 달성엔 실패했지만, 저는 1만

원은 상징적인 액수였다는 점이 크다고 봅니다. 문재인 정부하에 최저임금이 3,000원 가까이 올랐다는 점에서 나쁘지 않은 인상 폭이라 생각합니다. 주 40시간 기준 월급으로도 191만 4,000원입니다. 누군가에겐 여전히 부족한 액수일지라도 최저임금의 의의는 아주 최소한의 삶을 유지하기 위한 마지노선 임금인 만큼 결코 낮다고는 볼 수 없다고 생각합니다.

그러나 최저임금 인상이 자영업자를 고통으로 내몰았고, 일자리가 줄어들었으며, 경제 전반을 침체시킨 주범으로 낙인이 찍혀버렸습니다. 실제로 자영업자들이 큰 규모로 모여 최저임금 인상을 비판하는 집회가 열리기도 했고, 저임금 노동자들이 실업자로 내몰리고 있다는 부작용만 쉽게 접하고 있습니다. 가끔 최저임금 인상으로 소득격차가 줄었다는 통계를 접하기도 하지만 부정적 주장들을 압도할 정도로 힘을 받지는 못하는 것 같습니다.

이 곤란한 정세 속에서 민주당의 후보가 대통령으로 당선될지라도 최저임금 인상을 국정운영의 주요 목표로 설정하긴 어려울 것 같아 보입니다. 특히 코로나19로 자영업자들의 생계가 급격히 어려워진 조건을 감안한다면 최저임금이란 단어를 꺼내는 것조차 부담스러워하지 않을까 싶습니다. 저는 여기서 저임금 노동자들을 위한 정책의 기조를 다른 측면으로 바라보는 노력이 절실하다고 생각합니다.

첫 번째로 주 15시간 미만의 초단시간 노동자들을 위한 제도 개혁입니다. 현재 근로기준법에 명시된 유급휴일 개념인 '주휴수당'은 초단시간 노동자들에게 적용되지 못하고 있습니다. 특히 초단시간 노동자 규모가 최근 160만 명이 넘었다고 합니다. 이제 초단시간 노동은 매우 특수한 고용형태가 아닌 보다 보편적 고용형태로서 노동시장이 변화하고 있습니다. 이에 주휴수당을 폐지하는 대신, 삭감되는 액수만큼 최저임금 액수 자체를 늘림으로써 초단시간 노동자들의 임금 인상 폭을 크게 가져가는 노력이 가장 합리적이지 않을까 싶습니다. 비록 15시간 이상 노동자들은 사실상 동결에 가깝지만, 초단시간 노동자들을 위해 양보와 연대를 이끌어내는 정치적 노력이 뒷받침된다면 충분히 가능하리라 생각합니다.

두 번째로 저임금 노동자들의 임금인상 수단을 최저임금에만 국한하지 않았으면 좋겠습니다. 전체 노동자들의 전반적인 임금체계를 개편하고, 그 과정에서 산업의 수준 및 직종에 따라 합리적인 임금을 책정함으로써 저임금 노동자들의 임금을 또 다른 방식으로 상승시키는 방법을 모색해보았으면 합니다. 최저임금의 차등적용은 저임금 노동자들을 더욱 위태롭게 만들겠지만, 노동의 형태에 따라 추가적으로 지급되는 임금 수준은 달라야 한다고 생각하기 때문입니다.

나름의 숙련이 필요함에도 최저임금 수준에 머물러 있는 노동이 너무나 많습니다. 특히 30인 미만 중소기업에 다니는 노동자들의 실제 임금은 최저임금인 경우가 많습니다. 그러나 회사를 성장시키기 위해 단순 업무만 하는 경우는 거의 없습니다. 사업장 규모가 작을수록 노동자 한 명이 감당해야 할 업무는 더욱 많아지기에 생각보다 높은 숙련도가 요구됩니다. 그러나 월 250만 원 이상도 받지 못하는 경우가 많으며, 지방으로 내려갈수록 이런 현상은 특히 심합니다. 대기업만큼의 고연봉은 아닐지라도 최소한 자신이 투여하는 노동력과 숙련도에 걸맞은 임금이 보장될 때 청년들이 중소기업을 기피하는 문제를 해결해나갈 수 있다고 생각합니다. 그렇지 않으면 좋좋소 기업이란 청년들의 비아냥은 늘 존재할 것입니다.

물론 정부가 혼자 나서서 임금체계를 개편할 순 없습니다. 정부가 정한 새로운 임금체계를 모든 사업장에 적용시키기 위해선 노동조합과 사용자 단체가 함께 결정해야 하며 정치적 합의가 반드시 뒷받침되어야 합니다. 그러나 임금인상을 개별 기업에서 알아서 결정하거나, 법적 최저임금만 다뤄본 한국의 정치는 임금체계 개편을 다룰 수 있는 실력도 경험도 부재한 것이 현실입니다.

그러나 저임금 노동자들의 임금인상 문제를 다루려면 이젠 가보지 않은 길을 가야 한다고 생각합니다. 노동운동도 최저임금 인상에만 너무 매달리지 않았으면 좋겠고, 사용자 단체도 중소기업 노동자들을 위한 임금을 고민해야 합니다. 그래서 정부는 노사와 함께 노동, 고용, 산업정책을 함께 결정해나가기 위한 책임자로서 반드시 역할을 다해야만 합니다. 나아가 최저임금법을 적용받지 못하는 플랫폼, 프리랜서 노동이 갈수록 늘어가는 산업구조 변화를 고민한다면, 시대에 걸맞은 임금체계는 무엇인지 국가적 철학을 새롭게 써나갈 필요가 있음을 고민한다면 피할 수 없는 과제라고 말씀드립니다."

우왕(32·부산) "저는 최저임금의 금액만큼 중요한 것이 최저임금을 정하는 과정에서의 '충분한 사회적 합의'라고 생각합니다. 최저임금 만큼은 정치적 선언으로 너무 좋은 어젠다이기에 특히 더 충분히 합의한 후에 결과를 내야 합니다. 하지만 저는 상호 간 충분히 합의되지 않은 채 성급히 결과를 내왔던 지난 시간의 혼란을 기억합니다. 회의 테이블 위의 혼란은 이후 모든 현장으로 떠밀려져 당장의 인건비가 부담돼 과노동을 선택하기도 하는 풍선효과로, 줄어든 일자리에 경쟁이 치열해지는 풍선효과로 나타납니다. 합의가 충분하지 않다면 기한 내에 해내지 못한 책임을 정치권이 오롯이 짊어지는 것이 옳다고 생각합니다. 하지만 정치적 부담으로 충분히 익지 않는 과실을 나누니 사회의 변두리에 있는 분들부터, 가장 약한 고리부터 탈이 나기 시작합니다. 변화에 따른 저항을 최소화하는 것이 힘 있는 정치의 시작이 아닐까요. 최저임금을 높이는 것보다, 높인 이후의 혼란을 어떻게 케어할 것인지 지도자의 책임 있는 비전이 필요합니다."

공정성장과 최저임금

홍명근 님의 '1시간 일하면 1만 원은 받아야 한다고 생각', 박서준 님의 '고작 191만 원으로 어떻게 월세 내고, 배고프지 않도록 먹으면서 살 수 있겠습니까?' 이미나 님의 '10년 전, 연장근무와 새벽 근무를 하며 번 돈은 월급으로 170만 원~190만 원가량'이라는 답변을 읽으며 저는 어떤 절규를 느꼈습니다. 또한 이미나 님의 '소상공인 자영업자들의 문제가 최저임금에만 있지 않다'는 지적에도 공감합니다. '참으로 예민한 문제'라는 최진 님, '제도개혁과 임금체계 개혁이 중요'하다는 참이슬 레드 님의 의견도 깊이 새겨볼 만합니다. 소바 님의 '최저임금 만원 꼴 보는 게 그렇게 어렵네요'도 공감이 갑니다. 우왕

님의 '최저임금을 정하는 과정에서의 충분한 사회적 합의'도 중요하다는 답변은 사회적 혼란을 피하자는 고언이었습니다.

대부분의 언론은 최저임금의 인상이 일자리를 잃게 만드는 등 경제불안을 가져온다고 기사를 쏟아내고 있습니다. 여러분들도 그런 기사를 많이 봤을 것입니다. OECD 국가 중 최저임금이 중하위권임에도 최저임금 인상률이 3위라는 등의 기사가 그런 종류입니다. 그런 관점을 유지하는 기사 하나 나오지 않는 우리의 미디어 환경을 생각하면 참 씁쓸합니다.

저는 최저임금도 올라야 하고, 기업의 경제활동도 좋아져야 한다고 생각합니다. 그래야 공정하지 않겠습니까? 저는 공정성장을 화두로 국가의 경제정책을 새롭게 구성하고자 합니다. 문명은 빠른 속도로 변화하고 있는데 옛 방식으로 기업경영을 하고 있으면 변화를 따라갈 수가 없습니다.

최저임금에 대한 여러분의 답변을 토대로 더 많이 고민하고, 공론의 장에서 논의하고, 결과가 나오면 시원하게 하겠습니다.

여러분에게 취업은 무엇입니까?

———

    취업 준비에 한창인 청년 여러분께 '힘내시라!'는 응원을 먼저 보냅니다. 찌는 듯한 무더위에도 불구하고 학원이며 도서관, 고시실 등에서 얼마나 고생이 많으십까. 한나 아렌트가 말한 인간의 조건 중에서 첫 번째 조건이 '노동'입니다. 인간은 노동을 통해서 재화를 생산하고 그것으로 삶을 꾸려가기 때문입니다. 공장에서 일하는 것만 노동이 아닙니다. 기업에 입사하여 관리직으로 근무하는 것이나 공무원으로 공무를 보는 것도 노동에 속합니다. 그러나 문제는 노동을 제공할 일자리가 그다지 많지 않다는 데 있습니다. 청년들이 원하는 일자리가 부족하기 때문에 취업난이 생긴 것이지요.

엎친 데 덮친 격으로 코로나 팬데믹으로 인해 청년 취업은 더욱 어려워지고 있습니다. 정부가 내놓은 일자리 정책이란 국민 혈세를 퍼부어 '세금 알바'를 만드는 땜질 처방이 대부분이었습니다. 게다가 '세금 알바'로 인해 노인 일자리만 늘어났을 뿐입니다. 고용은 여전히 마이너스였는데 말입니다. 더구나 코로나로 인해 대기업에서조차 신입사원 선발을 대폭 줄였습니다. 그로 인해 여러분의 취업이 더 어려워지고 있습니다. 취업난은 여러분의 탓이 아닙니다.

청년 여러분. 취업 준비를 하면서 가장 어려운 점은 무엇인가요? 그리고 좋은 일자리의 조건이나 안정적인 일자리 창출을 위해 정부가 무엇을 해야 하는지, 여러분의 입장에서 솔직한 답을 해주시면 감사하겠습니다. 답을 주시면 중장기적 관점에서 안정적인 일자리를 제공할 수 있도록 최선을 다해 정책에 반영하도록 하겠습니다.

나에게 취업은……

FUTURE KNF FARMER(33·전북) "일자리가 없다고 하지만 요즘 농촌에는 그 어느 때보다 인력이 많이 부족하다고 합니다. 뜨거운 야외에서 허리를 굽히며 하는 농사일이 고되니 내국인은 기피하고, 외국인은 코로나 이후 비자 없이 몰래 남은 사람들이 하고 있다고 합니다. 언어 차이로 인한 소통 부재, 신분이 없어 근로계약을 안 하니 서로 신뢰할 수 없는 관계에 노동착취와 협박 등 어려움도 있고요. 대한민국 국민이 일하면 안 될까요? 농가에게 나가는 현행보조금 이외에도 인력수급을 정부가 도와준다면? 군 제대, 유학 귀국, 퇴사 등 다양한 이유로 사회로 복귀 전 시간이 남은 경력단절 사람들과 농촌을 이어주면 어떨까요?

농업교육기관에서 실제 농업에 필요한 기술을 속성단기 교육으로 교육하고, 단계별 자격증을 주고, 그 자격증이 있으면 전국 어디서도 일을 할 수 있어 각 작물 시즌마다, 각 재배 단계마다 모집 상황에 맞춰 전국 어디서나 일할 수 있고, 지역 각 거점마다 쾌적한 기숙사가 있고, 단체차량으로 출퇴근도 함께하고, 근무시간도 호봉처럼 인정해 단계별 승급시 정규직이 될 수 있는 단계가 있으면 농업인력 수급과 고용에 도움이 되지 않을까요?"

홍명근(36·경기) "월 200만 원에 야근시키는 직장은 가기 쉽습니다. 그런데 거기를 어떻게 가고 누가 갑니까. 그러면서 청년들이 고생을 안 한다고 합니다. 월급이 높고 사내복지가 좋아야 하는데 그런 회사는 대기업뿐입니다. 중소기업이 강해지고 월급도 올라야 새로운 모험도 하면서 회사와 함께 성장하는 보람을 찾을 수 있다고 봅니다. 중소기업이 중견기업으로 거듭나고 우리 사회에 기술을 가진 튼튼한 중견기업이 많아졌으면 합니다. 국가에서 개인의 기본소득을 어느 정도 보존해준다면 자신이 찾는 분야에서 작은 기업이라도 근무환경과 분위기에 따라 결정도 할 수 있으리라 봅니다."

김수연(27·서울) "저희 또래 세대가 이것으로 얼마나 발버둥을 치고 있는지. 취업은 생존과 관련된 문제이고, 나의 존재와 관련된 문제이기도 합니다.

　저 역시도 정규직이 아닙니다. 또 다른 일자리 정책이 있겠지, 요즘 일자리 다 그렇지, 생각하고 맙니다. 어느 책에서 본 내용이,

3명 중에 1명이 실업 상태이고, 2명은 과로 상태라고 합니다. 3명 나눠서 하면 될 일이 2명에게 과중되고 한 명은 일이 없는 상태라는 것인데, 비효율적이라고 생각합니다.

정규직이라는 기준에서 조금은 벗어나야 한다고 생각합니다. 정신건강을 위해서라도요. 정규직이 아니면 마치 내가 부족한 것처럼 느껴집니다. 근데 그런 것이 아니니까요.

핀란드였는지, 노동시간을 줄이고, 여러 사람이 일을 나눠서 할 수 있게 하는 나라가 있었습니다. 물론 그러면 월급이 줄어들겠죠. 근데도 괜찮은 이유는 복지 시스템이 잘 되어 있기 때문입니다. 우리나라는 너무 개인이나 가족이 다 내야 합니다. 주거비용, 의료비용만이라도 부담이 되지 않게 해준다면, 월급 좀 줄어도 괜찮을 것 같습니다. 주거비용으로 월급의 몇 퍼센트가 날아가는지. 그리고 돈 없으면 아프지도 못합니다. 기본적으로 사는 것, 아픈 것을 치료하는 것과 관련해서 돈이 없어서 병원에 가보지도 못하는 사회는 건강할 수 없는 사회라고 생각합니다. 예를 들면 정신건강에 문제 있는 사람도 돈이 많이 들어서 상담이나 치료 못 하는 경우가 부지기수입니다. 사회에 좋은 영향을 끼칠 리가 없을 것입니다."

백곰(37·대전) "취업을 하면서 가장 어려운 것은 경험이 없다는 것입니다. 지금 이 시기의 대한민국에서의 경험은 경제력에 따라 좌우

된다고 해도 과언이 아닙니다. 다양한 진로에 대한 고민도 할 수 없으니 생각할 수 있는 진로는 공무원, 대기업, 공기업 그 외 안정적인 직장입니다. 설사 그런 직장을 간다고 하더라도 개인의 적성이 맞지 않으니 이직률이 높은 것도 사실입니다. 취업 그 자체도 중요하지만 나에게 맞는 직업을 고를 수 있는 교육과 기회 그리고 경험도 중요합니다. 초·중·고등학교부터 대학교까지 다양한 직업에 대한 실질적인 기회를 제공해야 하고, 특히 대학교 가기 전 갭이어 기간을 갖도록 제도화하는 것도 도움이 될 것 같습니다. 그리고 기업과 연계해서 짧더라도 다양한 경험을 할 수 있도록 정책을 개선하는 것도 하나의 방법일 것 같습니다."

소바(29·부산) "취업전선을 본격적으로 경험해보지 않은 프리랜서라 임상적 답변이 어렵습니다. 사업장에서 고용여건을 신고할 수 있도록 의무제를 도입하고 각 지역 고용지원센터에서 코디네이팅 및 지원을 연계해서 일자리 질을 개선할 수 있을지 생각해봅니다."

성북구대학생(25·서울) "저도 이제 취업준비생으로 나아가야 하는 입장으로 취업준비를 함에 있어서 가장 어려운 것은 주변의 시선을 견뎌내야 한다는 점인 것 같습니다. 이번 상반기에 공기업 면접을 준비하며 다양한 사람들은 만나보았습니다. 대부분 저보다 나이가 있으신 분들이었고, 취업준비를 하며 친척들이나 지인들이 취업준비생을 바라보는 시선이 좋지 않고 그것을 견디는 것이 힘들었다고 얘기해주었습니다. 중소기업에 취업하는 방법도 있지만 공기업을 몇 년째 준비하는 이유는 좋은 일자리라는 것이 가장 크다고 생각하고 있습니다. 좋은 일자리를 만들기 위해서는 사람들이 왜 공기업, 공공기관, 대기업에 취업하려고 하는지 그 이유를 들어보고 이를 개선해나가는 방법이 필요하다고 생각합니다."

획기적인 일자리 정책

의외로 취업 관련 질문에서 여러분의 답변이 적네요. 그러나 김수연 님의 답변을 읽으니 가장 뜨거운 문제인 것은 확실합니다. FUTURE KNF FARMER 님의 답변은 신선했습니다. 농촌과 농업으로 취업을 연결하라는 의견에 매우 공감합니다. 취업준비생으로서 주변의 시선을 견뎌야 한다는 성북구대학생 님의 답변은 가슴 아팠습니다. 백곰 님과 소바 님도 감사합니다.

취업에 관해서는 홍명근 님의 답변에서 해답을 찾을 수 있을 것 같습니다. 일자리 정책에 대한 획기적인 전환만이 청년 취업 문제를 해결할 수 있다고 생각합니다. 일자리와 일거리를 만드는 것, 단기고용을 피하고 장기적이고 정규

직인 일자리를 창출할 수 있도록 기업과 많은 소
통을 하도록 하겠습니다.

　　중요한 것은 청년 취업의 문제를 청년 일
자리 문제로만 국한하지 않고 청년 일거리 문제
로 확장하는 것이라고 생각합니다. 청년 일거리
문제에 대한 사회적 대화를 시작할 수 있는 환경
을 만들겠습니다. 숫자놀음에서 벗어나 진정한
취업이 이뤄질 수 있도록 시원하게 하겠습니다.

21. 모병제

이재명이 묻다 Q

여러분은 모병제를
어떻게 생각하십니까?

———

　　대한민국의 헌법에는 국방의 의무를 명시하고 있습니다. 헌법
에 따라 징병제를 실시하고 있는 것입니다. 다만 여성에게는 군대에
입대하는 것을 의무로 부과하고 있지 않습니다. 이 때문에 몇 년 전
부터 청년세대 내부에서 갈등을 빚고 있습니다. 분단체제라는 특수
한 상황이 존재함에도 양성평등의 입장과 군 가산점 인정 문제 등으

284 —— 285

21. 모병제

로 남성과 여성이 갈등하는 양상을 보이고 있어 사회적으로 손실이 생기고 있을 정도입니다.

최근 모병제에 대한 논의가 미약하나마 시작되고 있습니다. 징병제냐 모병제냐를 이분법적으로 나누고 논의를 전개하는 것은 발전에 도움이 되지 않는다고 생각합니다. 전 세계적으로는 징병제를 실시하고 있는 국가는 그다지 많지 않습니다.

자료를 살펴보면 아시아와 오세아니아에서는 사우디아라비아, 호주, 인도, 중국 일본 등 약 29개국이 모병제를 실시하고 있습니다. 유럽에서는 영국, 독일, 프랑스, 이탈리아 등 거의 대부분의 국가가 모병제를 실시하고 있습니다. 북미에서는 미국과 캐나다 등 12개국이 모병제를 실시하고 있으며 아르헨티나, 칠레, 페루 등 10여 개국이 모병제를 실시하고 있습니다. 아프리카에서는 가나, 나이지리아, 모로코 등 29개국이 모병제를 실시하고 있습니다. 분석해보면 미국과 중국 등 세계 주요국가들이 모두 모병제를 실시하고 있는 것입니다.

여러분. 징병제와 모병제의 장단점에 대해 제가 판단하고 싶지는 않습니다. 저는 여러분들의 의견을 받아 깊게 고민하고 실제적인 논의를 시작해야 한다고 생각합니다. 남녀평등복무제를 주장하는 사람들도 있습니다만, 그 문제도 청년 여러분들과 함께 논의를 해야 한다고 생각합니다. 징병제 폐지와 모병제 실시에 대해서는 여러분들의 의견이 매우 중요합니다.

나에게 모병제는……

김갸앙(24·서울) "모병제 실시를 강력하게 찬성합니다. 징병제하에서 국가의 권력 아래 수많은 청년들이 그들의 시간과 자유를 뺏기며 그들의 청춘을 국가를 지키는 데에 사용하고 있습니다. 그러나 국가는 국가를 위해 거의 무료 수준의 군사력과 노동력을 제공하는 청년들에게 걸맞는 대우를 하지 않고 있습니다. 코로나19 확산 방지라는 이름으로 훈련소에서 훈련병들을 거의 감금하다시피 하고 제대로 씻지도 못하게 하는 등 인권 침해라고 불릴 수 있는 행위들을 하였습니다. 또한 이는 오히려 병사들의 군기를 저하시키는 요인이 될 수 있고 결론적으로는 한국의 국방력 증가에도 도움이 되지 않을 수 있다고 생각합니다."

홍명근(36·경기) "이제 우리나라는 모병제를 해야 할 때라고 봅니다. 기본적인 숫자를 충족하고 취업난 등을 고려하면 공무원으로 좋은 직장이 될 수도 있다고 생각합니다. 정예 군대가 필요합니다."

김수연(27·서울) "잘 모르지만, 분단된 상황에서는 징병제여야 하지 않을까 싶습니다. 분단 상황만 아니라면 모병제여도 좋다고 생각합니다. 징병제가 실시되고 있는 이유인 분단 현실을 해결하기 위한 적극적인 노력으로 훗날 많은 사람이 원하는 모병제의 선택 가능성을 높일 수 있으면 좋겠습니다."

박서준(19·대구) "징병제는 20대 초반의 남성들을 무려 18개월 동안이나(그마저도 이전에 비해 현저히 줄어든 복무기간이라는 점을 감안하면 아찔합니다) 복무시킴으로써 경제적 생산성을 저하시키고, 근본적으로 개인의 의사에 반하여 군인을 강제로 징집한다는 점에서 인권유린적이기도 합니다. 말이 '휴전'이지 사실상의 종전 상태가 70년 동안 이어져온 한반도에서 분단국가의 특수성을 고려해서 징병제를 유지해야 한다는 주장 역시도 이제는 옛말입니다. 지금이 1950년대도 아니고 북한이 마음만 먹으면 남침할 수 있는 것도 아닐뿐더러, 만에 하나 그렇다 할지라도 단순히 군인의 수를 늘린다고 해서 해결될 문제도 아니죠.

또 말씀하신 것처럼 남성에게만 군복무 의무가 부과되는 대한민국의 징병제 특성상, 복무 대상자인 남성들이 느끼는 일종의 박탈감도 분명 없지는 않을 것입니다. 그렇다고 하여 대안으로 제시되는 여성 징병제에 대한 논의는 한국 사회와 국방에 대한 유의미한 담론을 포괄하고 있다기보다, '남자들만 군대 가기 억울하니 너희 여자들도 같이 고생해보라'는 식의 소모적 감정 표출밖에는 되지 않는다고 봅니다. 최근 들어 군대 내 성폭력으로 목숨을 끊는 여군 피해자들의 안타까운 소식이 뉴스를 통해 연일 보도되고 있는데, 여성들을 징병하게 되면 가뜩이나 권위적이고 폐쇄적인 군대는 그야말로 성폭력의 온상이 될 것입니다. 실제로 여성 징병제를 시행 중인 이스라엘의 군대 내 성폭력 문제는 극심한 수준이라고 합니다.

전 세계 군사력 6위에 빛나는 우리나라가 가야 할 길은 단연 정예 강군이지요. 진정으로 강한 군대를 만드는 것은 병사의 머릿수가 아니라 군인들의 숙련도와 최첨단 무기 및 기술입니다. 최근 들어 나타나고 있는 급격한 인구 감소세를 보고 있노라면 결국에는 징병제를 계속 유지하는 것도 불가능하고요. 모병제로 전환한 뒤 군인들에게 그에 걸맞은 사회적 경제적 대우를 한다면, 그리고 군인들에 대한 처우도 더욱 개선한다면 지금보다 질적으로 훨씬 우수한 군대가 될 것으로 생각합니다. 그러면 모병제를 유지할 자금은 어떻게 마련하느냐는 질문에도 답해야 할 텐데, 방산비리 엄중 척결이 하나의 방법이 될 수 있으리라고 생각한답니다."

소바(29·부산) "점차적으로 모병제 전환에 동의합니다. 본인의 의사에 반하는 의무적 징집은 진심으로 안타까운 일입니다. 자신이 고통이라 여기는 것을 타자에게 전가할 생각보다는 더 나은 구조를 만드는 방법을 고민하지 않는 다수의 일부 남성들에게도 안타까움을 느낍니다."

이정인(19·경기) "징병제와 모병제에 관한 논의와 남성과 여성의 평등복무제는 당사자인 청년층을 시작으로 공론화된 의제이다. 대체로 남성 청년의 경우에는 여성의 징병이 이루어지지 않은 지금의 징병제도에 여러 불만을 제기하고, 여성 또한 남성의 군가산점제도를 여성의 사회활동을 위축시키는 또 다른 차별이라 이야기한다.

국가를 수호하고, 안보를 지키는 일에 이렇게까지 많은 의견이 갈등하는 것은 우리 사회에서 '군대'라는 조직이 어떻게 인식되어 있는지를 보여주는 일이다. 최저임금의 절반 수준에도 못 미치는 병사 월급, 책임지지 않는 부상 장병과 같이 '군'을 수식하는 인식들이 부정적인 지금의 군대는 누구도 가기 싫을 것이다.

앞으로의 전쟁은 직접 총 들고 나가 싸우기보다 미사일 등 첨단화된 화력무기가 중심이 되어 전개될 것이라고 많은 군사전문가가 전망한다. 이러한 상황에서 전문적인 군 인력 양성은 필수적일 것이다. 하지만 60만 명 규모의 현재 국군병사는 대부분 징병제로 1년

6개월마다 새로운 인력의 지속적인 투입과 교육까지 필요로 한다. 이는 국방 안보를 지켜내는 데 효율적이지 못하다.

　　그렇기 때문에 확실한 군 처우 개선을 시작으로 체계적인 인력 양성을 위한 모병제의 도입을 이제는 논의할 필요가 있다고 생각한다. 모병제를 통해 전문적인 군 인력을 양성하는 것이 전시 상황에서 더욱 효율적이고, 나아가 일자리 부족 문제 해결에도 효과를 가져올 수 있기 때문이다."

모병제의 공론화

———

전체적으로 모병제에 찬성하는 답변이 많습니다.

우리나라는 세계 유일의 분단국가라고 할 수 있습니다. 휴전 상태이기 때문에 전쟁을 멈춘 것이지 전쟁이 끝난 상태는 아닙니다. 그래서 전쟁을 종식하자는 선언을 시민운동 차원에서 전개하고 있지만 대한민국이 휴전협정의 당사자가 아니라 우리 정부 스스로 남북간 합의를 통해 종전을 선언하지 못하는 상태입니다. 6 · 25 전쟁의 당사자는 북한, 미국(유엔군), 중국입니다. 휴전협정에도 세 나라의 지도자들이 서명한 상태입니다.

그럼에도 불구하고 남북이 먼저 종전선언

을 할 수 있다고 생각합니다. 모병제는 이와 깊은 관련이 있습니다. 물론 헌법을 개정해야만 합니다.

모병제에 대해서 공론의 장을 열 때가 되었습니다. 이제는 보병이 전투하는 시대가 아닙니다. 최첨단 IT 무기와 대량살상무기가 얼마나 많습니까? 소총을 들고 전투에 나서는 기본병과 병사들의 숫자도 물론 중요합니다만 기술병과 전문직 부사관의 수요도 많다고 생각합니다.

전투병과는 물론이고 각종 기술병과의 전문직에 해당하는 부사관 이상의 군인들은 모두 모병제의 요소에 해당한다고 할 수 있습니다. 이미 모병제가 실시되고 있는 병과도 있습니다.

그런 점에서 모병제에 관한 열린 토론이 적극적으로 필요합니다.

여러분에게 세대교체는
무엇입니까?

———

인류는 수없이 많은 세대교체를 통해서 발전해왔습니다. 세대
교체를 통해 자식 세대는 부모 세대의 유산을 물려받았고 또한 발전
시켰습니다. 역사적 측면에서 보면, 세상의 모든 자식들은 부모보다
위대했습니다. 그렇지 않았다면 어떻게 인류가 발전의 길을 걸어왔
겠습니까? 세대 간의 갈등 역시 역사를 발전시키는 동력 중의 하나

였다고 저는 생각합니다. 그런 의미에서 세대 갈등을 도덕적 잣대로 평가하는 것에 저는 반대합니다.

베이비부머 세대(1965년 이전 출생 세대)가 고령화 세대로 막 접어들었습니다. 그들이 바로 흔히 말하는 '586 이후 세대'이고 기성세대입니다. 저를 포함한 이 세대가 우리나라의 중심이었던 세대는 서서히 막을 내리고 있습니다. 그 자리를 다음 세대가 이어받겠지요. 문제는 베이비부머 세대의 숫자가 전체 인구 중에서 최고로 많다는 것입니다. 그 숫자 때문에 국민연금 등의 여러 문제가 청년세대에게 전가될 수 있다는 우려가 있습니다.

청년 여러분, 세대교체는 필연적입니다. 역사의 도도한 흐름이기 때문에 막는다고 막아지는 것도 아닙니다.

여러분. 여러분은 살면서 어떤 세대 갈등을 느꼈습니까? 그런 사례들을 듣고 싶습니다. 그리고 여러분이 생각하는 세대교체는 무엇인가요? 세대교체가 어떻게 전개되어야 우리나라의 발전에 큰 도움이 될까요? 청년 정치는 가능할까요? 가능하다면 어떻게 해야 하고, 또 불가능하다면 무엇 때문일까요? 여러분의 솔직한 답을 기다립니다.

나는 세대교체를……

소바(29·부산) "세대별 할당제."

홍서윤(35·서울) "한 TV 프로그램을 보니 심리학과 교수가 그러더군요. 기성세대는 너무 많은 것을 처음 이뤄보아 자신들의 말이 진리라고요. 물론 대한민국이 초고령화 사회로 진입하여 노인을 대표하는 세대가 많이 필요한 것은 사실입니다만, 우리는 일본이라는 선례를 보았습니다. 초고령화 사회라고 해서 모든 것을 기성의 관점에 맞추었더니 어떻게 되었나요? 점점 경제는 쇠퇴하고 혁신과 발전이 부족해졌습니다. 기술 산업에서만 그럴까요? 아닙니다. 모든 면에서 적용됩니다. 사회는 역동합니다. 역동하는 사회에 필요한 적절한 변화와 혁신은 사회의 양분이 되지만, 그렇지 않으면 사회는 병들고 역동하지 않습니다.

세대 갈등도 마찬가지입니다. 한 세대가 경험하는 문화와 경험치는 다른 세대와 다릅니다. 이를 인정하고 존중해야 합니다만, 우리는 그런 연습이 없었습니다. 아니, 하지 않으려고 합니다. 저는 청년들이 무기력하거나 분노하는 이유는 이것이라고 생각합니다. 시키는 대로만 살았는데 되는 게 없는 사회, 그래서 반발을 하고 목소리를 내어도 기회조차 주어지지 않는 것이 문제입니다.

믿지 않는 것이죠. 모든 것을 처음 이뤄본 세대들이, 다음 세대들을 제대로 믿어주지도 않는 것이지요. 자신들의 방식만이 진리니까요. 조금 덜 일하고 여유롭게 살고자 하면 나태 지옥에 있다고만 여기지요. 세상이 바뀌었지만, 그것을 인정하지 않기에 세대 갈등이 생기고 있는 것입니다. 이제 좀 내려놓아도 됩니다. 천년만년 사는 불사신이 아니지 않습니까? 조금은 믿어주고 청년들이 시대를 이끌어 나갈 수 있게 기회를 열고 자리를 내어주어도 됩니다.

올림픽이며, K-Pop 문화며, 세계에서 대한민국의 이름을 떨치는 사람들이 누구입니까? 바로 청년입니다. 청년 정치 역시 이제 세계적으로 이름을 떨칠 수 있을 때입니다. 이제 새 시대를 위해서라도 세대교체가 필요합니다."

홍명근(36·경기) "기성세대 정치를 보며 결국 거기서 거기라는 환멸적 시선을 자주 봅니다. 정치는 다양성이 중요한데 너무 한 세대에 편중되어 있다고 봅니다. 평창올림픽 아이스하키 단일팀에 왜 반대하는지 모르겠다는 60대의 발언을 이해하기 어렵습니다. 공정하지

22. 세대교체

못했는데 남북이 뭐가 중요합니까? 그때 피해를 입은 선수들이 저는 더 중요하다고 봅니다. 이런 차이가 세대차이를 느끼게 합니다.

청년 정치 프로세스가 필요합니다. 이상한 경선 방식이 아닌 할당제를 통해 일정 부분 보장해야 합니다. 그래야 공고한 5060 남성 정치 시스템에 금이라도 낼 수 있지 않을까요?"

김수연(27·서울) "청년에게 정치를 생각할 시간과 기회를 준다면 가능하다고 생각합니다. 청년도, 소년도, 중년도, 노년도 다 같은 사람입니다. 살아온 세월, 경험의 축적의 정도는 다르지만 적게 쌓여있는 것도, 많이 쌓여있는 것도 다 장단점이 있는 것 같습니다. 오히려 다양한 세대로 이루어져있어야 실제적인 정치를 할 수 있다고 생각합니다."

이설아(27·경기) "세대가 아니라 시대가 교체되어야 합니다. 단순히 나이가 젊은 사람들로 대체되는 것이 아니라 이전에 없었던 담론과 가치들로 채워지는 것이 진정한 '교체'이지 않을까 싶습니다. 다른 지면을 빌어 게임을 예시로 든 적이 있었는데, 예컨대 '확률형 게임 아이템을 규제해야 한다'고 했을 때 '확률형 게임 아이템이 무엇이냐'고 되묻는 20대보다는 '어떻게 규제해나갈 것인가'를 찾아가는 40대가 훨씬 더 '세대교체'적이라고 할 수 있지 않을까요? 끊임없이 새로운 물결에 귀를 기울이는 것, 그것 외에 답이 있을까 싶습니다."

청년이 말하고 이재명이 시원하게 합니다!

조항결(21·인천) "'고인 물은 썩는다.' 아무리 맑은 1급수의 물이더라도 흐르지 않으면 썩습니다. 그러면 윗세대는 다 그만두고 나가야 하는가? 또 그것은 아닙니다. 새로운 세대가 들어서면 윗세대의 어르신들은 세월에서 나오는 노하우와 사회를 헤쳐 나가는 법을 새로운 세대에게 알려주세요. 새로운 세대에게 자리를 내어주시고 뒤에서 지원해주세요. 그것은 '꼰대짓'이 아닌 진정한 '선생님'이자 '선배님'입니다.

청년 정치는 가능합니다. 청년세대가 변한 것이 아니라 새로운 국면을 맞이한 것입니다. 선배님들의 지원과 가르침, 청년들의 추진력이라면 대한민국의 청년 정치의 미래는 밝다고 생각합니다."

백곰(37·대전) "세대교체는 필연적입니다. 지나간 역사를 보더라도 그러합니다. 다만, 어느 시기에 어떤 분야에서 어떤 방식으로 세대교체가 될 것인지가 중요한 것 같습니다. 어느 시점에 세대가 전부 교체되어야 한다는 생각은 아닙니다. 필요한 시기에 그 세대가 필요한 목소리를 낼 수 있는 사회가 필요한 것 같습니다. 소수의 기득권을 가진 사람들의 목소리가 아닌, 목소리를 크게 낼 수 있는 사람들의 목소리가 아닌, 다양한 세대의 목소리를 들을 수 있는 사회. 그것이 세대 교체가 건강하게 잘 되는 사회가 아닌가 싶습니다. 초·중·고등학교의 문제라면 그 학생들이, 대학교 문제라면 대학생들이, 청년의 문제라면 청년들이 목소리를 내는 것이 자연스러운 사회. 그런 사회가 세대교체를 건강하게 이루는 사회인 것 같습니다."

보배(31·제주) "최근 세대갈등이 심해지고 있으며, 이것이 사회 문제가 되고 있다는 이야기가 많습니다. 그러나 정말 유달리 최근의 세대갈등이 심해지고 있는 것일까요. 물론 기술의 발전이 빨라지고 사회의 변화가 커지면서 세대 간의 생각의 격차가 더 빠르게 벌어지고 있는 것은 사실입니다. 하지만 그것이 세대갈등이 심화된 것인지는 다시 되물어봐야 합니다.

지금 청년세대가 윗세대를 비판하며 쓰는 유행어인 '라떼는 말이야', '꼰대'는 지금의 청년세대가 만들어낸 신조어가 아닙니다. 기존부터 윗세대들을 비판하며 써왔던 용어들이죠. 다만 그 용어가 더 많이 사용된다는 것은 청년세대와 그 윗세대의 갈등보다 각 세대의 분화가 빨라진 것은 아닌가 생각해봐야 합니다. 실제 요즘엔 한두 살 차이로도 너무 문화가 다른 것 같다는 이야기를 많이 하죠. 그러다보니 자연히 꼰대라 부르는 집단의 범위도 넓어진 것일지도 모릅니다. 이렇게 빨라진 사회와 그만큼 분화되는 세대 속에서 문화도 다양해지고 있는 것은 자연스러운 흐름일 것입니다. 다만 그 속에서 정말 충돌의 중심이 무엇인지를 파악하는 것이 더 중요할 것입니다.

청년은 기본적으로 기존의 문화에 문제점을 지적하고 저항하는 세대입니다. 윗세대가 자신을 가르치려 들면 삐딱하게 보는 심리가 많은 것은 그 시절 청년들이나 지금의 청년들이나 마찬가지죠. 지금의 50대인 586세대가 청년이었을 적이 오히려 지금보다 더 심각한 세대갈등이 있었다고도 볼 수 있는 것 아닌가요. 군부독재라는 기존 질서 속에서 이를 순응하던 윗세대를 설득하고 변화를 만드는 과정 또한 세대갈등이라면 세대갈등이었을 것입니다.

그러나 그 충돌의 핵심은 군부독재라는 문제였기에 이를 서로 확인하고 바꾸고자 연대하며 갈등을 넘어설 수 있었던 것이라 생각됩니다. X세대라 불리는 40대도 음악과 패션 등 문화적인 부분에서 윗세대와 충돌해왔으며, 그 속에서 '서태지와 아이들'과 같은 새로운 변화를 만들어 문화 전성기를 만들어간 세대가 아닌가요.

지금의 세대갈등도 이 같은 맥락 안에 있다고 생각됩니다. 다만 586세대처럼 명확한 적이 있는 것이 아니라 사회 전반적으로 곳곳에서 충돌이 일어나고 있어 갈등이 커진다고만 생각하는 것은 아닐까요. 그러나 충돌의 지점들을 찬찬히 들여다보면 변화가 필요한 영역들을 지금의 세대가 부딪히고 있음을 느낄 수 있습니다. '조직이나 회사의 성장을 위해 개인의 희생을 강요하는 문화'와 부딪히다보니, 윗세대도 덩달아 조직문화가 개선되어 덕을 봤거나 그런 청년세대를 응원한다는 이야기가 괜히 나오는 것은 아닐 겁니다."

22. 세대교체

박희선(31·서울) "세대교체라 하면 뭐랄까, 굉장히 도전적이라는 느낌이 들어요. '갈아치운다' 같잖아요? 그래서 싸움이 붙는 거 아닐까요? 이전의 '세대'와 지금의 '세대'는 개념이 조금 다른 것 같아요. 전에는 부모와 자식처럼 확연하게 구분지어지는 무언가가 있어야만 세대로 나뉘는 것 같았는데 지금은 교육과정이나 수능방식처럼 더 세밀하고 촘촘한 대상으로 분화된 것 같아요. 제가 초등학생 때 컴퓨터 수업을 하며 플로피디스크에 파일을 저장하는 법 이런 걸 배웠는데 지금의 어린이들은 코딩을 배운다면서요? (그래서 왜 컴퓨터의 저장 버튼이 네모난 모양인지를 모른대요) 어쩌면 이제는 세대보다는 층위에 가깝기도 하겠습니다. 역사의 도도한 흐름이라 평하신 것처럼 평화로운 권력의 교체는 없잖아요? 그럼 반대로 여러 층위가 가벼이 뒤섞이면 그런 급진적 전개가 다소 완화되지 않을까 싶더라고요. 세대가 구분되어야 할 필요가 없는 거죠."

세대교체로 역사의 발전을

───────

좋은 답변, 감사드립니다.

소바 님의 '세대별 할당제', 홍서윤 님의 '한 세대가 경험하는 문화와 경험치는 다른 세대와 다르고, 이를 인정하고 존중해야 하는데, 우리는 그런 연습이 없었다. 아니, 하지 않으려고 한다. 청년들이 무기력하거나 분노하는 이유는 이것이라고 생각한다'와 홍명근 님의 '기성세대 정치를 보며 결국 거기서 거기라는 환멸적 시선, 정치는 다양성이 중요한데 너무 한 세대에 편중되어 있다', 김수연 님의 '청년에게 정치를 생각할 시간과 기회를 준다면 가능', 조항결 님의 '청년 정치는 가능', 박희선 님의 '이전의 세대와 지금의 세대는 세대에 대한 개념 자체가 다르다'는 의견에 공감합니다.

　백곰 님의 '세대교체는 필연적, 지나간 역사가 증거. 어느 시기에 어떤 분야에서 어떤 방식으로 세대교체가 될 것인지가 중요'하다는 의견은 매우 깊이 있었습니다. 세대교체를 역사적 맥락에서 파악해주신 보배 님, 감사합니다.

　갈등과 긴장이 없는 역사는 새로운 전환을 만들어내기 어렵습니다. 아프리카에서 아주 비싸고 귀한 열대어를 수입해 올 때의 일입니다. 수조의 환경을 열대어가 살았던 환경과 거의 동일한 수준으로 최적화하였습니다. 통관을 마치고 난 뒤에 뚜껑을 열어보니 대부분의 열대어가 죽어있더랍니다. 다음번에는 수조에다 열대어의 천적을 넣었습니다. 도착해서 뚜껑을 열어보니 대부분의 열대어가 팔팔하게 살아있었답니다.

　이처럼 갈등과 긴장은 생명의 발전을 유지시키기 위한 중요한 동력이 되기도 합니다. 갈등과 긴장을 부정적으로 평가하는 것은 역사의 발전에 대해 무지하기 때문일 것입니다.

　백곰 님의 답변처럼 세대교체는 필연적입

니다. 역사의 도도한 흐름으로 오고 있는 것이기
때문에 막는다고 막아지는 것도 아닙니다. 김영
삼, 김대중 두 분 전 대통령은 40대 초반에 '40대
기수론'을 제창하며 대통령 선거에 출마하였습
니다. 여러분 중에서도 세대교체를 주장하며 누
군가가 등장할 수도 있습니다. 이설아 님의 '세
대가 아니라 시대가 교체되어야 한다'는 답변도
매우 중요합니다. 저는 그런 순간을 기다리며 또
준비도 하겠습니다.

22. 세대교체

여러분에게 기후위기는 무엇입니까?

———

   한국은 '기후 악당' 국가라고들 합니다. 2019년 탄소배출량이
세계 9위, 개인별 배출량 세계 4위이니 근거가 없는 것도 아닙니다.

   2018년, 인천에서 개최된 제48차 기후변화에 관한 정부 간 협
의체(IPCC) 총회에서 채택된 〈지구온난화 1.5℃ 특별보고서 요약〉을
읽어보면, 온실가스 배출이 지속되어 지구의 평균기온이 1.5℃ 상승
하면 회복 불가능한 생태계 교란이 발생할 수 있다고 경고합니다. 생

태계 교란으로 인해 인류의 건강, 안전, 식량, 물, 주거 및 생계가 심각하게 위협받을 수 있다는 것이지요. 이어서 특별보고서는 1.5℃이내로 지구의 기온 상승을 제한하기 위해 2030년까지 전지구적 차원에서 이산화탄소 배출량을 2010년 대비 45% 감축, 2050년까지 '탄소중립(carbon neutrality)', '순제로(net zero)' 즉 0% 탄소배출이 달성되어야 한다고 강조하고 있습니다.

> "지구가 '거대한 가속'으로 파멸되고 있습니다. 이로 인해 발생하는 기후위기는 지금까지 인류가 경험했던 위험과는 달리 '회복할 수 없고 통제 불가능한 위험'으로 다가왔습니다. 기후위기는 자연재난, 전쟁이나 환경오염, 감염병, 금융위기와 같은 여러 위기 중 하나가 아니라 그런 모든 위기를 압도하는 문명 위기입니다. 그러므로 이 세상을 완전히 바꾸는 '담대한 전환'만이 기후위기를 해결할 수 있습니다."
>
> **_조천호(대기과학자), 교보인문학석강 유튜브 강연**

위의 말에 전적으로 동감하고 있습니다. 현재 국회에서 기후위기 대응법안이 논의되는 것으로 알고 있습니다. 우리 정부는 당장 11월에 유엔기후변화총회에 '2030년 온실가스 감축목표치'를 제시해야만 하는 긴급한 상황임에도 이제야 국회에서 논의를 한다니, 참으로 안타까운 일이 아닐 수 없습니다. 문제는 법안이 아닙니다. 아무리 법안을 잘 만들었다고 하더라도 강력한 징벌조항이 없으면 실현이 불가능합니다.

청년 여러분. 저는 여러분과 손잡고 기후위기에 대응하는 대통령이 되고자 합니다. 국회에서 논의 중인 법안의 여러 쟁점도 여러분 스스로 살펴보고, 그에 대한 실현 가능한 정책적 대안들을 제시해주면 정말 감사하겠습니다.

나에게 기후위기는……

김수연(27·서울) "법안 잘 만들고 징벌조항 만들어야 할 것 같습니다. 거의 모든 곳에서 요즘은 친환경이 대세입니다. 제 주변만 해도 모두 친환경에 관심이 있습니다. 그래서 적극적인 친환경 정책은 그냥 하면 된다고 생각합니다. 대다수의 국민들이 이미 다들 필요성을 알고 있고, 오히려 기다리고 있다고도 느껴집니다. 과감히 믿고 하시기 바랍니다."

홍명근(36·경기) "페트병에 종이 떼는 게 너무 귀찮습니다. 그냥 종이 안 붙인 페트병만 만들게 해주세요."

소바(29·부산) "가덕도 신공항부터 철회하세요. 시민동원식 탄소중립위원회 같은 방식으로 국정을 처리하지 않기를 바랍니다."

FUTURE KNF FARMER(33·전북) "농축산업으로 발생하는 질산가스 방출, 메탄가스 방출 등이 미치는 기후 영향이 상당하다고 합니다. 대한민국 농가들은 과도한 화학비료 의존, 기계경운으로 땅을 착취하며 탄소를 잃어가며 농사를 짓고 있습니다. 소, 돼지 등 가축을 좁은 땅에서 집약적으로 키우면서 방출하는 메탄가스도 엄청납니다. 게다가 가축이 먹는 사료들은 대부분 수입산이라 국내식량 자급자족에도 어려움을 가져오고요. 작물과 목초를 함께 길러 화학비료 사용을 줄이고 경운하지 않고 목초를 가축에게 먹이는 등 친환경 농법을 연구하고 실행하는 농가들이 있지만 이처럼 탄소중립을 위해 애쓰는 농가에게 갈 인센티브가 될 보조금 예산이 한정적입니다.

과학자들은 식물의 광합성 능률을 개선하는 육종적 방법을 찾고 있고, 천연에너지를 이용해 환경파괴는 적으면서 싸게 전기를 생산할 방법을 찾고 있지만, 예산과 보조금 말고도 국민 전체가 할 수 있는 캠페인을 진행하면 어떨까요? 우리의 욕망을 줄이는 방향으로, 육식 횟수를 줄이고, 친환경농법으로 생산된 농식품을 이용하자는 캠페인은 어떨까요?"

ve-eco(31·부산) "질문에서 언급하여주셨듯이 기후위기의 가장 큰 원인을 꼽으라면 온실가스가 빠질 수 없을 것입니다. 2017년 환경부의 보도 자료에 따르면 분야별 온실가스 배출비중에서 에너지 분야의 비중이 86.8%로 너무나 큰 부분을 차지하고 있습니다. 이전 정부에서는 오히려 신규 석탄 설비를 허가하여주었고 현 정부가 출범하며 다급히 노후석탄 조기폐지정책을 펼쳤지만 결국 석탄에 의한 온실가스 배출이 증가하는 양상을 막지는 못했습니다.

현 정부가 들어서고 산업통상자원부에서는 '재생에너지3020' 정책을 만들고 이 정책을 이행하고자 노력 중인 것으로 알고 있습니다. 그리고 목표 달성을 위해 많은 지원이 이루어지고 있고 목표 달성에 대한 가능성이 긍정적으로 평가받고 있다고 들었습니다.

하지만 새로운 정부가 출범을 할 때마다 바뀌는 에너지 정책에 대한 온도 차를 볼 때 이 정책의 목표 달성이 과연 가능할지는 의문이 듭니다. 또한 태양광 패널의 설치, 해상풍력발전기의 설치 등 신재생 에너지 사업을 위한 설비들을 설치할 때마다 보이는 뉴스들은 지역 주민들과의 갈등에 대한 이야기들입니다. 덴마크의 경우 해상풍력단지 개발을 하는 과정에 지역 주민을 적극적으로 포함시키고 모든 과정에 참여하여 적극적으로 의사를 반영하도록 하였고 지역 주민은 해상풍력단지의 지분을 소유하여 갈등을 해소하고 개발 수역 내 어민들을 보호하기 위한 정책을 마련하였다고 합니다. 최근 국내에서도 제주의 해상풍력발전기 설비, 전남 연광군의 태양광발전 단지 등에서 지역 주민과의 갈등을 최소화하여 설비를 설치한 사례들이 보입니다.

23. 기후위기

신재생 에너지 설비가 들어서는 지역의 주민들의 보상에 대해 체계적이고 모두 납득할 수 있는 법적 기준이 마련되지 않는다면 재생에너지3020 정책이 오히려 국민들을 고통스럽게 하는 정책이 될 수도 있다는 생각이 듭니다."

박서준(19·대구) "지구의 평균기온이 1.5℃ 상승하면 회복 불가능한 생태계 교란이 초래될 수 있다고 써주셨습니다. 불행하게도, 제가 이렇게 답변을 드리고 있는 시점에는 그때보다 상황이 더 악화되었습니다. 기후변화에 관한 정부 간 협의체(IPCC)가 내놓은 제6차 보고서에는 1.5℃ 상승이 2021년에서 2040년 사이에 도래할 수 있다는 충격적인 경고가 담겼습니다. 보고서의 내용대로라면 아무리 늦어도 2040년에는 1.5℃ 상승이 실현될 수 있다는 뜻입니다. 보고서는 '즉각적이고 급격한 대규모 배출 저감'을 평균기온 상승의 유일한 억제책으로 지목하였습니다.

이쯤 되면 눈치채셨겠지만, 분리수거 등과 같은 개인적 차원에서의 환경보호 실천으로 해결될 단계는 이미 한참 전에 지났습니다. 세계 각국의 정부와 다국적 기업들은 막대한 양의 탄소를 무책임하게 방출하면서도, '일회용품 사용을 줄입시다!'라거나 '가까운 거리는 걸읍시다!' 같은 캠페인 문구 등으로 일반 개인들에게 환경보호의 책임을 전가하기 바쁩니다. 비닐봉지나 나무젓가락의 사용을 줄이는 일은 되도록 동참하면 좋은 일이지만, 삼림벌채나 온실가스 배출을 규제하는 것만큼 근본적인 해결책은 못 됩니다. 국민들이 아무리 플라스틱 빨대와 같은 일회용품 사용을 줄인다고 하더라도, 탄소 배출을 통제받지 않는 기업과 통제하지 않는 정부가 존재하는 이상 기후위기의 해결이란 참 요원할 터입니다.

정부가 직접 나서서 기업의 탄소 배출량을 규제해야 합니다. 이재명 님께서 도입을 공약하신 탄소세도 하나의 방법이 될 것입니다. 탄소세는 기업들로 하여금 탄소 배출을 줄이도록 유도할 뿐만 아니라 친환경 산업으로의 전환을 위해 필요한 재원을 마련하는 두 가지의 효과를 동시에 볼 수 있습니다. 또 기존의 화석연료 중심의 산업 구조에서 하루속히 탈피하여 지속 가능한 발전의 구조를 확립하는 것도 필요합니다. 문재인 정부가 그린에너지와 신산업 분야에 각별한 관심을 쏟는 것 역시 바로 그 때문입니다.

물론 우리나라만 탄소 배출량을 감축한다고 쉽사리 해결될 문제는 아니며, 미국과 중국을 비롯한 선진국들이 모두 동참해야만 인류의 생존을 위협하는 기후위기를 조금이나마 늦출 수 있습니다. 하지만 우리나라가 솔선수범하여 기후변화에 적극 대응한다면 국제 사회의 새로운 흐름을 이끄는 선도국가로 나아갈 수 있고, 우리가 새로운 기준이 될 것입니다. 당장 우리나라부터 획기적인 탄소 배출량 감축을 이뤄내야 합니다. 만일 경제 성장과 기후위기 대응이 서로 충돌

한다면 성장을 일부 포기하면서라도 급진적인 배출 저감에 전력을 다해야 합니다. 현재 우리가 마주하고 있는 전례 없는 기후위기는 다름이 아니라 우리와 우리 후손들의 생존이 달린 문제이기 때문입니다."

Tag(31·경기) "기후위기는 하나만 보면 해결되지 않는다고 생각합니다. 거미줄처럼 엮여있는 다양한 연결고리를 찾아 함께 변화해야 합니다. 왜 요즘 기후위기를 이야기할 때 환경뿐만 아니라 주거, 젠더, 소수자 등의 주제가 함께 따라오는 것일까요? 여기에 집중해야 합니다. 함께 개선하고 보호되고, 규제되어야 하는 부분이 있기 때문입니다. 과학적 접근도 중요하지만 과학과 함께 따라오는 시민들의 주제에 눈을 돌리고 귀를 기울여야 합니다."

숲(34·서울) "가장 가까운 것부터 천천히 바꾸기 시작해야 합니다. 석탄 발전소와 대규모 태양광, 원전을 가동해서 얻은 전기로 전기차, 수소차의 비율을 늘리는 것은 본질적인 해결 방법이 아닙니다. 우리가 사는 도시의 모습을 보다 혁신적으로 바꾸는 일이 필요합니다. 지금은 자동차를 위한 도시라고 해도 무방할 만큼 도시에 자동차가 많습니다. 역설적이지만 지금보다 더 느리게, 더 천천히 돌아가는 도시로 바꾸는 것이 기후위기에 대응하는 방식이 아닐까 생각합니다.
　　구체적인 예시로 2000년대 초반 유럽에서 시작됐던 '비전 제로'에서 모델을 찾아볼 수 있을 것 같습니다. 도심에서 보행자 및 자전거 사망자를 0명으로 만들겠다는 목표를 담은 운동이었는데요. 특별히 오슬로에서는 차 없는 지역과 차 없는 거리를 제공하고 새로운 운전 패턴, 차 없는 지역을 할당하는 계획을 현실로 이루어냅니다. 자전거 도로를 늘리고, 기본 인프라를 늘려 도시에 사람들의 요구를 맨 위로, 개인 차를 맨 아래에 두는 방식으로 도시 계획 피라미드 혁신을 이뤄냅니다.

현실 불가능한 일일 수 있지만 자전거 도로를 더 늘리고 차 없는 지역구를 시범 운영하는 등 사람들을 위한 인프라를 추가하면서 교통량을 줄이고 사람 친화적인 도시를 만들어간다면 기후위기에 대응할 수 있다고 생각합니다."

청년B(28·대전) "현재 논의되고 있는 여러 쟁점들을 살펴보면, 첫째, 태양광, 풍력과 같은 재생에너지 중심의 전력공급체계와 그린수소와 같은 새로운 에너지를 적극 활용하는 것, 둘째, 수소에너지원 활용을 강화하고 이산화탄소 포집 및 개발하고 적용해 나아가고 자연 재활용을 통해 순환경제구조를 만들어가는 것, 셋째, 기존 건물의 녹색 건축 확산을 통해 건물 내 에너지효율을 높여가는 것, 넷째, 친환경 미래 차 중심으로 운송체계를 전환하며 차량과 아이티의 결합으로 지능형 교통 시스템을 구축해나가는 것, 다섯째, 교육 등을 통해 사회

인식을 바꾸고 탄소 중립을 위한 적극적인 노력을 하는 것 등입니다. 탄소중립을 위해 우리 정부가 할 수 있는 일은 정부가 하고 국민이 현실적으로 실천할 수 있는 정책을 내놓아 함께 노력하면 좋을 것 같습니다."

우왕(32·부산) "기후위기를 해결하기 위한 가장 빠른 방법은 기술발전이라고 생각합니다. 도심 내 하천으로 흘러나가는 생활하수를 막는 기술이나, 낙농업에서 발생하는 메탄가스나 오염물질을 관리하는 기술도 필요하겠지요. 너무 큰 단위의 정책 변화보단 관리 가능한 작은 단위의 오염부터 해결해나가는 것이 중요하다고 생각합니다. 그 모든 해결 방법의 힌트는 기업가 정신으로 도전하는 이들에게서부터 나오겠지요. 기업가가 아니더라도 시민 발명가 공모를 받는 것도 좋은 방법이겠습니다. 그렇게 시민 중심의 기술발전을 촉진하는 것이 저는 근본적인 해법이 된다고 보고, 동시에 실험을 촉진하기 위해선 실험에 따른 위험을 국가가 보증해주어야 한다고 생각합니다. 실험 비용을 지원하거나 혹은 실험한 결과가 규제에 막혀 데이터를 확보할 정도의 충분한 실험을 하지 못하는 경우가 없도록 직접 관리하며 위험을 조절하는 것이죠. 저는 환경개선과 기후위기 해결이 미래 산업의 중요한 먹거리가 될 것이라고 생각합니다. 이재명 님은 어떠신지요."

기후위기 극복을 위한 기후행동

저는 청년 여러분들이 기후위기에 이처럼 깊은 생각을 갖고 있는지 몰랐습니다. 특히 ve-eco 님과 박서준 님, 청년B 님의 답변에 깊이 공감합니다. 가까운 것부터 천천히 바꾸라는 숲 님의 의견에도 공감합니다. FUTURE KNF FARM-ER 님의 의견은 늘 새롭습니다. 기후위기를 해결하기 위해서는 기술 발전이 필요하다는 우왕 님의 의견도 좋습니다.

대선에 출마하는 정치인들 중에서 기후위기에 대한 구체적인 정책을 제시하지 않고 있다는 것은 우리가 기후위기의 경고를 그다지 심각하게 받아들이지 않고 있다는 증거이기도 합니다. 이산화탄소 총배출량과 개인당 배출량에서 세계 4위를 차지하는 대한민국의 기후위기에 대한 책임은 막중합니다. 저는 여러분과 함께 지혜를 모아 이 문제를 해결하고 싶습니다.

청년 여러분. 기후위기에 대해서는 여러분께 많이 배우겠습니다. 많은 도움 주기를 간절히 바랍니다. 유발 하라리는 『호모 데우스』에서 이렇게 경고했습니다.

"경제성장과 생태계 안정 중 하나를 선택해야만 하는 순간이 오면 정치인, CEO, 유권자들의 십중팔구가 성장을 선호한다. 21세기에도 이런 식이면 우리는 파국을 면치 못할 것이다."

여러분이라면, 무엇을 선택하시겠습니까?

소바 님의 질책과 Tag 님의 답변도 매우 중요합니다. 기후위기 하나의 문제가 아니라 모두 거미줄처럼 엮여있는 관계라는 지적, 깊이 공감합니다. 기후위기를 기후정의로 변화시켜야 합니다. 그러기 위해서는 탄소세 도입 등을 고민해야 합니다. 탄소세는 소비자에게 부과하는 세금이 아니라 기후위기를 만들어내는 생산자에게 부과되는 세금입니다.

저는 여러분과 함께 기후정의가 실현될
수 있도록 시원하게 하겠습니다.

여러분은 쓰레기 문제를
어떻게 생각하십니까?

———

지구에 살고 있는 모든 동식물 중에서 유독 인간만이 쓰레기
를 만들어냅니다. 저도 예외가 아닙니다. 코로나 대유행 이후에 배달
이 급증하면서 쓰레기 또한 급증하였습니다. 배달되는 다양한 음식
은 거의 대부분 플라스틱으로 만들어진 용기에 담겨있습니다. 플라
스틱 배출량도 어마어마해지고 있습니다. 과학칼럼리스트 이은희의

다음 글을 주목해야 합니다.

> "1997년 하와이에서 열린 요트 경기에 참여해 LA로 향해 가던 미국인 찰스 무어는 망망대해 북태평양의 한가운데에서 거대한 플라스틱 쓰레기 더미와 마주하게 된다. 일명 '플라스틱 아일랜드(plastic island)'의 발견이었다. 이후 이런 '섬'들은 추가로 발견돼, 현재 북태평양 지역의 거대한 쓰레기 밀집 지역은 적어도 세 군데에 달하는 것으로 알려졌다."
>
> _「머니투데이」, 2015. 5. 31

바다에 떠있는 플라스틱 쓰레기의 가장 큰 문제는 생태계 교란입니다. 알바트로스 아기새가 죽은 사진을 보았는데, 뱃속에는 플라스틱 쓰레기뿐이었습니다. 어미 알바트로스가 작은 플라스틱 조각을 먹이로 오인하여 새끼한테 먹인 것이지요. 문제는 마이크로플라스틱입니다. 분해되지는 않지만 긴 시간 햇빛에 노출되면 미세한 가루처럼 잘게 부서지게 되는데, 이 마이크로플라스틱을 바다 생물들이 플랑크톤으로 오인하여 먹는 것입니다. 이것이 먹이 생태계를 따라 상위 포식자들의 몸속에 저장되게 됩니다. 오래지 않아 해양 생태계는 미세플라스틱으로 인해 대혼란을 빚고 말 것입니다. 인간도 역시 생태계의 파멸에서 자유롭지 못할 것입니다.

또 다른 문제도 있습니다. 처리용량을 넘어서는 쓰레기 배출로 각 지자체마다 몸살을 앓고 있습니다. 서울의 쓰레기를 처리하기 위하여 인천에다 쓰레기 매립지를 마련하는 문제도 매우 심각한 사안 중의 하나입니다. 서울 어디에도 쓰레기 매립지를 마련하기는 매우 어렵습니다. 땅값의 문제보다 매립지를 만들 정도의 부지 자체가 없기 때문입니다.

청년 여러분, 플라스틱 쓰레기를 줄이는 방법과 수도권의 쓰레기 매립지를 마련하는 문제에 대해 귀중한 의견 주기를 부탁드립니다.

나에게 쓰레기 문제는······

소바(29·부산) "쓰레기 지역 자립. 에너지 지역 자립."

홍명근(36·경기) "우리나라 사람들 재활용 열심히 합니다. 잘하고 있다고 봅니다. 재활용 프로세스나 시스템을 잘 만들어서 핸드폰, 전지 등 산업에 재활용이 잘되면 좋겠습니다."

청년B(28·대전) "최근 사람들이 환경에 대해 관심이 높아지며 리사이클링 상품들이 많이 나오고 있지만, 다양한 연령대가 접하기에는 홍보가 부족하다고 생각합니다.

플라스틱 소비를 줄이는 것에 대하여 온라인으로 접할 수 있는 홍보뿐 아니라 다양한 실생활에서도 접할 수 있는 홍보를 통하여 남녀노소 할 것 없이 환경에 대해 경각심을 주어야 한다고 생각합니다. 분리수거 또한 중요한 과제인데, 요새 길거리를 돌아다니다보면 길가의 쓰레기통을 잘 찾아볼 수 없습니다. 무분별한 쓰레기 투기를 바라는 것이 아니라면 길가에 쓰레기통은 오히려 많이 설치되어야 한다고 생각합니다.

　　매립지를 만들 곳이 없다는 것에 대한 저의 생각은 물음표입니다. 지금도 거리를 돌아다닐 때 수도권, 지방 할 것 없이 새로운 건물을 올리는 것을 볼 수 있습니다. 많은 곳이 재개발되며 주인 없는 빈 건물들은 늘어갑니다. 빈 건물들은 올라오고 매립지의 부지는 부족하다? 이 간극을 줄이는 것에 대한 방법도 생각해볼 만한 문제라고 생각합니다."

김수연(27·서울) "저도 플라스틱 문제를 심각하게 걱정합니다. 오늘도 이것을 작성하기 위해서 별다방에 왔고, 매장 컵으로 달라고 분명히 말했지만 종업원의 실수로 일회용 컵에 받았습니다. 내가 노력하려 해도, 종업원의 실수로 또 플라스틱을 쓰고 말았습니다. 쓰레기를 줄이려는 노력에도 이러한 누군가의 실수들이 쌓여 또 많은 쓰레기가 만들어졌을 것 같습니다. 그래서 플라스틱은 아예 선택지에서 없애는 것이 맞다고 생각합니다.

　　플라스틱이 온전하게 없어지려면 200년 넘게 걸린다고 합니다. 일회용 플라스틱 컵은 길게는 20분, 갈증 나는 날에는 2분 만에 제 용도를 다하고 쓰레기가 됩니다. 다 쓰고 버리면 내 눈앞에서 없어졌을지 몰라도 200년 동안 지구에서 사라지지 않고 떠돌아다닐 것입니다. 플라스틱 없이도 살 수 있지만 선택지가 곁에 있는 한 편리함을 포기하기가 쉽지 않습니다. 그래서 선택지에서 빼버려야 한다고 생각합니다. 아니면 정말 산더미처럼 쌓인 플라스틱 쓰레기와 함께 살아야 합니다.

바다에 플라스틱 쓰레기 섬을 이야기하셨는데, 그것은 파도와 햇빛에 잘게 부서져서 미세플라스틱이 되고, 그것을 먹은 물고기가 우리 식탁 위로 올라오고 있습니다. 실제로 쓰레기 섬 부근에서 잡힌 물고기의 배 속에서 플라스틱 조각들이 발견되었습니다.

지구에는 인간만 사는 것이 아닙니다. 줄일 수 있는 플라스틱은 적극적으로 줄여나가야 한다고 생각합니다. 옛날에는 우유도 병으로 배달했고, 짜장면도 그릇을 찾아가는 방식이었습니다. 일회용품은 말 그대로 한번 쓰고 버려지는데, 우리나라는 '배달민족'이라, 하루만 해도 버려지는 일회용품 쓰레기의 양이 너무나도 많습니다. 소각하는 비용도 그렇고, 그 유해가스로 인해 기후위기에도 악영향을 끼친다고 생각합니다.

단순하게 생각해보면 플라스틱 공장을 친환경신소재로 재료만 바꾼다면 플라스틱 생산 공장에도 재산상 큰 피해를 입지 않고 계속해서 생산할 수 있지 않을까요. 한 줄의 제도가 인류의 먹거리, 기후위기, 쓰레기 문제를 해결해낼 수 있다고 생각합니다."

개복치(34·전남) "개인적으로 쓰레기 문제에 관심이 많아서 쓰레기 전문가의 강의와 다큐 등을 자주 봤는데, 그걸 토대로 이야기하면, 플라스틱으로 태어난 물질은 소각하기 전에는 지구상에 남아있기 때문에 애초에 플라스틱이 태어나지 않도록 하는 것이 중요하다고 합니다. 현재 우리나라 국민들은 분리배출을 아주 잘하고 있지만, 우리나라의 땅이 좁은 반면 쓰레기의 양이 너무 많기 때문에 분리배출을 잘하는 것만으로는 부족한 실정이라고 합니다. 그리고 기업에서는 친환경이라는 표현을 마케팅용으로 활용하는 경우가 대부분이기 때문에 법과 제도를 활용하여 기업에서 제품을 생산할 때 실제 쓰레기가 만들어지지 않도록 규제하거나 지원하는 정책이 필요할 것으로 생각합니다."

Tag(31·경기) "과감해야 합니다. 쓰레기를 생산하는 기업의 이윤이 줄어들고 경제에 타격이 있다면 그것을 받아들이고 기업이 변화하도록 강력하고 과감해야 합니다. 시민은 소비할 수밖에 없습니다. 생존을 위해서요. 그렇다면 그 소비 속에 들어있는 쓰레기들을 하나하나 뜯어보고 과감하게 접근해야 할 것입니다."

FUTURE KNF FARMER(33·전북) "편리하기에 배달을 막을 순 없겠지만, 다회용 그릇을 쓰면 어떨까요? 우리가 매일 쓰는 종이의 A4,

Legal 같이 정부 규격화된 회수용 음식 그릇을 제작, 운영해 각 지역의 거점에 설거지센터를 만들면 어떨까요? 그릇 재질은 식물성이나 버섯으로 만들어 어느 정도 시간이 지나면 생분해가 가능하고, 각 아파트나 오피스텔 등엔 재활용쓰레기 코너처럼 새 코너를 만들어 그릇 회수용 부스를 만들고, 식사가 끝난 시민들이 설거지를 해 반납하면 센터에서 수거하고 설거지 인력이 설거지를 하고 세척 후 살균 멸균 후 재사용할 수 있도록 말이죠. 요기요, 배민 등 배달앱들과 협업해 다회용 그릇 이용 업장에 수도요금이나 전기요금 할인 같은 인센티브를 줘 참여를 이끌고요. 설거지는 누구나 해봤고 특별한 교육 없이도 할 수 있는 업무라서 보건소에서 발급하는 위생증만 있다면 단기로 남녀노소 언제 어디서나 어느 때나 할 수 있는 아르바이트를 만들 수 있지 않을까요? 비용이 들겠지만 파괴된 생태계를 재건하는 것보다 지금의 인건비가 훨씬 싸지 않을까요?"

쓰레기와 매립지 문제 해결

―――――

플라스틱 문제와 쓰레기 문제에 대해 청년 여러분은 관심이 많군요. 참으로 다행입니다. 청년 여러분과 함께라면 쓰레기 문제도 충분히 해결할 수 있다는 자신감이 생깁니다. 질문에서도 인용했지만 과학칼럼리스트 이은희의 다음 글도 주목할 만합니다.

"모든 물건에는 사용 연한이 있기 마련이고, 제 역할을 다한 뒤에는 버려지는 것이 당연한 일이다. 문제는 플라스틱의 경우에는 제품으로써의 수명은 짧은 데 비해(심지어 제품 포장의 경우, 포장을 뜯는 순간부터 쓰레기가 된다!) 플라스틱이라는 성분 자체의 분해 주기는 반영구적일만큼 길다는 것이 문제다. 지구 역사에서 신출내기로 등장한 플라스틱은 지구의 분해자인 미생물들에게는 너무도 낯설어 이들을 분해시키는 능력을 지닌 분해자가 없는 탓이다. 자꾸만 쌓여가는 쓰레기 문제에서 골치 아픈 이들은 아주 손쉬운 해결책을 찾아낸다. 바로 아무도 모르는 곳, 아무도 살지 않는 곳인 바다에 버리는 것!"

_「머니투데이」, 2015. 5. 31

　　Tag 님의 과감하라는 의견에도 아주 많이 공감합니다. 쓰레기 문제는 탄소중립과도 관계가 있으며 소비 단계에서 쓰레기를 최소화하도록 노력해야 합니다. 코로나 대유행으로 음식을 배달시켜 먹는 경우가 많습니다. 그럴 때마다 플라스틱과 쓰레기가 엄청나게 만들어집니다. 이 문제를 시급하게 해결하지 않으면 안 됩니다.

　　쓰레기와 기후위기 문제는 우리나라의 문제를 넘어 지구와 인류의 문제입니다. 이 관점에서 접근해야 합니다. 우리나라가 선진국 대열에 들어선 만큼 책임도 커졌습니다. 물론 어떤 선진국은 전혀 책임을 지지 않고 있지만, 우리는 지구와 인류에 대해 책임감을 가져야 한다고 생각합니다. 그 책임을 어떻게 행동으로 옮길지, 어떤 형태로 쓰레기를 줄일지는 여러분과 함께 고민하겠습니다. 그리고 FUTURE KNF FARMER 님의 의견은 적극적으로 검토하고 실행되도록 노력하겠습니다. 소바 님의 쓰레기 지역 자립과 에너지 지역 자립은 정책으로 실행해야 되는 일입니다.

여러분은 탈원전을
어떻게 생각하십니까?

탈원전은 대한민국뿐만 아니라 전 세계적으로 매우 첨예한 이슈입니다. 탄소중립으로 가기 위해서는 화석연료 중심의 전기 생산을 중단해야만 하는데, 체르노빌과 후쿠시마 원자력발전소의 폭발사고의 위험성 또한 인류를 위협하기에 충분했습니다.

체르노빌과 후쿠시마 지역은 여전히 생태계가 복원되지 않고 있으며 다양한 유전자 변형 동식물들이 태어나고 있습니다. 기형아, 거대 지렁이, 귀 없는 토끼가 대표적이라고 할 수 있습니다. 우리나라의 경우 원전이 있는 영광에서도 무뇌아가 태어난 적이 있습니다. 원전의 폭발사고는 생태계를 다양한 돌연변이의 생태계로 만들 수도 있다는 증거이기도 합니다.

원전의 경우 폭발사고로 인한 대규모 인명살상과 생태계 파괴도 문제지만 폐기물 처리도 난제입니다. 폐기물 관리를 소홀히 하게 되면 폭발사고에 버금가는 생태계 혼란을 발생시킬 수도 있습니다. 방사능이 위험한 것은 모든 생명의 DNA를 교란시키는 데에 있다고 합니다. 폐기물 처리의 비용도 천문학적이라고 합니다.

탈원전과 원전의 문제는 단순히 찬성과 반대의 논리만으로 풀어갈 수 있는 문제는 아닌 것 같습니다. 기후위기에 대응하면서 건강한 생태계를 유지할 수 있는 대안 에너지가 무엇인지 진지하게 논의를 해야지, 찬반양론의 양자택일을 강요해서는 안 될 것이라고 저는 생각합니다.

청년 여러분. 여러분의 생각은 어떻습니까? 원자력 발전에 대한 여러분의 생각을 듣고자 합니다. 여러분의 생각을 듣고 새로운 논의를 진지하게 시작해야 할 시점에 와 있는 것 같습니다.

나에게 탈원전은……

홍명근(36·경기) "원전 터지면 끝장입니다. 지금 현실이 전기를 안 쓸 수 없으니 재생에너지를 늘려나가면서 순차적으로 바꾸는 장기적 관점이 필요합니다."

김수연(27·서울) "우리나라는 원자력발전소가 좁은 땅에 가장 밀집해있는 나라라고 합니다. 부산 기장에 위치한 고리1호기는 수명이 지나고도 10년을 더 가동시켰습니다. 세월호 사고만 봐도 우리나라는 사고 대처가 제대로 되지 않는 나라이고 안전 불감증으로 무장한 나라입니다.

　　노파심이라고 할지도 모르지만, 사고는 언제나 일어날 가능성이 있고, 만약에라도 일어난다면 수습할 능력이 없다는 것이 문제입니다. 방사능폐기물 처리장은 님비현상으로 지역에서 짓기도 힘들고 그나마 있는 방폐장도 고작 발전소에서 사용한 장갑, 옷 등 작은 도구 정도를 둘 수 있을 뿐이지 고방사능을 내뿜는 원재료 기둥이라든지 냉각수 등을 처리할 곳은 없고, 처리할 방법도 모른다고 합니다.

　　수명이 지나면 원자력발전소는 흉측한 그 모습 그대로 둘 수밖에 없을 것입니다. 땅덩어리도 좁은데, 다 쓰고 더는 손도 못 댈 흉측한 발전소만 계속해서 남길 것인지 의문입니다.

　　원자력발전소는 냉각수를 필요로 하는 등의 특성으로 해안가에 지어지는데, 이에 대해서 지역에서 이야기하는 것은 왜 서울에서 대부분의 에너지를 쓰면서 서울 부근에 짓지 않고 지역에 짓냐는 것입니다. 멀리서 전기를 생산함으로써 전기를 전달하기 위한 송전탑이 곳곳에 지어지고, 그로 인한 또 다른 피해를 입는 인근 주민들이 발생합니다. 안전문제이기도, 지역 차별적인 문제이기도 하다고 생각합니다.

　　원전이 밀집한 지역은 바로 인근에 부산, 울산이라는 대도시들이 위치해있고, 방사능 관련 사고가 발생하면 빠른 속도로 30km 이상 최대한 멀리 벗어나야 한다고 하는데, 워낙 많은 인구가 살고 있다 보니 그러지도 못할 것입니다.

　　그리고 원전 관련 카르텔이 형성되어 있어서, 안전사고에 있어서 쉬쉬하는 비리들도 있다고 합니다. 예전에 정지된 적이 있는데 보고하지 않았던 것이 밝혀지기도 했고요. 안전 문제와 관련된 것이고 특히나 방사능은 인체를 포함해 모든 자연물에 유해한 영향을 미치는 것으로서 잘 관리되어야 하지만 그러지 못하고 있는 것 같아서, 위험한 핵발전소는 지양했으면 좋겠습니다."

소바(29·부산) "찬반양론의 양자택일을 강요해서는 안 된다고요? 기후위기 대응 에너지인 것처럼 말 흐리지 마세요. 대한민국의 핵발 전과 폐기물 처리에는 엄청난 탄소가 소비됩니다. 하나도 경제적이 지 않고, 전혀 안전하지 않고, 탄소 절감이 된다는 논리는 눈 가리고 아웅입니다. 핵산업계의 비위에 맞추느라 어정쩡하게 한 발씩 걸치 고 있는 모양으로밖에 보이지 않습니다. 이재명 님이 대통령이 되면 탈원전을 제대로 실행하지 않겠군요."

성북구대학생(25·서울) "원자력 발전은 파리기후협약 이후 언급된 2050 탄소중립을 실현하기 위해서는 필요할 수밖에 없다고 생각하 고 있습니다. 2020년 기준 발전량 비중이 원자력이 29%, 화력발전이 35.6%, LNG 26%, 신재생 6.6%로 대부분이 원자력과 화력으로 이 루어져 있습니다. 탄소중립을 실현하고 발전량을 유지하기 위해서는 화력발전을 줄이고 신재생이나 LNG, 원자력의 비중을 늘려야 하는 상황입니다. 하지만 신재생에너지의 경우 현재 발전 효율이나 비용, 부지확보에 있어 어려움이 있고 이에 따른 전기료의 인상은 불가피 하다고 생각하고 있습니다. 우리나라의 원전인 APR 1400의 경우 미국으로부터 NRC 설계인증과 유럽으로부터 EUR 인증을 받아내고 UAE에 수출함으로써 세계적으로 기술력과 안전성을 인정받고 있습니다. 물론 원자력 발전보다 효율이 좋고 안전성이 높은 발전원이 나온다면 양보할 수 있어야 하지만 현재 우리나라의 국토면적이나 발전 효율을 고려하였을 때 현재로서는 원자력만 한 발전원이 없다고 생각하고 있습니다. 탈원전을 고집하기보다는 어떻게 하면 더 안전하게 발전하고 방사성 폐기물을 효과적으로 관리하고 처리할 수 있을까에 대한 고민이 필요하다고 저는 생각합니다."

원전 문제 해결

———

탈원전 관련 질문에는 세 분의 청년만 답을 해주었습니다. '재생에너지를 늘려가면서 순차적으로 바꾸는 장기적 관점'이 필요하다는 홍명근 님, 원자력발전소의 온갖 문제에 대해 잘 알고 있는 김수연 님, '고민이 더 필요하다'는 성북구대학생 님의 답변 잘 읽었습니다.

최근 미국에서는 '신재생' 에너지의 비중이 원전과 석탄을 넘었다는 기사를 읽었습니다. 코트라의 '에너지 전환 보고서'를 인용한 기사였습니다.

기사에 의하면 미국은 '신재생 에너지 비중을 빠른 속도로 확대하고 있다'고 합니다. '조바이든 정부의 대대적인 투자 발표와 각종 정책

지원으로 지난해 미국 내 재생에너지 발전 비중은 원자력과 석탄 발전을 넘어섰다'는 것입니다.

우리도 가능합니다. 탄소중립을 완성하고 생태계에 거대 혼란을 불러일으키는 방사능 유출과 방사능폐기물의 문제를 해결하는 것은 곧 지구와 인류의 문제이기 때문입니다.

미국의 '풍력발전은 전년 대비 85.1% 증가한 1만 6,913MW(메가와트), 태양광발전은 전년 대비 2배 이상 늘어난 1만 1,158MW로 나타났다. 미국 에너지정보청(EIA)에 따르면 미국의 풍력과 태양광발전을 포함한 재생에너지 발전 비중은 21%로 증가하며 원자력(19%), 석탄(19%)보다 높아졌다'고 합니다. 매우 고무적인 일입니다.

문제는 우리 사회 내부의 갈등입니다. 탈원전은 진보와 보수의 문제가 아닌데도 어떤 사람들은 고위 공직에 재직하면서 그 문제를 정치의 문제, 문재인 정부 반대의 문제로 끌고 나왔습니다. 지구와 인류를 생각하지 않고 정쟁의 문제로 둔갑시켜버렸습니다. 참 아쉬운 일입니다.

저는 탈원전 문제를 지구와 인류 그리고

생태계 전체의 측면에서 접근해야 한다고 생각
합니다. 에너지의 지역 자립을 위해 새로운 정책
도 내와야 합니다. 에너지의 지역 자립이야말로
탈원전의 대안이 될 것입니다. 여러분의 많은 도
움 기다리겠습니다.

여러분에게 안전한 일터는
무엇입니까?

———

　한 명의 청년 노동자가 사망할 때마다 슬픔이 목젖까지 차오릅니다. 10대의 어린 시절, 공장에서 보낸 날들이 아련하게 떠오르기도 합니다. 아연과 납이 몸에 튀고, 드르륵거리며 옷감 위를 달려가던 미싱 바늘이 저의 손을 지나갔던 순간들, 어떤 안전장치도 없던 프레스의 칼날······ 전태일이라는 이름을 몰랐던 순진했던 소년 노동자의, 눈물마저 말라버린 텅 빈 눈동자…….

- 평택항에서 청년 노동자 이선호 씨가 컨테이너에 깔려 사망
- 광주 폐기물처리업체에서 청년 노동자 김재순 작업 도중 파쇄기에 끼어 사망
- 익산 오리온 공장 청년 노동자 직장 내 괴롭힘으로 사망
- 태안 화력발전소에서 청년 노동자 김용균 사망
- 구의역에서 김군 사망

2021년 4월 15일에 나온 고용노동부의 보도자료에 의하면 2020년에 산재로 사망한 노동자의 숫자는 882명으로 2019년보다 29명이 증가했다고 합니다. 다시 한 번 가슴이 먹먹해집니다. '중대재해기업처벌법'이 제정되어 시행되고 있지만 아직도 많이 부족합니다.

청년 여러분. 저 역시 안전하지 못한 일터에서 일하다가 장애인이 된 사람입니다. '안전한 일터가 곧 행복'이라는 말도 있습니다. 여러분이 생각하는 안전한 일터란 무엇인가에 대해 답변 주시면 감사하겠습니다.

나에게 안전한 일터는……

김가양(24·서울) "안전한 일터란 바로 안전과 관련된 모든 사항이 매뉴얼화되어있고, 이 매뉴얼을 규칙화하여 규칙을 지키는 것이 당연시되는 곳이라고 생각합니다. 또한 모든 노동자들의 안전에 대한 책임은 고용주가 져야 하며, 고용주가 이에 대해 책임을 질 능력이 없을 경우에는 국가가 대신 점검해주고 개선해주어야 한다고 생각합니다."

홍명근(36·경기) "일터는 안전해야 합니다. 중대재해에 대해 반드시 기업에 책임을 묻고 5인 이하 기업에서 사고가 많이 난다고 하니 모든 분야로 확대해야 합니다. 5인 이하 기업에서 일하는 노동자는 장애인이 되어도 되나요?"

청년A(30·대전) "살기 위해 일을 나갔으나 죽어 돌아오는 일은 절대

없어야 한다고 생각합니다. 이는 단순히 사고를 넘어 돈과 사람 중 어느 쪽에 더 중요한 가치를 두는가에 관련된 문제라고 생각합니다. 노동자의 안전에 있어서는 양보할 수 없는, 돈으로 해결할 수 없는 강력한 법적 개입이 있어야 합니다. 대한민국은 이미 많은 노동자들의 희생을 겪었고, 이를 통해 충분히 산업 안전을 위한 규칙, 제도, 법 등이 마련되어왔다고 느껴집니다. 다만 그것들이 지켜지지 않아 안전하지 않은 노동 현장이 되어가는 것일 겁니다. '기본'을 지키고, '사람의 가치'를 인정하는 것이 안전한 일터를 위한 길이라고 생각합니다."

김수연(27·서울) "신체적·정신적으로 안전해야 안전한 일터라고 생각합니다. 우선은 절대적으로 신체가 안전할 수 있는 일터여야 합니다. 신체가 죽게 되면 정신도 없을 테니까요. 안전한 일터의 부재는 곧 안전한 국가의 부재입니다. 국가가 안전한 일터를 보장해줄 수 있어야 하는 이유라고 생각합니다. 내가 안전하게 살고 안전하게 일하지 못하는 국가라면 국가란 무슨 소용이 있는 걸까요.

국가는 개개인의 생존과 행복을 위해서 합쳐진 공동체입니다. 일하는 사람의 신체적·정신적 건강과 목숨은 각 회사의 몫으로만 볼 수 없습니다. 국가도 적어도 안전에 있어서만큼은 책임을 가지고 각 회사의 규정에 큰 영향을 끼칠 수 있어야 한다고 생각합니다."

26. 안전한 일터

Tag(31·경기) "사회는 살아남기 위해서 노동소득을 기본으로 하여 영위되어야 한다는 이야기를 많이 합니다. 그렇다면 이 노동소득은 생존과도 연결되어있다고 할 수 있을 것입니다. 노동을 할 수 있는 환경을 위해 정부는 과감한 관찰과 규제를 해야 합니다. 기업의 이윤이 침해받는다고 한다면 기업이 유지되기 위해 필요한 우선 조건이 소비자와 '노동자'라는 인식을 강하게 심어주어야 한다고 생각합니다. 지금은 그저 소비자만 바라보는 기업만이 살아남고, 법을 어겨도 살아남고 있습니다. 이런 상황에서 누가 노동소득을 통해 앞으로의 삶을 설계하고 싶을까요? 노동소득은 위험하고 인정해주는 것이 없으니 다른 소득이 무엇이 있나 살펴보는 것이 아닐까요?"

소바(29·부산) "다치거나 죽지 않고, 법적 보호를 받으며 노동의 대가를 받을 수 있어야 하고, 필요 이상의 육체적·정신적·부가적 노동을 강요하지 않아야 합니다. 위계에 의한 폭력을 포함한 모든 폭력과 차별이 없어야 합니다."

청년이 말하고 이재명이 시원하게 합니다!

안전한 일터

———

안전한 일터를 생각하면 무엇보다도 먼저 저의 굽은 팔이 생각납니다. 제게는 참 슬픈 팔입니다. '노동자의 안전에 대한 책임은 고용주가 져야 한다'는 김갸앙 님, '중대재해에 대한 책임을 5인 이하 사업체로 확대'해야 한다는 홍명근 님, '노동자의 안전에 있어서는 양보할 수 없는, 돈으로 해결할 수 없는 강력한 법적 개입이 있어야 한다'는 청년A 님, '안전한 일터의 부재는 곧 안전한 국가의 부재'라는 김수연 님, '노동을 할 수 있는 환경을 위해 정부는 과감한 관찰과 규제, 이를 위한 힘을 부여해야 한다'는 Tag 님, '위계에 의한 폭력을 포함한 모든 폭력과 차별이 없어야 한다'는 소바 님의 답변을 잘 읽었습니다.

요즘에는 공사 현장마다 〈안전은 생명이다〉라는 현수막이 걸려 있습니다. 문제는 현수막이 아니라 원청에서 하청, 하청에서 재하청, 재하청에서 재재하청으로 이어지는 계약관계입니다. 이렇게 계약이 많아지다보면 실제 일을 하는 업체에 이르러서는 정상적으로 일을 하기 어려운 예산만 손에 쥐게 됩니다. 중간에서 다 뜯어가고 뼈만 남은 꼴이 되는 것이지요. 안전 문제는 바로 이 지점에서 발생한다고 생각합니다. 그러기에 건설과 토목 현장은 물론이고 모든 산업현장에서 안전사고는 반드시 원청에 책임을 물어야 한다고 생각합니다.

저는 일터의 안전뿐만 아니라 일상의 안전까지도 국가가 세밀하게 관심을 가져야 한다고 생각합니다. '안전한 일터의 부재는 곧 안전한 국가의 부재입니다. 국가가 안전한 일터를 보장해줄 수 있어야 하는 이유라고 생각합니다. 내가 안전하게 살고 안전하게 일하지 못하는 국가라면 국가란 무슨 소용이 있는 걸까요. 국가는 개개인의 생존과 행복을 위해서 합쳐진 공동체입니다. 일하는 사람의 신체적·정신적 건강과 목숨은 각 회사의 몫으로만 볼 수 없습니다. 국가도 적어도 안전만큼은 책임을 가지고 각 회사의 규정에 큰 영향을 끼칠 수 있어야 한다고 생각'한다는 김수연 님의 답변처럼, 안전문제가 해결될 수 있도록 시원하게 하겠습니다.

온라인 공간과 소통에 대한
여러분의 생각을 들려주세요

온라인 공간은 참으로 다양합니다. 물건을 사고파는 등의 경제활동이 이루어지는 공간, 뉴스가 제공되는 공간, 다양한 정보가 제공되는 공간, 소통하는 공간, 게임하는 공간 등등 이루 말로 할 수 없이 다양합니다. 누구나 알고 있는 내용이지요. 최근에는 가짜뉴스의 진원지로 주목받고 있는 곳이 온라인 공간이기도 합니다.

청년이 말하고 이재명이 시원하게 합니다!

우리는 하루 삶의 많은 시간을 온라인 공간에서 소비하고 있습니다. 온라인 소비를 소통으로 느끼면서 말이죠. 저 역시 페이스북 등에 계정을 만들어 하루에도 몇 차례씩 소위 포스팅을 합니다. 소통이라고 하지만 일방적으로 저의 의견이나 주장을 게시하는 것입니다. '좋아요'가 많으면 공유가 되었다고, 공감대를 형성했다고, 소통이 잘 이루어졌다고 흐뭇해합니다. 그러나 과연 소통이 된 걸까요? 혹시 일방적인 홍보는 아닌지 가끔 생각해봅니다. 정치인의 한계이기도 한 것이지요. 저도 SNS의 편향성에 빠질 가능성이 많습니다. 이점을 알기 때문에 매우 조심하고 있습니다. 제가 정확하게 판을 못읽으면 결국 제 손해이기 때문에 저에 대해 반대하는 커뮤니티도 많이 들어가서 글들을 읽어봅니다.

여러분은 온라인에서 악플 등 차별을 경험한 적 있습니까? 가짜뉴스에 대해서는 어떻게 생각하시나요? 온라인 공간 소통에 대한 재미있는 답을 기다립니다.

27. 온라인공간과 소통

나에게 온라인공간/소통은……

홍명근(36·경기) "정론이 살면 가짜뉴스는 사라질 거라고 봅니다. 저널리즘에 대한 교육과 가짜뉴스에 대한 엄정한 법적대응 등 투 트랙으로 단·장기 대책이 필요하다고 봅니다."

소바(29·부산) "가짜뉴스와 사이버 렉카를 규제할 수 있는 법이 있어야 한다고 생각합니다."

김수연(27·서울) "인터넷 뉴스를 보다보면 공감하거나 문제가 있다고 생각이 드는 것에 대해서는 댓글을 답니다. 누군가 제 댓글에 욕을 적어놓으면 클린봇에게 신고하고요. 인터넷 댓글을 보다보면 재밌기도 하고 공감하기도 하지만, 워낙 밑도 끝도 없이 종북, 빨갱이 등 정해진 단어를 쓰는 알바 같은 댓글이 많으셔서 별로 안 보게 되는 것 같습니다.

그런데 쓰고 보니 이것이 무관심하게 만드는 것에 걸려든 것일 수도 있겠네요. 앞으론 종종 확인해보고 그런 댓글은 클린봇에게 신고하는 방향으로 관심을 놓치지 말아야겠습니다."

GW(32·대전) "사람들은 스마트폰과 인터넷 사용이 익숙해지면서 수많은 정보를 얻으며 살아갑니다. 저도 마찬가지로 SNS를 습관적으로 열어보고, 한번 시작하면 1시간 이상은 훌쩍 지나버립니다. 그 사이에 정치 기사, 의학 정보, 주식 정보 등 다양한 정보를 접하며, 그 정보를 다른 사람에게 공유하기도 합니다. 과연 이 가운데 신뢰할 수 있는 정보는 얼마나 될까요? 사람들의 관심을 끌기 위한 제목으로 클릭 수를 늘리고, 막상 내용은 제목과 관련이 없는 경우도 있습니다. 또한 누군가를 비난하고 조롱하는 글들, 자극적인 사진들이 온라인 공간에서 아무렇지 않게 공유되고 있습니다. 내용이 사실인지 아닌지도 모른 채 그 말을 믿고 같은 생각을 하게 만드는 가짜뉴스는 빠른 속도로 퍼져나갑니다. 이제 이 사회에서 무엇을 보고 들으며 무엇을 믿어야 하는지 의구심이 듭니다. 가짜뉴스에 대한 규제 강화와 사회의 신뢰가 무너지지 않도록 하는 방안이 만들어져야 합니다."

성북구대학생(25·서울) "스마트폰과 컴퓨터의 보급과 코로나 사태 발생 이후로 온라인 수업, 미팅 등을 통해 온라인 공간이 급격하게 많이 발전해온 것 같습니다. 저는 유명 인플루언서는 아니기 때문에 악플이나 차별을 경험해본 적은 없지만 익명성이라는 가면 뒤에서 누군가를 비난하고 이 때문에 극단적인 선택을 하는 경우도 간혹 발생합니다. 또한 코로나 사태 때 가짜뉴스들로 인해서 국민들의 불안감을 조성했던 기억이 있습니다. '자유에는 책임이 따른다'라는 말이 있듯이 표현의 자유에도 다른 사람의 권리를 침해한 책임이 뒤따라야 한다고 생각하고, 이러한 문제를 해결하기 위해 법 또는 제도적 장치들이 마련되어야 한다고 생각합니다."

박희선(31·서울) "예전에는 온라인 공간이 게시판, 유튜브 같은 영상처럼 정보와 의견을 주고받는 매체였는데 요즘은 정말 '공간'으로 기능하는 것 같습니다. 코로나19 이후 선택이 아닌 필수로 사용하는 화상회의 플랫폼, 요새 핫하게 뜨고 있는 메타버스처럼요.

　　온라인과 관련된 문제에서 늘 짝꿍처럼 붙어 다니는 게 '익명성'입니다. 왠지 부정적인 느낌이 드는데 과연 익명성이 나쁘기만 할까요. 저는 직업상 청년들과 커뮤니티를 조직하거나 네트워크 활동을 할 때가 많은데 코로나19 이후에는 대부분의 활동들이 온라인으로 전환되었어요. 이때 눈에 띄는 2가지 사실을 발견했습니다.

　　1) 온라인은 절대로 오프라인을 온전히 대신하지 못한다.

　　2) 온라인의 익명성은 누군가에게 자신을 시키는 수단이기도

하다.

　1번은 대체로 이해가 가실 거예요. 아무리 온라인으로 재밌는 프로그램을 기획하고 소위 말하는 신박한 아이템을 꾸려도 대면 공간에서 만나 몇 마디 나누는 것만큼의 효과를 내기는 어렵죠. 그저 서로를 놓지 않는 최소한의 수단인 겁니다.

　그런데 2번은 저도 신기하게 생각하는 점이에요. ZOOM 프로그램으로 원데이클래스를 진행하는데, 활동 내내 카메라와 마이크도 켜지 않은 참여자가 있었어요. '저 사람은 수업을 안 듣나보다.' 생각했는데 알고 보니 그게 아니었어요. 대인기피증이 심해서 남들과 함께하고 싶어도 겁이 나서 집에만 있었는데 온라인으로 하는 거면 얼굴을 보여주지 않아도 되고 누군가가 갑작스레 말을 걸었을 때 내가 안전하다고 느낄 때까지 검은 화면 뒤에 숨을 수도 있으니 괜찮겠다 싶었대요. 악플과 가짜뉴스처럼 '불통'과 '난장'의 아이콘이었던 온라인 공간이 진짜로 소통의 수단이 되기도 하는 겁니다.

　그렇기에 누군가에게는 유일할 수 있는 교류의 기회를 박탈하는 일들(익명성이라는 편리함에 숨어 타인을 배척하는 행동들)은 더욱 엄중히 처벌되어야 한다고 생각합니다."

디지털 너머의 아날로그를
배려하는 정치

———

온라인 공간과 소통에 대한 질문에 대해 답변이 많지 않네요. '정론이 살면 가짜뉴스는 사라질 거'라는 홍명근 님, 댓글의 문제점을 지적해준 김수연 님, '이제 이 사회에서 무엇을 보고 들으며 무엇을 믿어야 하는지 의구심이 들고 가짜뉴스에 대한 규제 강화와 사회의 신뢰가 무너지지 않도록 하는 방안이 만들어져야 한다'는 GW 님, '표현의 자유에도 책임이 따른다'는 성북구대학생 님, '익명성에 숨어 타인을 배척하는 행동을 더욱 엄중히 처벌해야 한다'는 박희선 님의 답변 잘 읽었습니다. 소바 님도 감사합니다.

가짜뉴스는 우리나라뿐만 아니라 전 세계

의 문제이기도 합니다. 게다가 우리의 경우는 소위 언론까지 가짜뉴스를 취급하고 있습니다. 언론의 가짜뉴스와 명예훼손으로 인한 징벌적 배상이 너무 미미하다보니 가짜뉴스와 언론의 황색보도가 '자유'라는 이름으로 횡행하고 있습니다. 징벌적 배상이 더욱더 강화되어야 비로소 언론의 자유도 보장받을 수 있다고 생각합니다. 그런데 징벌적 배상 조항이 독소조항이라는 의견도 많습니다. 그러나 가짜뉴스와 편향된 편집으로 인한 객관적 사실의 심한 왜곡 등은 반드시 시정되어야 합니다.

온라인 소통 공간 중에서 일방향 소통 공간으로는 유튜브, 페이스북, 트위터 등이 있고 쌍방향 소통 공간으로는 카카오톡이나 텔레그램 등이 있습니다. 일방향 소통 공간은 사진이나 동영상, 텍스트 등 다양한 콘텐츠를 올려놓고 친구들이나 대중의 반응을 소비하는 방식으로 존재합니다. 일종의 배설적 소비 공간인데, 조회수가 많거나 구독자 수가 많으면 수입도 많아지는 돈벌이 공간으로 대표적인 곳이 유튜브입니다. 그래서 그런지 유튜브는 가짜뉴스 공장이며 동시에 가짜 콘텐츠 공장이 되고 말았습니다. 이것이 유튜브의 부정적인 측면입니다. 긍정적인 측면에 대해서는 너무 많아서 굳이 말하지 않겠습니다.

그리고 온라인 공간 저 너머의 일도 언급하고 싶습니다. 온라인 공간은 디지털 가상세계의 공간이지만 그것을 구축하는 것은 오프라인의 현실세계입니다. 프로그래머 등을 비롯한 다양한 노동자들이 직접 아날로그 방식으로 극심한 노동을 해야 그 공간이 구축되는 것입니다. 저는 그래서 아날로그 노동 없이 디지털 세계는 존재할 수 없다고 생각하고 있습니다. 우리가 온라인몰에서 물건을 사는 행위는 단순합니다. 구입할 물건을 검색한 뒤 해당하는 온라인몰에 들어가서 몇 번의 클릭으로 구매와 결제를 하면 끝입니다. 물건은 배달업체에서 아날로그 방식으로 배달하게 됩니다. 디지털 세계가 아무리 발전한다고 하더라도 저절로 되는 것은 아닙니다. 다시 강조하지만 아날로그 노동이 없으면 존재 자체가 불가능합니다. 온라인 공간이 발전할수록 우리가 아날로그 노동에 주목해야 하는 이유이기도 합니다. 그런 점에서 아날로그 노동에 대한 존중과 안전한 일터 만들기에 더욱더 많은 노력을 기울여야 하겠습니다.

여러분은 장애인 차별 문제에 대해
어떻게 생각하십니까?

저는 장애인입니다. 자랑도 아니지만 부끄러워할 일도 아닙니다. 저는 장애인으로 태어나지 않았지만 후천적으로 팔을 다쳐 장애인이 되었습니다. 다행히 심한 장애는 아니라서 군대에는 못 갔지만 생활에 큰 불편은 없습니다.

한 TV 프로그램을 본 적이 있습니다. 프랑스에서 실험한 결과인데, 엄마가 아기와 함께 TV를 시청하고 있었습니다. 아기는 겨우 두어 살 정도 된 것 같았습니다. 화면에 중증장애인이 등장하면 엄마는 자신도 모르게 아기의 눈을 가렸습니다. 저는 이 장면을 보고 충격을 받았습니다. 아기에게 차별을 가르친 것은 그 누구도 아닌 바로 엄마였습니다. 아기는 자라서 장애인을 차별하게 되겠지요.

선천적이든 후천적이든 장애를 갖게 되는 것은 장애인 본인의 뜻이 아닙니다. 하지만 대개의 장애인들은 이동이나 활동 그리고 학습과 인지에서 다양하게 제약을 받습니다. 비장애인들은 활동에 어려움을 갖는 장애인의 세밀한 고통을 잘 모릅니다. 잘 모르기 때문에 외면하는 것이 아닌가 생각합니다.

청년 여러분. 장애인에 대한 인권적 차원에서 차별금지는 너무나 당연한 일이라고 저는 생각합니다. 차별을 넘어 함께 살아가는 세상을 위해서 우리는 무엇을 해야 할까요? 어떻게 해야 장애인들의 삶의 질을 높일 수 있을까요? 장애인 정책을 어떻게 수립해야 좋을지 여러분의 고귀한 답변 기다립니다.

28. 장애인 차별

나에게 장애인 차별 문제는……

──────────

소바(29·부산) "탈시설 정책 잘 진행했으면 좋겠고 활동지원사 바우처를 대폭 확대하기를 바랍니다."

홍서윤(35·서울) "이에 대해 할 말이 많습니다. 3박 4일 정도 하고 싶을 정도입니다. 지금 우리나라의 장애인 정책은 '복지정책' 외에 준비된 것이 없습니다. 노동·문화·교육정책에서 장애와 관련된 정책이 있지만, 장애인과 관련한 것은 각 부처 안에서 비주류 정책에 불과합니다.

1980년대 대한민국의 장애 운동이 시작되고 2021년까지 우리나라의 장애 관련 정책은 비약적으로 발전했습니다. 하지만 사람들의 인식은 발전하지 않았죠. 여전히 분리정책으로 장애인을 다뤄와서 더 그렇습니다. 장애인은 따로, 모든 것이 장애인 전용으로 되어 있습니다.

대한민국의 장애인 정책은 '복지정책'이 아닌 보편적인 '사회보장정책'으로 변모해야 합니다. 장애인권리보장법이 제정되고 대통령 직속이나 총리실 직속의 장애인정책위원회가 설치되어야 합니다. 모든 부처마다 장애인 정책이 어떻게 시행되고 있는지를 검토하고 발전시켜야 합니다.

　　초고령화 사회라고 말만 하면 안 됩니다. 등록 장애인의 50%가 65세 이상 노인입니다. 장애인과 노인의 경계마저 모호해지고 있어 아동, 청소년, 청년 장애인들에게는 기회가 열리지도 않습니다. 중증장애인에 대한 처우는 점점 더 열악해져만 갑니다. 장애인에게 편리한 사회는 모두에게 편리합니다. 즉, 건축물이나 환경만 유니버설디자인으로 적용되는 것이 아니라, 정책 전반이 유니버설디자인이 되어야 합니다. 정책이, 제도가 장애와 비장애인을 구분하지 않아야 사람들이 어울려 살게 됩니다. 그래야만 내 주변 이웃과 가족과 친척이 장애가 있더라도 어우러지기 때문에 장애에 대한 인식이 더욱 좋아지게 되며, 때로는 내 이웃과 동료를 위해 변화할 수 있는 겁니다.

　　장애와 관련해서는 딱 하나만 기억하면 됩니다. 대한민국의 제도와 정책, 환경과 인프라 등 대부분의 기준선이 '장애인'에게 맞추어진다면, 자연스럽게 모든 국민에게 유익해진다는 것을요."

유두선(34·서울) "저는 휠체어 장애인입니다. 저는 타인과 식사 약속

　　　　　　　　　　　　28. 장애인 차별

을 정할 때 메뉴부터 고르지 않습니다. 식당 입구의 계단 유무와 턱의 높이를 먼저 고려합니다. 휠체어가 접근하기에 용이한지를 조사하는 것이지요. 우리나라 식당이나 카페 중 제가 들어갈 수 있는 곳은 주로 대형 쇼핑몰 안에 있는 점포들뿐입니다. 나머지는 턱이 있거나 계단이 있는 점포가 다수입니다.

보건복지부는 지난달 7일, 장애인·노인·임산부 등의 편의증진 보장에 관한 법률(아래 장애인등편의법) 시행령 일부 개정안을 7월 19일까지 입법예고했습니다. 장애인 편의시설 의무설치 면적 기준이 300m²(약 90평) 이상에서 50m²(약 15평) 이상으로 변경된 게 이번 개정안의 골자죠. 하지만 완화된 면적 기준도 법이 시행되는 내년부터 신축, 개축, 증축된 시설에만 적용되기 때문에 현재 존재하는 대부분의 점포에는 사실상 해당되지 않습니다.

저는 장애인이지만 신체 손상이 장애라고 생각하지 않습니다. 저의 이동을 가로막는 계단이나 턱으로 인해 장애가 생긴다고 생각합니다. 국가도 장애에 대해 개인적 관점이 아닌 사회적 관점에서 고민하고 정책이 만들어졌으면 좋겠습니다."

홍명근(36·경기) "장애인 시설을 보고 혐오시설이라며 손가락질하는 사람들에게 무릎을 끓고 있던 장애우 어머니들이 생각납니다. 중증장애인 시설을 늘리고 우리 동네에 지어도 된다고 생각하는 사람들도 많다고 생각합니다. 저는 그렇거든요. 그곳에서 일할 사람도 많다고 생각하니, 적극적으로 정책 수립을 해야 한다고 생각합니다."

청년B(28·대전) "장애인에 대한 인식과 정책들이 개선되고 있기는 하나 실생활에서 이러한 개선점들은 미비하게 느껴집니다. 장애인 체험을 한 적이 있습니다. 휠체어를 써 도로를 이동하는 체험이었는데, 정말 힘들었던 기억이 납니다. 작은 경사도, 고르지 못한 길의 상태도 모든 것이 장애물이었습니다. 이것을 개선하기 위해 나온 전동 휠체어도 현재 사용하시는 분들을 보면 인도가 아닌 도로를 주로 이용합니다. 인식도 개선되어야 할 상황이지만 실생활에서의 불편함을 없앨 수 있는 시설들이 빠르게 개선되어야 될 것 같습니다."

김수연(27·서울) "참여, 이동, 교육 등 모든 정책에 장애인을 고려해야 합니다. 장애인을 고려하는 정책들이 결과적으로는 비장애인에게도 더욱 편리해지는 것입니다. 그리고 장애인도 국민이기에 당연히 고려해야 하는 것이 맞는데 선택사항으로 생각하는 것은 잘못된 것이라고 생각합니다.

마서드 비니어즈 섬에서는 수어를 모르면 소통할 수 없다고 합니다. 장애인이 장애를 가지고 있어서 소통이 안 되는 것이 아니라 우리가 소통할 수 있는 노력을 하지 않았다는 생각도 들었습니다. 장

28. 장애인 차별

애인을 생각하지 않고 만드는 것들은 다 그들을 배제하겠다는 속내가 들어있다고 생각합니다.

어떤 외국인이 한국에 와서 놀랐다고 합니다. 장애인들이 너무 보이지 않아서요. 선진국일수록 밖에서 장애인을 많이 볼 수 있다고 합니다. 장애인도 함께할 수 있으려면 새로 시작하는 모든 것, 그리고 기존에 있던 것들에 대해서도 장애인이 함께할 수 있도록 고안하는 것이 필요할 듯합니다."

박서준(19·대구) "일전에 제가 비장애인으로서 가지고 있는 특권에 대해 알아차리고는 깜짝 놀란 적이 있습니다. 김지혜 교수의 『선량한 차별주의자』라는 책에서는 시외버스를 이용할 수 있는 것 역시 하나의 특권이라고 설명합니다. 시외버스의 탑승 입구는 계단으로 되어 있기 때문에, 휠체어를 이용하시는 장애인 분들께서는 탑승 자체가 불가능하다는 것입니다. 이처럼 철저히 비장애인 중심으로 설계된 우리 사회에서 장애인들은 일상 속의 수많은 불편과 제약을 겪으며, 비장애인들과의 차이점 때문에 분리와 배제를 경험하기도 합니다.

오늘날 장애인들의 평등한 권리는 '장애인차별금지법'을 통해 보호받고 있습니다. 하지만 장애인 차별에 대한 문제는 단순히 장애인 정책에만 국한하여 볼 문제는 아닙니다. 우리 사회에는 장애인을 비롯한 여러 사회적 소수자들이 차이를 이유로 차별을 경험합니다.

이렇듯 장애인에 대한 차별금지는 대한민국 국민으로서 모두가 가지는 평등한 기본권에 관한 문제이기도 하며, 바로 이것이 국회에서 여러 차례 논의되었지만 아직까지 통과되지 못한 '포괄적 차별금지법'이 필요한 이유입니다. 이재명 님께서도 원칙적으로 찬성한다는 의사를 밝히셨지요.

민주당에서 차별금지법을 발의하신 이상민 의원님께서는 휠체어를 타면 1cm 높이의 벽이 에베레스트산처럼 느껴진다며, 그런 불편함을 없애자는 것이 법안의 취지라고 말씀하셨습니다. 이처럼 장애인 인권과 차별금지법은 결코 따로 떼어놓고 생각할 수 있는 것이 아닙니다. 장애로 인한 차별의 아픔을 누구보다도 잘 이해하고 계실 이재명 님께서도, 지금보다 더 적극적으로 차별금지법 제정에 대한 지지를 보내주십시오. 어떠한 다양성도 배제되지 않고, 누구도 부당한 차별로 고통받지 않는 사회에서 모든 사람은 한층 더 존엄해지기 마련입니다."

Tag(31·경기) "어디든 장애인이 존재해야 합니다. 그리고 존재한다는 것을 시민은 인지해야 합니다. 장애인은 장애라는 이유로 한정된 영역에서만 활동할 수 있도록 제약되어왔으며, 그곳에서만 아주 약한 보호를 받아가며 삶을 살아갈 수 있습니다. 우리가 보지 못하면 의미 없습니다. 우리는 장애인이든 누구든 함께 살아가는 사회이며, 그 사회의 틀을 만드는 것이 정부입니다. 위에서 할당제 이야기를 했습니다. 장애인 할당제는 장애인에 대한 기울어짐이 어디서, 어떻게, 왜 시작되었는지부터 시작해야 합니다. 장애인과 비장애인 모두 시민이고 한 인격의 존재입니다. 모두가 이동의 제약을 가지지 않고 이동할 권리를 가져야 하며, 안전하게 살 수 있음을 보장받아야 하며, 행복한 삶을 영위할 수 있는 노동의 환경과 소득이 보장되어야 할 것입니다."

어디든 장애인이 있는 사회

와우!!!

청년 여러분들이 장애의 문제에 이토록 뜨거운 관심이 있는 줄 몰랐습니다. 장애인 정책이 '복지정책'이 아닌 보편적인 '사회보장 정책'으로 변모해야 한다는 홍서윤 님, '장애인이지만 신체 손상이 장애라고 생각하지 않고. 오히려 이동을 가로막는 계단이나 턱으로 인해 장애가 생긴다고 생각. 장애를 정의하는 개념이 개인적 관점이 아닌 사회적 관점에서 고민하고 그에 맞는 정책이 만들어졌으면 좋겠다'는 유두선 님, '장애인 시설이 더 필요하다'는 홍명근 님, '실생활에서 개선해야 할 것이 많다'는 청년B 님, '참여, 이동, 교육 등 모든 정책에 장애인을 고려하는 것'이라는 김수연 님, '장애인 인권과 차별금지법은 결코 따로 떼어놓고 생각할 수 있는 것이 아니'라는 박서준 님, '어디든 장애인이 존재해야 하며 인지해야 한다'는 Tag 님, '활동지원사 바우처 확대'를 말씀하신 소바 님의 답변 잘 읽었습니다. 깊이 있는 대답을 준 여러분께 깊은 감사를 드립니다.

"내 모어는 수화다. 아기 때부터 엄마와 수화로 대화를 나눴고 수화로 세상을 배웠다. 입술의 모양과 손짓과 눈빛으로 대화하는 것은 아름답다. 뜨개질하듯이 손으로 말을 엮는 게 좋고, 서로의 눈과 입술을 보며 집중하는 게 좋다. 그 순간엔 세상에 단 둘이 있는 느낌이다. …… 실제로 나는 손안에 투명한 새 한 마리를 기르는 느낌으로 수화를 하며 걸어다닌다. 새를 쓰다듬듯이."
_정은, 『산책을 듣는 시간』

청각장애인이 주인공인 소설인데 아름답기 그지없는, 손을 간지럽히는 바람이나 물결 같은 느낌을 주는 좋은 소설입니다. 소설은 아름답지만 실제로는 어떨까요?

장애인 복지와 관련해서 할 일이 참으로 많습니다. 청년 여러분과 함께, 실제로 장애를 겪고 있는 당사자들과 함께 장애인 차별금지와 복지를 위해 한 발 더 뛰겠습니다.

29. 가족

여러분에게 가족은 무엇입니까?

지난해, 일본 출신의 방송인 사유리 씨가 출산 소식을 알리면서 한동안 '비혼모'에 대한 이슈가 인터넷을 뜨겁게 달궜습니다. 한국에서는 비혼 여성이 정자를 기증받는 게 불가능해 일본으로 건너가 임신과 출산을 했다는 사실이 알려지면서 제도 개선을 위한 논의도 한창 활기를 띠었죠. 미혼이 아닌 비혼 여성이 자녀와 함께 가족을 꾸리는 모습을 보면서 우리 사회도 한층 더 다양한 형태의 가족을 상상해보는 계기가 된 것 같습니다.

　　최근 들어 '정상 가족 이데올로기'라는 말이 심심찮게 등장합니다. 사실 저는 '정상 가족'이라는 개념이 이데올로기까지 된다는 게 잘 이해가 되지 않는 기성세대인데요. 저와 비슷한 시대를 겪어온 분들 또한 요즘 청년세대들이 이야기하는 '비혼'을 잘 이해하지 못하거나 또는 단편적으로만 바라볼 수 있다는 생각이 듭니다. 예를 들어 기성세대는 청년세대에서 결혼을 선택하지 않는 비율이 매년 늘어나는 추세를 보며, '청년 실업', 'N포 세대' 등 경제적인 이유와 직결되어 있을 것으로 예상하기가 쉬운데요. 인구보건복지협회가 2020년에 미혼 남녀 1,000명을 대상으로 조사한 자료를 살펴보면, 청년세대의 비혼률을 단순히 경제적인 이유와 연결해서만 바라보면 안 되겠다는 생각이 듭니다. 결혼에 부정적이었던 18.8%의 남성 중 51.1%가 '현실적으로 결혼 조건을 맞추기 어려울 것이라고 생각해서'라고 응답했던 반면, 마찬가지로 결혼에 부정적이었던 30%의 여성 중 25.3%는 '혼자 사는 게 더 행복할 것 같아서', 24.7%는 '가부장제, 양성 불평등 등의 문화 때문에'라고 응답했습니다.(시사인 보도)

　　또한 결혼정보회사 듀오가 미혼남녀 1,000명을 대상으로 조사한 '2021 혼인 이혼 인식 보고서'에 따르면 결혼을 반드시 해야 한다고 생각하는 사람은 18.4%(남 25.8%, 여 11%)였던 데 비해, 비혼에 대한 긍정적 인식은 56.7%(남 37%, 여 79.7%)로 높게 나타났습니다. 사실혼 법제화에 대한 요구(52.2%)와 더불어 혼전 계약서(24.2%), 동성 결혼(14.6%), 졸혼(8.7%) 등의 가족 제도를 마련해야 한다는 목소리도 있었는데요. 가족에 대한 상이 변화함에 따라 우리 사회는 어떠한 제도적 준비를 해야 할지 고민이 앞서기도 합니다.

청년 여러분들은 '가족'을 어떻게 정의하시나요? 여러분들이 상상하고 추구하는 '가족 관계'란 무엇인지 들려주세요. 또한 시대가 변화함에 따라 가족에 대한 어떠한 정책들이 마련되면 좋을지 의견을 주시면 감사하겠습니다.

나에게 가족은……

이설아(27·경기) "가족의 형태라는 주제어를 보고 반가웠습니다. 저 또한 이 주제에 대해 고민하고, 헌법소원이라는 다소 독특한 방법까지 선택했기 때문입니다. 제가 기존 가족의 형태에 반기를 든 것은 민법 36조 1항, '자는 부의 성을 따른다'는 '부성 우선주의 원칙'입니다. 우리나라는 아버지의 성을 따르는 것을 '디폴트'로 하고 있습니다. 어머니 성을 따를 수는 있지만, 그것도 혼인신고 당시에만 별도의 '합의서'를 제출해야 가능합니다. 이러한 절차를 거치지 않았다면 아이를 낳았을 때 자식이 어머니의 성을 따르는 것은 부부가 이혼하고 재결합하지 않는 이상 불가능합니다.

이런 부당한 현실에 저희 부부는 헌법소원을 제출했습니다. 주변 반응은 다양했습니다. 꼭 필요한 일이었으니 잘됐다는 분부터 굳이 할 필요가 있냐는 분까지. 가장 가슴이 뭉클했던 것은 한 미혼모 분의 쪽지였습니다. '자식이 엄마 성을 따르면 이상한 눈으로 쳐다보는 사회가 조금이나마 바뀌었으면 좋겠습니다'라는 내용이었습니다. 말 그대로 엄마 성을 따르면 '독특한' 것이 아닌, 자녀가 엄마 성이든 아빠 성이든 자유롭게 선택해서 눈총 받지 않는 사회가 됐으면 한다는 바람이셨겠죠.

제가 생각했을 때 가족의 형태는 있는 그대로를 인정해주는 것이 제일이지 않나 생각합니다. 엄마 성을 따르고 싶은, 따르는 가정이 있으면 따르게 해주면 됩니다. 동거가족이 있으면 법적으로 동거를 보장해주면 됩니다. 동성가족도 마찬가지입니다. 이미 있는 존재들을 지우지 않았으면 좋겠습니다."

소바(29·부산) "차별금지법 제정. 생활동반자제도 마련."

홍명근(36·경기) "어떤 가족 형태든 혐오가 넘치는 세상에서 혐오 없이 사랑하면 좋은 거 아닐까요? 자기들이 좋다는데 큰 가족의 범위에서 서로의 다른 모습을 포괄시켜서 법 적용을 하는 게 좋다고 생각합니다."

청년A(30·대전) "저는 결혼과 혈연으로 이루어진 전통적인 모습을 표현적으로 '가족'이라고 생각합니다. 하지만 전통적인 가족의 형태가 아닐지라도 보다 끈끈한 연대와 사랑을 가진 공동체가 있습니다.

이러한 형태를 가족으로 포함하려는 시도는 사회적 혼란과 보수적인 사람들에 의해 반발을 마주할 가능성이 높고 현재까지 그래왔습니다. 따라서 '가족'이라는 단어에 매이기보다는, 새로운 형태의 공동체를 포함하는 새로운 개념을 만들어, 전통적인 가족과 동일한 대우를 받을 수 있도록 하는 시도를 해보면 어떨까 생각합니다."

김수연(27·서울) "우리나라는 특히 더 가족주의, 가족 단위의 정책들이 많은데, 관리하기 용이하기 때문에 가족 단위를 쓸 뿐, 가족 단위가 강요되어서는 안 된다고 생각합니다. 왜냐하면 나에게 이로운 가족관계가 있는가 하면 어느 누군가에겐 세상 어느 사람들보다 나에게 해로운 가족관계가 있기 때문입니다. 그 연은 가족이라 할지라도 끊어야 내가 살 수 있다고 생각합니다. 부양의무자 기준도 조금씩 폐지되고 있는데, 가족 단위의 정책이 조금씩은 변해야 한다고 생각합니다. 말 그대로 추세가 정상가족이라 불리는 개념이 옅어지고 있으니까요."

채린(24·경기) "가족을 주제로 이야기하는 건 언제나 어려운 것 같습니다. 저는 가족주의가 문제라는 말을 종종 하는데요. 그때마다 가족 간의 불화나 학대 경험, '무슨 사건'이 있을 거라고 전제하는, 조심스러우면서도 은은한 호기심의 시선을 마주하게 됩니다. '재벌이 문제다', '주거가 문제다', '입시가 문제다'와는 달리 유독 가족에 관한 문제는 사적인 영역, 개인의 문제로 여겨지는 걸까요? 가족은 탈정치화된 영역이라는 인식이 지배적이기 때문이라고 생각합니다. 지사님이 건넨 '정상가족 이데올로기'에 대한 질문은 다양한 갈래로 이어지네요. 저도 덩달아 정상가족이란 무엇인가, 이데올로기란 무엇인가 고민하게 됩니다.

사실 '정상가족' 자체는 큰 문제라고 생각하지 않습니다. 비유가 적절한지 모르겠지만 제 생각은 이런데요. '민초단(민트초코를 좋아하는 사람)'이 주류라고 할 때, 사실 민트초코 자체나 민트초코를 좋아하는 것(또는 사람)은 문제가 아닙니다. 문제는 크게 두 가지 경우에서 발생한다고 생각합니다. '민초단'의 이름으로 '반(反)민초(민트초코를 싫어하는 사람)'에 폭력을 가하거나 차별할 때, 그리고 '민초단' 자체가 맹목적인 가치나 신념이 되어 다른 목소리를 탄압하거나 희생, 동원을 강제할 때.

저는 이러한 견지에서 가족이 우리 사회의 단면이라고 생각합니다. '정상가족'이라는 하나의 정답을 정함으로써 한부모가족, 다문화 가정, 비혼모, 동성혼 등 정상 범주에 벗어나는 가족을 차별하고 억압하기 때문입니다. 우리는 역사를 공부하며, '정상성'에 대한 광기 어린 집착이 인간을 얼마나 폭력적인 존재로 만드는지 지켜봤습니다. 국가, 민족, 종교 등을 무슨 수를 써서라도 지켜야 할 절대적인 존재로 여길 때 전쟁과 학살이 일어나지 않았나요? 주지하다시피 절대적인 가치 앞에서 내부 비판은 불가능해집니다.

　사람들은 코로나19 확산을 막기 위해 집에 있는 것이 안전하다고 말합니다. 그러나 코로나19로 사랑의 매 판매율과 가정폭력 접수율이 증가했다는 소식을 들을 때면, 과연 집 안이 안전하다고 할 수 있을지 의문이 듭니다. 저는 가족이 모든 폭력의 원흉이므로 가족을 해체해야 한다고 주장하는 것이 아닙니다. 우리 사회에서 '가족'의 의미를 다시 생각해보자는 것입니다.

　여성학 강의에서 '한국사회에서 미투가 나오기 가장 힘든 곳은 가족과 군대'라는 말을 듣고 머리를 세게 한 대 맞은 기분이었습니다. 왜 다른 집단에 비해 가족과 군대 내 성폭력은 공론화되지 않을까요? 구성원끼리 평등한 관계를 맺고 있어 성폭력 사건이 발생하지 않기 때문인가요? 사실 우리 모두 알고 있지 않나요? 한국 사회에서 가족과 군대는 가장 보수적이고 성역화된 영역이기에 공론화가 어렵다는 것을요.

　언뜻 우리 사회가 '가화만사성', '수신제가치국평천하'라는 말처럼 가족 내 평화를 중시하는 문화인 것 같지만, 실상 가족 구성원의 평화보다도 가족 자체를 지키는 것을 우선시해왔다고 생각합니다. 여성학자 정희진은 아내폭력(가정폭력)은 가정을 깨뜨려서 문제인 것이 아니라 폭력에도 깨지지 않는 가족이 문제라고 지적한 바 있습니다. 가족 내 일어나는 폭력 자체도 문제지만, 가족을 사적인 영역으로 둠으로써 공적인 문제제기나 공동체적 접근이 불가능한 것 역시 심각한 문제입니다.

　　단적인 예로, 외국(특히 유럽, 미주)으로 이민을 간 한국인 부모가 자녀를 훈육하다가 아동학대로 신고가 접수됐다는 이야길 듣습니다. 이와 비교했을 때 우리 사회는 가족 내 폭력은 가족끼리 해결해야 한다는 인식이 있는 듯합니다. 칼로 물 베기, 사랑의 매, '비바람은 집안에 들어가도 법은 못 들어간다'는 말로 용인하면서 말입니다. 도대체 가족이 뭐길래, 라는 물음이 생깁니다. 분명 우리 사회가 가족에 부여하는 가치나 의미 역시 변하겠지요. 어쩌면 비혼, 저출생 등으로 이미 나타나고 있는지도 모르겠습니다.

　　신자유주의시대에 들어서며 개인의 시대가 도래했고, 가족해체가 문제라고들 하지만 여전히 여러 문제의 기본 단위는 가족인 듯합니다. 우선 부의 양극화, 정보의 양극화 대물림 문제입니다. 이미 많이들 문제를 제기했듯이 개천의 용이 없다거나 계층 이동 사다리가 붕괴했다거나 부모의 재력이 자녀의 학벌을 결정한다는 의미의 '유전합격 무전낙오'는 예삿일이 되었습니다.

　　한편 국가의 역할인 '돌봄(복지)'을 가족(특히 어머니)에게 떠넘김으로써 문제를 해결해왔다는 비판도 눈에 띕니다. 저출산 문제 해결을 위해 양육, 보육에 있어 국가의 책임이 강조되는 것도 이러한 맥락이겠지요. 마지막으로, 선거철이 되면 후보자 검증을 위해 후보자의 '가족 문제'가 큰 화두인데요. 실제로 후보자 가족의 직업, 병역 비리, 불법재산이 대선에 큰 영향을 미치지 않았나요? (이런데도 가족이 공적 영역이 아닌가요?) 그 기저에는 가족 관리도 안 되는 사람이 나라를 관리하겠냐는 인식이 깔려있는 것 같습니다.

　　가족은 관리의 대상도 아니거니와 관리라는 명분으로 양육자, 특히 가부장에게 주어진 권력을 다시 생각해야 한다고 생각합니다. 민족이라는 신화는 한민족이 불가능하다는 데서 깨진 건지도 모르겠습니다. 이처럼 '정상가족'을 의심하는 것으로부터 가족문제에 대한 공동체적 해결을 모색해볼 수 있지 않을까요? 질문에도 언급됐듯이 이미 시민들은 다양한 가족의 형태를 주장하며 '정상가족'이란 이데올로기에 균열을 내고 있습니다. 지사님은 가족을 어떻게 생각하는지 궁금합니다."

황호연(24·경기)　"저는 현재 대학생입니다. 대학교 1학년을 마치고 군대를 전역한 뒤에 바로 복학을 하지 못하고 약 3년가량 직장에 다녔습니다. 갑자기 부모님과 연락이 두절되고, 동생을 부양해야 되는 상황이 왔기 때문입니다. 그러나 갑자기 사회에 내던져진 제가 지원받을 수 있는 제도적 장치는 없었습니다. 일단 아버지가 생존해계신 상태였고, 명확하게 연락이 끊겼다는 것을 입증하기가 어려웠기 때문입니다. 다행히 친척분들이 저의 상황을 알고 제가 직장을 구하고 자리를 잡을 때까지 도움을 주셨지만, 만약에 친척이 없었다면 저희 남매는 아마 큰 어려움을 겪고 사회에 적응하지 못했을 수도 있습니다.

한국의 굉장히 많은 제도와 복지들이 가족 중심적으로 설계가 되어있습니다. 그러한 가족 중심적 제도는 평소에는 큰 문제가 없을 수도 있으나 누군가에게는 그것이 큰 장벽이 되고 때로는 그것 자체가 폭력으로 여겨질 수도 있습니다. 어느 제도들을 콕 집어서 가족 중심적이라고 얘기하기도 입 아플 정도로 많은 제도들이 그러하고, 저는 가족을 단서로 걸고 제약을 두는 정책의 조건들을 모두 폐지해야 된다고 생각합니다.

부모에게는 자녀들을 부양해야 하는 의무는 마땅히 있어야 한다고 생각합니다. 그러나 자녀들이 부모의 그늘에서 벗어나고 싶거나, 벗어날 수밖에 없는 상황이 온다고 한다고 하더라도 이 사회에서 문제없이 살아갈 수 있는, 뒷받침이 될 수 있는 복지와 제도들이 시행이 되어야 한다는 것입니다. 청소년/청년을 누군가의 자녀로 치부하지 말고, 대한민국 국민 개인으로서 정책의 개체로 여겨야 하며, 그것을 위해 많은 것들이 바뀌어야 할 것입니다.

특히 이재명 님은 언제나 강단 있고 추진력 있는 모습을 보여줘왔기 때문에 충분히 그의 정치력으로 이루어낼 수 있을 것이라고 생각합니다. 부디 문재인 정부처럼 누군가의 눈치, 종교의 눈치를 보지 않길 바랍니다."

Tag(31·경기) "사회는 고정적인 인식과 당연함이 아닌 다양성과 인간의 선택에 대한 존중이 있는 사회로 변화하였습니다. 그렇다면 당연히 가족이라는 정의가 있던 사회도 변화할 수 있다고 생각하고, 그래야 한다고 생각합니다. 인구 그래프를 보고 위기다, 출산율을 보며 위기다, 하는 이야기가 아닌 왜 이러한 변화가 우선시되었으며, 사회는 이 변화를 존중했는지를 먼저 성찰해야 할 것입니다."

박희선(31·서울) "초등학생 때, 다른 친구와 함께 교실을 청소하다 우연히 어느 급우의 생활기록부를 보게 되었습니다. 그곳에 적혀있던 '부(父)-사망'이라는 글자를 보고 너무 놀라 '이건 우리끼리만 알자, 다른 애들이 알면 아빠 없다고 놀릴지도 몰라' 하며 입을 꾹 다문 기억이 있습니다. 그 당시만 해도 '가족'은 엄마 아빠가 모두 있는 게 '정상'이라고 생각했으니까요.

최근에는 그런 인식이 많이 변화하고 있는 것 같습니다. 저는 여전히 통과되지 못하는 동반자법을 무척 지지하고 있는데, 가장 큰 이유는 내가 '선택'하는 2차 가족의 범위를 스스로 정하고 싶어서입니다. 표현이 조금 낯설죠? 저는 제가 세상에 태어남으로써, 선택하지 않고 주어진 가족을 1차 가족, 세대 분리(독립) 이후 나의 선택에 따라 구성하는 가족을 2차 가족으로 생각합니다. 가족의 형태에서 문제가 되는 것은 대부분 2차 가족이죠. 가족은 울타리의 개념이기도 합니다. 나에게 무슨 일이 생겼을 때, 나와 관련한 많은 것들을 결정하고 대변할 수 있는 법적 권리를 가진 보호자이기도 하고요. 여기서 이질감이 느껴집니다. '나'에 대한 권리를 가진 존재를 왜 내가 지정할 수 없죠? 결혼 의사가 없고 1차 가족과 떨어져 사는 1인 가구인 저에게 무슨 문제가 생기면(가령, 응급수술을 하게 되는 그런 상황) 저의 권리는 가족관계증명서에 등장하는 소수에게 주어집니다. 저와 그 집단의 관계가 어떻든요.

가족은 단순히 혼인하거나 출산하여 가족관계증명서라는 갸륵한 서류에 이름을 올려야만 완성되는 것이 아닙니다. 오히려 필요에 의해 자연스레 구성하고 소멸될 수 있는 집단이어야 하죠. 국가도 사회도 나를 보호하고 지지하지 못할 때 나를 지킬 수 있는 마지막 울타리일 테니까요."

가족의 내외연을 확장하는
주거와 복지정책

───────

　　가족의 형태라는 질문을 확정하면서 얼마나 관심을 가져줄지 반신반의했는데 그게 아니었네요.

　　'부성 우선주의 원칙'에 대한 회의와 이미 '존재하는 가족에 대한 차별금지와 보장'을 얘기해준 이설아 님, '어떤 가족 형태든 혐오하지 않는 사회'를 얘기한 홍명근 님, '가족이라는 단어에 매이기보다는 새로운 형태의 공동체를 포함하는 새로운 개념'이 필요하다는 청년A 님, '가족 단위가 강요되어서는 안 된다'는 김수연 님, '정상가족이라는 하나의 정답이 가족을 차별하고 있다'는 채린 님의 긴 답변, '가족 중심적으로 설계된 제도와 복지의 변화'가 필요하다는 황호연 님, '2차 가족의 범위를 스스로 선택하고 싶다'는 박희선 님의 '가족의 변화를 존중해야 한다'는 Tag 님, '2차 가족의 범위를 스스로 선택하고 싶다'는 박희선 님의 답변 잘 읽었습니다. 정말 시대정신이 변했다는 것을 새삼 깨달았습니다.

가족의 형태는 산업의 발달에 따라 큰 변화를 겪어왔습니다. 그것은 누구나 아는 일입니다. 이제는 우리가 관념적으로 전통적으로 알고 있는 정상가족의 이데올로기가 상당한 수준에서 붕괴되고 있다는 점을 정확히 인식해야 할 지점에 와 있는 것 같습니다.

무엇보다도 '정상가족'의 이데올로기로 인한 차별을 극복하기 위해 노력해야 한다고 생각합니다. 물론 현재 구성되어있는 '정상가족'도 당연히 보호를 받아야 합니다. 그러나 '정상가족'에서 '정상'을 분리하여 그냥 '가족'으로 인식하고 그것을 공유하는 것도 필요합니다.

이미 1인 거주의 삶이 보편화되고 있습니다. 1인 거주는 가족이 아닙니다만 오래지 않아

다양한 형태로 가족을 구성하게 되겠지요. 그것

으로부터 주거와 복지의 정책을 새롭게 구상하

고 구성해야만 할 때가 온 것 같습니다.

여러분에게 존중과 존엄은
무엇입니까?

———

  초등학교에 다니던 시절, 육성회비를 내지 못해 수업 중에 교
실에서 쫓겨난 적도 많았습니다. 교실에서 쫓겨나 학교를 나오는데
텅 빈 운동장에 쏟아지는 햇살이 그렇게 슬플 수가 없었습니다. 한번
은 육성회비를 못 냈다고 담임 선생님이 저를 불러내 따귀를 때리기
시작했습니다. 따귀를 맞으면서 저는 울지도 않았고 눈을 내리깔지

도 않았습니다. 사은회 때는 회비를 못 내서 차려진 음식을 먹을 수 없었습니다. 선생님이 안 계실 때 음식을 먹다가 걸려서 또 맞았습니다. 나중에 선생님이 과일을 주었는데 기어이 먹지 않았습니다.

몇 해 전에, 숙명여대 김치 사건이 있었습니다. 2016년 3월에 대학 측에서 경비원 37명 중에서 무려 15명을 감축하는 계획을 발표했습니다. 그러자 학생들이 '밤낮으로 우릴 지켜주는 그분들을 이제는 저희가 지켜드릴 차례입니다'라며 대자보를 붙였고, 4,500명의 학생이 서명운동에 동참했습니다. 결국 대학 측은 인원감축 계획을 철회하였습니다. 그해 12월이 되자 환경미화원 노동자들이 학생들에게 김장김치를 선물했습니다. "학생들 덕분에 우리가 지금 이 자리에 있는 거예요. 올해 봄에 하마터면 우리 경비원 동료들이 일자리를 잃을 뻔 했거든요."라며 고마움을 표시한 것이었습니다.

참 아름다운 존중과 배려의 풍경이었습니다.

청년 여러분. 저는 정치인으로서 한국 사회의 존엄은 이처럼 청년 여러분들이 지켜내는 것이라고 생각합니다. 물론 존엄이란 이것이 전부가 아니겠지요. 청년 여러분들도 존중받지 못했고 스스로 존엄을 지키기 어려웠을 때가 많았으리라고 생각합니다. 그런 순간들에 대해 말씀해주시면 귀담아 듣겠습니다.

나에게 존중/존엄은……

———————

홍명근(36·경기) "저는 마트, 백화점, 식당에서 서 있는 노동자를 보면 불편합니다. 12시간씩 근무하고 퉁퉁 부은 다리를 절면서 가는 걸 보면 안타깝기만 합니다. 직원이나 서비스하는 사람이기 이전에 사람으로서 좀 앉을 수 있는 시간이 있으면 좋겠다고 생각합니다. 그런데 청소 노동자들 휴게시설은 여전히 안 좋고 심지어 화장실로 대체된다고 하네요."

김갸앙(24·서울) "대학원생인 저는 교수님들로부터 존중받지 못하고 있다고 느낄 때가 굉장히 많습니다. 지도교수님에게 저의 졸업과 추후 진로의 방향성이 달려있기 때문에 그들의 '갑질'에 무조건적으로 숙이고 들어가야 하는 경우도 종종 있습니다. 시도 때도 없이 오는 연락과 노동력 착취, 그들의 권위 아래 대학원생들의 존엄은 사라져가고 있습니다."

김수연(27·서울) "저는 삶에서 존중과 존엄이 제일 중요하다고 생각합니다. 존중받지 못했고, 스스로 존엄을 지키기 어려운 때란 각종 괴롭힘을 당하는 상황이 아닐까 싶습니다. 직장 내 괴롭힘이나 학교 내 괴롭힘 등 관계 속에서 말입니다. 특히나 관계 속에 존중이 결여된 관계 구성원이 있다면, 한 개인의 존엄성이 훼손당하기란 아주 쉬운 일 같습니다.

존중의 경험과 인식이 부족한 어린 시절에는 존중, 존엄을 서로 지켜주는 일이 어렵습니다. 어느 정도 교육이 되고, 남을 존중하지 않는 것이 곧 스스로를 존중하지 못하고 있다는 것을 알고 나서는 그러지 않습니다. 하지만 어쩌면 잘못된 것을 보고 배운다면 오히려 커가면서 더 존중하지 못하게 될 수도 있겠네요. 최대한 방송 등을 통해서 존중과 존엄에 대한 내용을 많이 접할 수 있도록 노력하는 것이 좋을 것 같습니다."

소바(29·부산) "한국사회의 존엄을 왜 청년이 지켜야 하는지 잘 모르겠습니다. 청년이 도대체 뭔데 말입니까. 청년은 그냥 1980년대 말이나 2000년대 사이에 태어나서 살아온 날이 2,30년쯤 되는 사람을 일컬어 대충 부르는 말이잖아요. 아무 데나 자꾸 청년 호명하지 마세요. 청년, 청년 하고 부를 때마다 포인트 쌓이는 그런 거 아니에요. '청년'으로서의 존엄은 있지도 않았지만 이럴 때마다 없던 것도 더 깎입니다.

기성세대 대상으로 한 현대사회에 대한 구조적 이해를 돕는 학습이 필요합니다. 아니면 아이들 병영캠프나 청학동 이런 데 데려다놓을 게 아니라 5,60대를 중소기업 사무실 막내나 고3입시공부 현장이나 알바 2개씩 뛰면서 대학 다니는 학생 일일체험 시키는 것이 사회가 좀 더 올바른 방향으로 향하는 지름길 혹은 조금 빠른 길 아닐까요?"

Tag(31·경기) "정부는 존중과 배려, 존엄에 대한 언급과 실행 등을 더욱 시민들이 볼 수 있게 해야 합니다. 청년에게 강요하지 마십시오. 청년들은 변화하는 사회 속에서 개개인이 해야 하는 존중과 배려, 존엄에 대해 배우고 실패하고 실수하며 터득하고 있습니다. 정부에서 이를 보여주기 바랍니다. 과거의 존중과 배려, 존엄의 방식이 아닌 변화한 사회의 방식으로요."

창(38·전북) "존중과 존엄은 이 시대의 약자들에게는 허용되지 않는 단어가 되었습니다. 더 이상 노동은 존중받지 못하고 산업의 부품의 되었고, 개인의 존엄은 집단의 이기주의에 희생양이 되고 있습니다. '노오오력'해도 자산을 물려받지 못하면 존중받지 못하는 세상. 성별, 나이, 장애 여부 등 사회의 낙인과 편견에 개인의 존엄이 훼손된 사회. 지금의 청년세대가 '존중과 존엄'을 경험해보지 못한 세대가 되지 않도록 해야 합니다!"

존중받는 사회

———

　'노동자의 휴게시설 설치 및 인권보장'의 홍명근 님, '대학원생들의 존엄이 보장받지 못하는 현실'에 대해 말씀해주신 김갸양 님, '삶에서 존중과 존엄이 제일 중요'하다는 김수연 님, '기성세대의 사회 이해가 필요하다'는 소바 님, '존엄과 존중을 청년들에게 강요하지 말라'는 Tag 님, '청년세대가 존중과 존엄을 경험하지 않았으면 한다'는 역발상의 창 님의 답변을 잘 읽었습니다. 맞습니다. 사람이라면 누구나, 존엄성을 보장받아야 합니다. 그리고 누구나 타인을 존중해야 합니다. 타인을 존중하는 사람은 스스로도 존엄한 존재입니다.

　제가 아는 어떤 퇴임교수는 치매가 시작

되자 부인에게 "그 누구도 문병을 허락하지 마세요."라고 당부했습니다. 그분은 다른 사람들에게 치매에 망가져가는 모습을 보이지 싶지 않았던 것입니다. 스스로 존엄을 지킨 그분을 저는 존중합니다. 존중은 다른 사람을 배려하는 것에서 나옵니다. 그가 부자이든 가난한 사람이든, 흑인이든 백인이든, 기업가든 노동자든, 성소수자든 아니든 상관하지 않고 배려하는 마음이 바로 스스로 존엄성을 지키는 일이라고 저는 생각했습니다.

존중과 존엄은 소통에서 나온다는 이희연 님의 의견에 깊이 공감합니다. 대부분의 사람들은 홍보를 소통이라고 착각하고 있습니다. 홍보는 듣는 게 아니라 알리는 것이고, 소통은 알리는 것을 넘어 듣는 것이라고 생각합니다. 소통의 핵심은 듣는 데 있습니다. 많이 듣겠습니다.

청년 여러분의 말에 귀 기울이고, 다른 사람의 말에 귀 기울이면 존중과 존엄이 생기지 않을까 싶습니다. 저는 존중과 존엄의 문화를 만들기 위해 시원하게 하겠습니다.

여러분에게 고독/외로움은 무엇입니까?

• "취업난·생활고에 지친다" 늘어나는 청년 고독사

• 벼랑 끝 내몰리는 청년들… '청년 고독사' 매년 증가

• 코로나19로 우울감 더 커져

_「아시아경제」, 2021.7.23.

코로나 팬데믹으로 인해 취업과 경제활동이 어려워지면서 정

신적 고통에 시달리는 청년들이 늘어나고 있다는 뉴스를 자주 접합니다. 마음이 너무 아픕니다. 청년들의 코로나 우울증도 점점 심해지고 있다고 합니다.

고독에는 개인적인 고독과 사회적 고독이 있다고 생각합니다. 문제는 사회적 고독입니다. 사회가 불안과 우울을 유발하는 상태일 때 집단적으로 고독을 앓을 수 있지 않나 싶습니다.

> 한국여성정책연구원이 2020년 10~11월 만 19~34세 청년 6,570명을 대상으로 조사한 '청년의 생애과정에 대한 성인지적 분석과 미래 전망 연구' 결과를 보면 여성 56.6%, 남성 52.0%가 '직장을 구하기 어려워졌다'고 답했고, '지난 1년간 한 번이라도 자살 충동을 느꼈는지'에 대한 질문에 여성 32.8%가 '그렇다'고 답했다. 남성의 경우 19.4%가 '그렇다'고 답했다.
> _「아시아경제」, 2021.7.23.

결과치를 보니 무섭다는 생각이 들었습니다. 사회적 고독이 청년의 생명을 쉽게 빼앗을 수 있다니 말입니다.

청년 여러분. 여러분을 사로잡고 있는 고독은 무엇입니까? 사회적인 고독도 있고 개인적인 고독도 있을 것입니다. 여러분의 솔직한 답변 부탁드립니다.

나에게 고독/외로움은……

홍명근(36·경기) "자살을 너무 많이 합니다. 안타까운 일입니다. 사회적 연결망, 지역사회 구조, 복지시스템 등 다각적인 접근이 필요하다고 봅니다. 특히 지역사회가 무너져 이웃과의 소통이 전혀 없는 경우가 많은데 풀뿌리 지역사회가 발전할 수 있는, 그리고 청년이 지역사회에 시간을 낼 수 있는 시스템을 만드는 것이 필요하다고 봅니다."

김수연(27·서울) "고독이 자발적이냐 비자발적이냐를 파악하는 것이 중요한 것 같습니다. 고독을 선택한 것인가 혹은 선택하지 않았는데 찾아온 것인가에 따라 생각할 것이 다를 것 같습니다. 고독을 자발적으로 선택했다고 하지만 사실상 비자발적인 선택일 수도 있습니다. 그건 각자 양심에 맡길 일이겠습니다.

만약 고독을 자발적으로 선택했다면, 그것은 크게 문제 될 것이 없다고 생각합니다. 내가 원한다면 사람들을 만날 수 있는 거니까요. 비자발적인 고독이 문제가 될 수 있다고 생각합니다. 나는 사실 고독을 원하지 않는데, 연락하거나 얘기할 상대가 없고, 거기에다가 사회에서 마주치는 관계들 속에서 존엄성을 훼손당했다는 느낌마저 든다면 정말 위험한 상황도 생길 수 있을 것 같습니다.

그래서 마주하는 사람들에게 과도한 친절은 아니더라도 되도록 존중하며 대해야 한다고 생각합니다. 겉으로 보기엔 이 사람이 괜찮은지 안 괜찮은지 잘 알 수 없기 때문입니다. 혹시나 내가 무심결에 내뱉은 말과 지은 표정 하나가 마음이 아픈 상대방에게 큰 상처가 될 수도 있을 테니까요."

소바(29·부산) "미래가 없는데 안전망도 없어서 너무 고통스런 최후를 맞이할까봐 기본적으로 늘 어딘가 쓸쓸한 마음이 듭니다."

김효일(24·대구) "개인적인 이야기지만 저는 어릴 때부터 외로움을 잘 모르고 살았습니다. 사랑을 많이 받고 자랐기도 하였고, 저 스스로 외로움에 무디기 때문일 수도 있다고 생각하곤 합니다. 2020년 2월 군 제대 후 여러 가지 경험을 위하여 무작정 서울로 올라갔습니다. 반 년 정도 힘들지만 즐거웠던 서울 생활을 마치고, 대학교 복학을 위해 9월 대구(경산)로 돌아왔습니다. 그리고 저는 그제야 외로움이 무엇인지 깨달았습니다. 지금에야 많이 좋아졌지만 아마도 그때 극심한 우울증을 앓았던 것이 아닌가 생각합니다.

　　위에서 말씀하신 사회적 고독의 일부분으로서 제가 느꼈던 고독은 바로 '수도권과 지방에 대한 지역 차이'로 인한 고독이었습니다. 수도권에 영화관은 셀 수도 없이 많지만, 지방에는 당장 손에 꼽는 영화관들이 거의 폐업 절차를 밟고 있곤 합니다. 대중교통은 수십 분을 기다려야 한 대가 올까 말까이고, 열 시만 되어도 남아있는 대중교통을 찾기가 힘듭니다. 미술관이나 박물관은 지역 내에 단 하나를 찾기가 힘들 정도입니다. 물론 유동인구가 많은 곳엔 인프라의 투자가 많은 것이 너무나 당연한 결과인 것도 맞습니다만, 지금은 그 격차가 너무나 많이 벌어지고 있습니다. 지방에서 태어난 것만으로도 이러한 인프라를 접할 기회조차 가지지 못하는 것입니다.

　　청년들이 수도권으로 몰리는 것은 어쩌면 이러한 박탈감을 해소하기 위해서 당연한 것일지도 모릅니다. 지방에서 태어난 저에게 사회가 유발하는 우울이 무엇인가를 묻는다면, 아마도 수도권에서 태어나지 못한 죄책감을 만드는 것이라고 말할 것 같습니다. 경제적 혹은 정치적으로 기득권에 대한 저항을 수행하시려는 이재명 님의 행동에는 '지역적인 기득권'에도 분명 전환점을 찾아야 할 것입니다."

Tag(31·경기) "왜 청년들을 위한 커뮤니티가 활성화되고 이를 갈망하는 사회가 되었는지 생각해야 할 것입니다. 이제 과거처럼 동네 골목에서 이웃과 함께하는 열린 공동체의 사회는 변화했습니다. 그럼 이 변화한 인식으로 시작하여 새로운 공동체를 위한 지원과 정부의 기조가 있어야 할 것입니다."

박희선(31·서울) "'고독'과 '외로움'이라는 단어를 곱씹어보았을 때, 외로움은 인간에게 필연적으로 발생하는 감정이지만 고독은 그러한 상황에 놓여지는 것 아닌가 하는 생각이 들었습니다. 어느 날 문득 외로움이라는 감정이 스치곤 하지만, 행복하다는 느낌이 들면 금방 잊히기도 하죠. 다른 감정으로 치환되는 겁니다.

　　　근데 고독은 조금 다른 것 같아요. '나 요즘 외로워'라는 표현은 가볍게들 쓰지만 '내가 요새 고독해'라는 표현은 잘 안 쓰잖아요? 고독(孤獨)을 검색해보니 '외로울 고', '홀로 독' 자가 합쳐져있었습니다. 너무나도 쓴 단어입니다. 혼자 외롭다는 거예요. 현재 청년들이 감내해야 하는 사회적 무게를 감안한다면 그들의 고의적 자해 또는 자살률이 지속 증가하는 것, 고독사 비율이 높아지는 것이 그다지 이해 가지 않는 일은 아닙니다. 물론 청년들만이 겪는 문제는 아닙니다. 불안정한 주거, 실업률, 관계의 단절, 건강 악화, 생활 환경에 대한 불만족 등등은 어느 세대나, 누구에게나 발생하는 일들이겠으나 '청년'이라 불리는, 현재의 2030 세대가 이러한 사회문제들을 겪을 확률이 높고 또 복합적으로 마주하게 된다는 것이 문제겠지요. 특히나 다른 세대에 비해 상대적으로 사회적 자본이 취약한 1인가구 청년들의 경우 더 그렇고요.

요즘은 고독이라는 말 뒤에 죽음이 따라붙습니다. 고독사(孤獨死). 홀로 외로이 죽는다는 겁니다. 죽기 전에 누군가의 고독을 알아채 오지랖 부려볼 수는 없을까요? 중장년, 또는 노인의 고독사보다 유독 청년의 고독사는 더 많은 주목을 받습니다. 왜 그럴까 생각해보니 아직도 우리는 청년집단에 기대하는 것들이 많은가보다 싶습니다. 그들은 건강해야 하고 활기차야 하고 어떠한 고난과 역경도 이겨내 끝내 무언가를 성취해 이뤄야 하는 존재들인데 홀로 죽는다니 충격인 거죠. 그런 부질없는 대상화부터 멈췄으면 좋겠습니다. 앞서 한 이야기입니다만 고독은 놓여지는 것이라 생각합니다. 우리가 더 많은 사람을 죽음으로 내몰기 전에 그들의 고독생(生)부터 살피는 시선이 필요하겠습니다."

누구도 고독/외로움에 죽지 않는 사회

청년 고독사를 생각하면 몸 둘 바를 모르겠습니다. 얼마나 외로웠을까요? '우리가 더 많은 사람을 죽음으로 내몰기 전에 그들의 고독생(生)부터 살피는 시선'이 필요하다는 박희선 님의 답변에 깊이 공감합니다. 물론 다른 분들의 답변에도 감사드립니다.

저는 고독한 시간을 참 많이 보낸 사람이었습니다. 10대의 소년공은 공부를 하고 싶었지만 가장 가까운 부모님마저도 그것을 받아들이지 않았습니다. 가난은 형벌처럼 무겁게 나를 짓눌렀습니다. 가난한 형제들 사이에서 혼자 공부를 한다는 것은 스스로 고독 속에 갇히는 것과 마찬가지였습니다. 공장에서 돌아오면 책상에 앉았습니다. 고독한 선택이었지요. 지금 생각해보면 그 시절의 나는 참으로 애처로운 존재였습니다. 시간여행을 할 수만 있다면 그 시절로 돌아가 팔이 구부러진 소년공에게 따뜻한 위로와 함께 짜장면 곱빼기 한 그릇을 사주고 싶을 정도입니다.

최첨단 IT산업으로 정보화사회는 더욱 풍성해졌습니다. 인터넷이 생겼을 때 많은 전문가들이 사람과 사람 사이에 소통이 풍부해질 것이라고 예상했습니다. 그 예상은 틀리지 않았습니다. 수많은 사람이 다양한 SNS 채널을 통해 끊임없이 자신의 이야기를 발신하고 있습니다. 지금 이 순간도 허공에는 수많은 문자며 영상들이 오가고 있을 것입니다.

그런데도 우리는 외롭고 고독합니다. 자살률은 점점 높아지고 있습니다. 이 정도가 되면 개인의 자살은 개인의 문제를 넘어 사회의 문제가 됩니다. 개인의 자살은 곧 사회적 타살일 수도 있습니다.

Tag 님의 '이제 과거처럼 동네 골목에서 이웃과 함께하는 열린 공동체의 사회는 변화했

고, 변화한 인식으로 시작하여 새로운 공동체를
위한 지원과 정부의 기조가 있어야 할 것'이라는
의견에 매우 공감합니다. 그런 방향성을 갖도록
하겠습니다.

32. 갑질

이재명이 묻다 Q

여러분에게 수치심은 무엇입니까?

잠이 오지 않을 때 곰곰이 생각해보면, '삶이란 수치감을 견디는 것의 연속이 아닐까?'라는 생각이 문득 떠오르기도 합니다. 누군가가 나에게 모욕을 줄 때, 나는 수치감을 느낍니다. 견디기 어려운 순간들이기도 합니다.

열네 살에 처음으로 방 한 칸짜리 목걸이 공장에 취업했습니다. 중학교에 갈 형편이 못 되었기에 초등학교만 졸업하고 곧장 공돌이가 된 것이지요. 그 공장에서 납과 염산을 옷에 묻히고 살았습니다. 자칫 실수라도 하게 되면 손가락을 뭉텅 잘라버리는 프레스 작업도 해야만 했습니다. 열다섯 살에 결국 프레스에 눌려 팔이 구부러지고 말았습니다. 회사에서 잘릴까봐 아프다고 말도 못 했습니다. 팔이 구부러져 장애인이 되었습니다.

다른 공장에 갔더니 감독관이 매일 아침 출근한 저의 군기를 잡았습니다. 엎드려뻗쳐를 시켜놓고 소위 '빳다'를 때렸습니다. 감독관은 고졸이어서, 학력이 높으면 학력이 낮은 사람을 때릴 수 있는 줄 알았습니다. 고참들은 일당 100원짜리 소년공들에게 싸움을 붙여놓고 진 사람에게 130원짜리 부라보콘을 사 오라고 하기도 했습니다. 당시에는 수치감도 모르고 부라보콘을 사 와야 했습니다.

지금 생각해보니 그 상황 자체가 폭력이었습니다. 그것이 폭력인 줄도 모르고 순응하는 게 수치심이라는 것을 나이가 들어 알았습니다.

청년 여러분. 여러분은 어떤 때에 수치심을 느끼시나요? 청년들에게 수치심을 주지 않는 사회가 되려면 어떤 변화가 필요할까요? 여러분의 솔직한 답을 기다립니다.

나에게 수치심은……

홍명근(36·경기) "우리 집 근처에 성폭행범이 들어왔다는 알림을 받을 때, 휴먼시아를 보고 휴먼거지라고 하며 무시하는 걸, 저는 괜찮은데 우리 아이가 그런 이야기를 들었다고 생각할 경우, 특히 집, 직장, 돈과 같은 기본적인 의식주를 무시당할 때 수치심을 느낍니다. 누구나 집 한 채 가질 수 있고 직장에서 기본적인 수입을 가질 수 있다면, 최소한의 먹을 것, 입을 것, 잘 곳이 있다면 이런 수치심은 줄어들 것이라고 봅니다."

김수연(27·서울) "수치심을 견디는 삶의 연속이라는 글을 읽으니 '나만 그런 것이 아니구나'라는 생각이 들고 위안이 되는 것 같습니다. 평가받는다는 느낌이 들 때 수치심이 들지 않을까요. 그렇게 치면 우리 사회는 끊임없이 수치심을 주고 있는 듯합니다. 평가 내린다는 것 자체가 칭찬이든 비난이든 어떤 기준을 놓고 나를 생각하는 것으로, 그리 유쾌한 일이 아닌 것 같습니다.

그리고 자유를 가둘수록 수치심은 커지는 것 같습니다. 자유롭게 행동하지 못하게 하는 것이 수치라는 생각도 듭니다. 자유로운 것이 어쩌면 제일 자연스럽고 문제를 덜 일으킬 수도 있는데, 자유롭지 못하게 하면 통치하기에는 편리할지라도 개개인이 느끼는 수치심은 줄어들기 어려울 듯합니다.”

정채민(29·전북) “제가 일터에서 수치심을 느꼈을 때는 누가 봐도 비정상적인데 일터에서는 그런 일을 하라고 했을 때입니다. 우리의 목소리를 당연하다는 듯이 무시하는 일터에서 저는 수치심을 느꼈습니다.”

소바(29·부산) “차라투스트라처럼 정신과 육체 사이의 수치를 느끼는 그런 정도가 아니라면, 보통 사회적 약속이나 관계를 통해 수치심을 느끼게 되는 것 같습니다.

2020년에 함께 일하고 싶었던 사람이 있었는데, 한 달 출근하면 120만 원 주겠다고 해서 턱없이 적은 돈이지만 그 사람이 하는 일을 함께하고 싶은 마음에 알겠다고 하고 일을 했습니다. 그리고 월말에 아무 언질도 없이 100만 원이 입금되었습니다. 용기를 내서 따지니까 120만 원짜리가 아니라서 100만 원을 준거라고 했습니다. 그때 수치심이 들었습니다. 어디 가서 20만 원을 뺏기거나 도둑맞으면 화가 나고 분할 뿐이지, 수치심이 들지는 않습니다.

'그래도 되는 사람'으로 여겨질 때, 혹은 '그래도 된다고' 여겼던 잘못된 마음이 까발려질 때 내면에서 수치심을 발견하게 되는 것 같습니다. 평등한 사회를 만들면 개개인의 이런 감정을 덜 느끼고 사는 데에 도움이 될 것 같습니다."

갑질당하지 않는 사회

———

제가 질문에서 던진 상황 자체는 폭력이었습니다. 저는 이러한 폭력적 상황에 수치심을 느낄 새도 없이 살았습니다. 폭력적 상황에 오래 놓이게 되면 인격에도 문제가 발생합니다. 지금 생각해보면 그 모든 것들이 '갑질'에 해당하는 일들이었습니다. 그래도 제가 느낀 최고의 수치심과 부끄러움은 다른 데 있었습니다. 환경미화원 아버지를 따라 새벽에 청소복을 입고 거리에 나갈 때마다 또래의 친구들이 교복을 입고 등교하는 것을 볼 때마다 부끄러움과 수치를 느꼈던 것이지요. 왜 그랬는지 나도 모르겠습니다. 그냥 숨고 싶었습니다.

대개의 부모님은 직장에서 차별과 갑질로

인해 모멸감을 당할 때마다 사표를 내고 싶은 마음이 굴뚝처럼 높아집니다. 어떤 분은 양복 안주머니에 늘 사표를 써서 다닌다고 했습니다. 그러나 가족과 자식을 생각하면 끝내 사표를 낼 수가 없게 됩니다. 수치심을 느끼지만 참아야만 하는 부모의 심정. 저는 이것을 '삶의 비겁한 정당성'이라고 부르고 싶습니다.

'기본적인 의식주를 무시당할 때 수치심'을 느낀다는 홍명근 님, '평가받는다는 느낌이 들 때 수치심'을 느낀다는 김수연 님, '일터에서 비정상적인 지시를 내릴 때 수치심'을 느낀다는 정채민 님의 답변 잘 읽었습니다.

저는 청년 여러분들이 일터를 비롯한 사회 곳곳에서 정당하게 대우받기를 원합니다. 갑질에 희생당하지 않고 수치심을 느끼지 않으며 당당하게 존재하는 사회를 위해 함께 힘을 모아봅시다.

여러분에게 상처는 무엇입니까?

이 세상에 상처 없는 사람은 없습니다. 상처는 저마다 다른 색깔을 지니고 있지요. 그중에서도 사랑하는 사람들한테 받는 상처가 가장 치명적입니다. 연인이나 부모, 형제자매가 주는 상처가 치명적인 것은 사랑 때문이라고 저는 생각합니다. 사랑하지 않는 사람에게 받는 상처가 치명적일 때도 있는데, 그것은 폭력 때문입니다. 폭력이 수반되지 않은 상처는 극복하기가 그다지 어렵지 않습니다. 하지만

폭력이 수반된 상처는 영혼에 깊은 흉터를 남기게 됩니다. 영혼에 남겨진 깊은 흉터를 우리는 상처 혹은 트라우마라고 부릅니다.

고백하자면, 저도 상처가 많은 사람입니다. 소년공의 굽은 팔은 영광이 아니라 상처입니다. 어린 나이에 장애인이 되었으니 정말 가슴이 아팠습니다. 깊은 밤, 아무도 모르게 마른 울음을 울기도 했습니다. 다른 사람들 앞에서는 결코 울지 않았지만 나의 내면에 존재하는 아이를 만나게 되면 펑펑 울었습니다. 울지 않고 어떻게 삶을 견딜 수 있었겠습니까. 그래서 그런지 몰라도 저는 아주 내성적인 사람이 되고 말았습니다. 다른 사람 앞에 서게 되면 이상하게도 낯을 가리고 부끄러워 얼굴이 붉어지곤 합니다.

나이가 들어서 변호사가 되고 성남시장에 당선된 뒤에 저에게는 또 다른 상처가 생겼습니다. 형제들과 상처를 주고받게 된 것입니다. 참으로 슬픈 일이었습니다. 가족 사이에서 벌어진 꼴사나운 그 일로 인해 제 영혼에는 지울 수 없는 흉터가 또 하나 생기게 된 것입니다.

저는 상처에 지지 않으려고 무진 애를 쓰면서 살아왔습니다. 상처에 무너지면 삶도 함께 무너질까봐 너무 두려웠습니다. 오늘도 나는 상처 앞에서 기도합니다.

우는 사람들과 함께 울기 위하여

슬픔에 빠진 사람들과 함께 슬퍼하기 위하여

길을 찾는 사람들과 함께 길을 찾기 위하여

행복을 찾는 사람들과 함께 행복하기 위하여

다른 사람들과 함께 걷기 위하여

청년 여러분. 여러분들은 어떤 상처를 갖고 계신지요? 상처를 극복하기 위해 어떤 노력을 하고 있는지 묻고자 합니다. 상처가 어떻게 다른 상처를 끌어안는지, 상처받은 사람이 어떻게 다른 사람을 포용하는지 궁금합니다. 여러분의 이야기를 들려주세요.

나에게 상처는……

홍명근(36·경기) "나름 부끄럽지 않게 열심히 살아왔지만 아이가 집이나 수익, 학원이나 취미 등 혹시나 다른 아이보다 조금 부족한 부분이 있어 차별을 받아 상처받을까 두렵습니다."

김수연(27·서울) "여기서 말하는 상처는 신체적인 것이 아니라 정신적인 상처일 것입니다. 상처는 느껴본 사람이 상처를 치유할 힘도 가질 수 있다고 생각합니다. 상처가 다른 상처를 끌어안고 포용할 수 있는 것은 상처를 느껴본 사람이 진정으로 위로할 수 있기 때문입니다. 정신적인 상처는 그 마음만 제대로 알아줘도 치유의 희망이 있습니다."

소바(29·부산) "좀 모자라더라도 정말 솔직하게 답변을 쓰려고 30페이지가 넘는 문항에 길고 짧은 답을 써왔는데요. 이런 식의 질문은 참

당황스럽네요. 마음이 전혀 열리지 않아 제 내면을 꺼내놓고 싶지 않습니다. 거절당하는 것도 거절하는 것도 싫어하는데 정말 별로 답을 안 하고 싶어서 거절합니다. 어쨌든 거절하니까 미안하네요. 이게 제가 쓸 수 있는 최대한의 속내입니다."

박서준(19·대구) "세상을 마주하며 주고받으신 상처들에 얼마나 마음 한켠이 쓰라리셨나요. 이재명 님께 진심 어린 위로와 공감의 말씀을 드립니다. 사람은 살아가면서 누군가에게 상처를 주고, 또 누군가로부터 상처를 받기도 하지요. 우리는 규격화된 존재가 아니라 각자 다른 모양을 가졌기에, 서로 부딪히기도 하고 긁히기도 하면서 살아가나 봅니다. 저 역시도 지금 생각해보면 조금 더 의연하게 받아넘길 수 있던 일들에 굳이 죽자고 덤벼들었던 기억들이 참 뼈아픕니다.

　　단단한 강철에는 좀처럼 상처가 나지 않지만, 사람의 피부는 조금만 긁혀도 그 상처가 오래가지요. 어쩌면 상처는 우리가 연약한 한 명의 인간이라는 증거이기도 할 것입니다. 그렇기 때문에 상처가 생기면 그로부터 자신을 지키기 위해 다른 사람에게 상처를 남기기도 하는 것이겠지요. 하지만 우리 모두가 본의와는 다르게 마음에도 없는 말을 하고, 상대의 마음을 헤아리지 못해 서로를 아프게 하기도 하는 불완전한 존재들이라는 점을 염두에 둔다면, 서로에게 상처를 남겼던 상대방을 용서하는 것은 사실 그리 어려운 일이 아닐지도 모릅니다.

　　그렇다면 우리는 상처를 이겨내고 더 강해지기 위해 무엇을 할 수 있을까요. 이미 우리는 그 답을 알고 있습니다. 복수심에 불타 내가 받은 상처를 더 큰 상처로 되돌려주는 것이 아니라, 상대의 실수와 부족한 점들을 끌어안고 서로의 손을 잡아주는 것이지요. 저는 인간의 불완전함이야말로 우리가 한층 더 나은 사람이 될 수 있는 증거이자, 진정으로 우리를 아름답게 만들어주는 지점이라고 생각한답니다. 자신의 상처에도 불구하고 상대의 불완전성을 향해 화해의 손길을 내미는 것이야말로 우리가 상처 앞에서 강해지고, 연대의 힘으로 상처를 이겨내는 방법이 될 것입니다."

이희연(30·경기) "더 건강해지고자 노력합니다. 나의 몸과 마음이 누구보다 그 상황을 버틸 수 있는 힘을 가지기를 바라며 나를 다듬고 아끼려 합니다. 타인이나 상황으로 인한 상처를 스스로 바라보고 보듬어주고, 나는 그런 상처를 주지 말아야지 다짐하며 살아갑니다. 그렇게 스스로가 단단해지고 더 넓어질 때 주변을 살핍니다. 내가 우선 건강해야 다른 사람의 상처가 보입니다. 자신의 상처에 갇혀버리면 자기 연민과 슬픔으로 인해 의도치 않게 다른 사람을 상처 주거나 해칠 수 있다고 생각하므로 그러하지 않으려 합니다."

최미정(19·강원) "여러 상처가 있겠지만 난 돈으로 인한 차별로 인한 상처가 있다. 학원을 겨우겨우 다니며 매달 내야 하는 학원비가 밀려 정말 눈치를 보며 다니고, 부모님은 정말 매일매일 돈 문제로 싸운다. 그리고 아파서 응급실이라도 간다면 제일 먼저 드는 생각이 '병원비'이다. 이거 말고도 많지만 일단 이것들이 나에겐 가장 큰 상처였다. 어른들의 세상에서 돈이 차지하는 부분이 얼마나 큰지 너무 일찍 깨달았다.

그래서 이 차이를 조금이라도 줄여보고 다른 친구들에게 티를 내지 않기 위해서 난 알바를 시작했다. 확실히 학업과 알바를 병행하는 건 힘들다. 올해 고3이 되면서 더 힘들어진 것 같다. 하지만 나만의 방식으로 극복하고 있기에 후회는 없다."

바람이 머무는 곳(35·경기) "상처를 극복까지는 못하더라도 조금이라도 마음을 보듬기 위해 노력하고 있는 것이 있는데요. 제게는 정말 도움이 되는 방법이라 다른 분들께도 소개해보고자 합니다.

요즘 저는 상처를 들여다보고 마음을 정리하고, 버릴 것은 버리고 남겨야 하는 것은 고이 접어 넣어두는, 이른바 '마음의 옷장 정리'를 하고 있습니다. 처음부터 이 방법을 알고 시작했던 것은 아니고요. 상담 선생님의 도움으로 시작하게 됐습니다.

마음의 옷장 정리는 말 그대로 옷장 정리를 하는 것과 같습니다. 옷을 모조리 꺼내어 살펴보고, 버릴지 다시 넣어둘지를 결정하는 것처럼 마음도 똑같은 방법으로 정리합니다. 버리는 것만큼이나 중요한 것은 '살펴보는 것'입니다.

마음 정리는 '마음을 살펴보는 것'에서 시작합니다. 나의 감정이 어떠했는지, 그때 내가 원한 것은 무엇이었는지 다양하게 질문해 보세요. 내가 원한다고 생각한 것은 구체적으로 무엇인지까지도요. 이야기를 듣는 누군가 도와주시면 더 좋습니다.

이 과정에서 저는 상처가 어떻게 생기게 됐는지 상황을 설명하는 것에는 문제가 없었지만, 감정에 대해서는 전혀 묘사하지 못하는 자신을 발견했습니다. '이런 일이 있었다'고 눈시울을 붉히며, 혹은 담담하게 잘 이야기했지만 그때 제 감정을 묻는 질문에는 몇 분씩 침묵했습니다. 그리고 여러 가지 생각을 하다 터져나오는 눈물과 함께 겨우겨우 내뱉은 말은 '힘들었어요'라는 단순한 표현이었는데요, 그 뒤로도 제가 느끼는 감정이나 마음에 대해서는 쉽게 표현하지 못했습니다. 꽤나 오랜 세월 저는 제 감정에 정말 무르게 대해왔던 것을 깨달았어요.

이후 '그때 내 기분은 어땠지?' 하는 생각을 자주 하게 됐고, 이제는 '참담하다'라는 표현 정도까지 할 수 있게 됐습니다. (아직도 연습이 더 필요하지만요^^;)

그랬더니 변화가 찾아왔어요. 스스로 그러한 감정을 느꼈던 나를 이해해주기 시작했습니다. '아, 나는 참담했구나.' 그리고 위로합니다. '그래, 정말 힘들었겠다. 고생했어.' 울고 있는 깊숙한 곳의 나를 잘 다독이고 나니 보이더라고요. 무엇을 버리고 무엇을 지켜야 할지.

마음이 힘든 분들은 한번쯤 시도해보세요. 스스로 질문하기가 어렵다면 일기를 쓰는 것도 도움 되더라고요. 주변 사람들의 도움을 받거나, 특히 상담 선생님들 찾아가 보시는 것도 강력 추천합니다."

창(38·전북) "상처는 극복하는 것이 아니라, 치료하고 어루만져야 하는 것이라 생각합니다. 미래에 대한 기대, 현재를 소모해서 미래의 성과를 거두고자 하는 사회가 만든 자잘한 상처들이 쌓여, 사회가, 정치가, 환경이, 그리고 청년이라는 세대가 망가져가고 있다고 생각합니다. 이제는 그 상처를 확인하고 서로가 어루만질 수 있는 세상이 되었으면 합니다."

상처를 포용하는 사회

———

저에 대해 위로해주신 박서준 님과 질책해주신 소바 님, 감사합니다. 이희연 님의 글에는 깊이 공감합니다. 그리고 홍명근 님과 김수연 님, 최미정 님께도 감사드립니다. 저도 이희연 님의 답변처럼 '더 건강해지고자 노력'하겠습니다. '나를 다듬고 아끼'겠습니다. '상처는 극복하는 게 아니라 치유해야 한다'는 창 님, 치유의 방법을 알려준 바람이 머무는 곳 님, 감사합니다.

나를 반대하는 측에서는 욕설의 문제를 들어 저를 인격적으로 비난하거나 비판하고 있습니다. 제가 욕을 하던 당시의 문제를 비롯하여 지금까지 그런 순간들은 모두 저에게 와서 상처가 되었습니다.

그런 상처투성이의 삶에서 저는 출발했고 지금은 다른 사람의 상처를 들여다보고 감싸안으려 합니다. 상처 앞에서 기도하겠다는 마음을 언제나 갖고 살겠습니다.

에필로그

 이재명이 묻다

여러분의 위대한 전환은 무엇입니까?

얼마 전에 저는 1호공약을 발표했습니다. 1호공약은 가장 중요한 공약이며 저의 정치철학이 반영된 공약이기도 합니다. 죄송하게도 이번 질문은 약간의 설명이 필요하기도 합니다.

1호공약의 핵심어는 '전환적 공정성장'입니다.

먼저 전환적 공정성장에는 어떤 가치와 방향이 담겼는지 살펴보겠습니다. 전환은 작은 변화가 아니라 거대한 변화입니다. 자동차로 말하면 내연기관에서 전기모터로의 대전환 같은 것이죠. 내연기관에서 전기모터로의 전환은 사실상 문명사적 전환입니다. 그런 전환이 없다면 코로나와 함께 살아가야 하는 지구적 상황에서 우리의 삶은 여전히 지리멸렬하고 지지부진할 것입니다.

다음은 공정성장입니다. 그동안 경제정책을 수립할 때마다 '성장'이 우선이냐 '분배'가 우선이냐로 수없는 논쟁을 해왔습니다. 성장 우선은 양극화와 불평등을 심화시키는 시장만능주의를 만들어내고, 분배 우선은 양극화와 불평등을 일부 완화하고 복지국가로 가는 대신 세금이 많다는 지적이 있어왔습니다. 이 논쟁은 한국만의 논쟁이 아니라 전 세계에서 진행되고 있는 논쟁이기도 합니다.

저는 '성장 우선'이냐 '분배 우선'이냐가 아니라 '공정 우선'을 말하고자 합니다. 경제는 성장해야 합니다. 성장 없는 경제는 일자리 문제뿐 아니라 각 개인의 삶에도 매우 심각한 영향을 미칩니다. 경제에 있어서 성장은 필수불가결한 요소입니다. 그러나 성장도 공정해야 한다고 생각합니다. 공정성장은 균형입니다. 자본과 노동의 균형, 기본복지를 통한 삶의 균형, 기후위기 극복을 위한 생태계 균형 등 참으로 다양한 분야의 균형을 추구하는 것이지요.

청년 여러분.

저는 대한민국과 청년을 위하여 위대한 전환을 준비하고 실행해나갈 수 있도록 노력하겠습니다. '코로나 이전의 문명'에서 '코로나와 함께 가는 문명'으로, 개발 중심의 문명에서 생태계 중심의 문명으로, 불공정체제에서 공정체제로, 분단체제에서 평화체제로, 양극화 불평등 체제에서 다 함께 잘사는 체제로, 탄소 중심의 체제에서 탄소중립 체제로, 이분법적 양극단 진영 체제에서 다양성 중심의 민주주의 체제로 등등 위대한 전환을 준비해야 할 것은 산적해있습니다. 위대한 전환은 혼자 할 수 없습니다. 여러분과 함께 힘을 똘똘 뭉쳐 차근차근 준비하고 실행해나가야 가능할 것으로 저는 생각하고 있습니다.

위대한 전환에는 기득권 카르텔의 어마어마한 저항이 뒤따를 것입니다. 그러나 기득권 세력의 저항을 감수하는 용기와 추진력이 필요합니다. 저는 그것을 여러분과 함께하고 싶습니다.

청년 여러분. 제가 생각하는 위대한 전환에 대해서는 말씀을 드렸습니다. 그렇다면 여러분이 생각하는 위대한 전환에는 무엇이 있고, 어떻게 준비를 해야 할까요? 여러분의 답변을 기다립니다.

에필로그

나에게 위대한 전환은······

김수연(27·서울) "말씀하셨듯이, 함께해야 한다고 생각합니다. SNS
가 어렵다면 만나서 하면 됩니다. 끊임없이 보고 듣고 말하면서요.
소통을 통해서 실제적인 요구에 맞는 변화를 시도하는 것이 위대한
전환인 것 같습니다.

　　청년들의 이야기를 듣기 위해 이렇게 물어주신 것에 감사합니
다. 저도 다양한 생각들을 하며 살았지만, 사회문제에 대해서 맞는지
틀린지 잘은 모르지만, 아는 만큼 자유롭게 써보면서 다시금 사회문
제들에 관심을 가지게 되었습니다. 청년들의 생각을 물어주신 이재
명 님과 질문을 전달해주신 추천인께 감사드립니다."

박서준(19·대구) "우리는 이제 전환의 시대로 나아가는 변곡점에 서
있습니다. 기존에 관행적으로 통용되던 문제 해결법과 두루뭉술한
비전으로는 더 이상 새로운 시대의 대한민국을 책임질 수 없습니다.

새 술을 새 부대에 담는 것이 온당한 만큼, 전환을 맞은 우리 사회의 구조 역시 본질적으로 바뀌어야 합니다. 그렇기 때문에 이재명 님의 '전환적 공정성장' 정책이 특히 반갑게 느껴졌습니다. 단순히 현 정부의 계승 및 보강에 그칠 게 아니라 판 자체를 바꾸어야 한다는 부분을 잘 이해하고 계시고, 또 이에 대한 구상도 뚜렷한 듯하여 정말 기쁩니다.

위대한 전환의 모범적인 선례로는 미국의 프랭클린 D. 루스벨트 대통령이 추진한 뉴딜(New Deal) 정책이 있습니다. 잘 알려진 대로 루스벨트 행정부는 정부의 적극적인 시장 개입과 재정 투입을 통해 인프라를 확충하고 공공일자리를 늘렸을 뿐 아니라, 사회보장제도를 마련하고 와그너법을 통해 노동자들의 권리를 보장했습니다. 이처럼 뉴딜 정책은 대공황에 처한 미국 경제에 가하는 긴급처방이기도 했지만, 이해당사자들 간의 거래(Deal)를 통해 기존에 없던 사회 전반의 구조를 바꾸고 새로운 질서와 제도를 확립하는 과정이었습니다.

촛불혁명의 정신을 이어받은 민주정부 역시 그러한 '뉴딜'을 이루어내야 합니다. 문재인 정부는 코로나19로 인한 경제위기를 극복하고, 대전환을 통해 세계적 선도국가로 거듭나기 위해 '한국판 뉴딜' 정책을 추진하고 있습니다. 디지털 전환과 친환경 저탄소 산업 조성 등을 골자로 하는 일련의 정책들은 그 자체로만 놓고 보면 꽤나 의미있지만, 안타깝게도 '한국판 뉴딜'이라는 이름을 붙이기에는 여러모로 미흡한 감이 있습니다. 산업 구조의 전환 위주로만 포커스를 맞추고 있는 덕에 한국 사회의 패러다임 자체를 전환하기에는 많이 부족합니다.

말씀하신 것처럼 경제 성장은 분명 필요하고, 정치권에서 책임 있게 추진해야 할 핵심 과제이기도 하지요. 하지만 여태껏 성장 하나만 보고 달려왔던 한국 사회는 사회적 불평등과 양극화의 심화 등 여러 문제점들을 낳고 말았습니다. 우리는 '진보의 시험대는 많이 가진 자에게 더 얹어주고 있느냐가 아니라, 적게 가진 자에게 더 보태주고 있느냐이다'라고 했던 루스벨트 대통령의 어록을 떠올리며 한국 사회의 미래를 설계해야만 합니다. 그렇다면 '위대한 전환'은 저소득층이나 사회적 약자들에게 혜택이 돌아가고, 각종 경제지표 없이도 일반 국민들도 변화한 사회의 모습을 인식할 수 있게 하는 것이라고 생각합니다. 저는 이재명 님의 공정성장 정책이 이와 가장 근접하다고 보고 있습니다.

국민 모두가 응당 누려야 할 기본적 권리들을 사회의 새로운 질서로 만들고자 한다면, 이를 헌법에 명시하는 것도 좋은 방법이 될 수 있습니다. 루스벨트 대통령은 1944년 신년 기자회견에서 일자리, 주거, 의료, 교육, 여가, 합당한 급여 등에 대한 권리와 경제적 위기로부터의 보호 등을 헌법에 포함하자고 제안하며 제2권리장전(Second Bill of Rights)을 천명하였습니다. 비록 루스벨트 대통령이 이듬해 사망함으로써 실현되지는 못하였지만, 우리나라에서도 이와 같은 '사회권 개헌'을 통해 앞으로의 한국 사회가 추구해야 할 가치들을 국가의 핵심적 역할과 의무로 명시할 수 있을 것입니다.

'위대한 전환'은 누구도 춥고 배고프게 살도록 남겨두지 않고, 누구도 일터에서 억울한 죽음을 맞지 않도록 방지하고, 어느 누구도 존엄하지 않은 사람들이 없도록 하라는 역사와 시대의 소명임을 이해합니다. 물론 기득권 카르텔의 끈덕진 저항으로 인해 결코 쉬운 일은 아닐 것입니다. 하지만 지금도 불평등으로 고통받고 있을 수많은 동료 시민들을 생각해서라도, 대한민국을 물려받을 다음 세대를 위해서라도 전환으로 향하는 여정을 멈추어서는 안 됩니다. 완고한 저항과 반발에도 불구하고, 루스벨트 대통령이 말한 바와 같이 '우리가 두려워해야 할 것은 두려움 그 자체뿐'이라는 자세로 임해야만 비로소 '위대한' 전환이라고 부를 수 있을 것입니다. 그 길에 저도 함께하겠으니 이재명 님께서도 용감하게, 두려움 없이 걸어주십시오."

최진(31·대전) "외유내강이라는 말을 다들 들어보셨을 것입니다. 겉으로는 부드럽고 안으로는 강한 강직한 마음가짐을 표현하고자 할 때 많이들 사용하는 말입니다. 겉으로 큰소리로 외치는 사람들은 대체로 공정을 빙자한 명분을 이야기하고 있지만, 욕심과 이기심이 앞선 사람입니다. 그런 사람들은 어디서든 집중받기 십상이지만, 속은

에필로그

단단하지 못해 곧 바닥이 드러나곤 합니다.

　이렇듯 겉으로 큰소리로 외치지 못하는 사람이라고 하여 자기 중심이 없는 사람이 아닙니다. 어리석음에 그르칠 용기가 없을 뿐 묵묵히 공정이 제시한 조건을 갖추기 위해 밤낮없이 묵묵히 자신의 길을 갈고 닦고 있습니다. 그들은 자신의 부족함을 항상 비탄하고 더욱 열심히 노력하며 남들보다 공정한 성과를 성취하기 위해 노력합니다. 그들의 성장에 있어 노력은 중요한 밑거름이고 성취는 달콤한 열매입니다. 그리고 그들의 달콤한 열매를 빼앗지 않아도 남들과 나눌 수 있는 사회를 만들어주는 것이 건강한 국가가 이뤄야 할 이상국가라고 생각합니다.

　성장과 분배의 두 마리 토끼를 함께 잡기 위해서는 국가의 강제성이 앞서서는 안 된다고 생각합니다. 자발적 시민의식으로 공정한 세상 속에서 서로 배려하고 나눌 수 있는 아름다운 모델이 하루빨리 대한민국에 뿌리내리길 소망합니다.

　끝으로 인디언의 속담에 "한 아이의 성장을 위해 온 마을이 나서서 키워야 한다"라는 속담이 있습니다. 과거 대한민국은 옆집의 숟가락 개수도 외울 만큼 정이 많은 민족이었습니다. 한 아이를 마을이 키웠던 사회였고, 성공을 축하하며 나누는 문화였습니다. 하지만 현대 사회에서 성공은 치열한 경쟁이며, 사람들은 경쟁으로 이뤄낸 성과로 남들보다 더욱 낭비하고 소비하며 이기심과 욕심만 가득한 삶

속에서 병들어 살아가곤 합니다. 과정이 어땠든 간에 결과에 만족하며 살아가는 자국민이 사는 세상, 남들보다 잘나지 않으면 실패한 삶을 사는 것 같은 세상. 과연 국가의 미래가 밝다고 볼 수 있을까요?"

위대한 전환

———

위대한 전환은 질문이라기보다는 맺음말이었습니다. 위대한 전환에 대한 박서준 님의 긴 답변 고개를 끄덕이며 읽었습니다. 감사합니다. 함께 가야 한다는 김수연 님, 묵묵하게 길을 가야 한다는 최진 님께도 감사의 인사를 전합니다.

위대한 전환, 위대한 리셋을 통해 대한민국을 새롭게 디자인해야 합니다. 그 길에 청년 여러분과 함께하겠습니다. 제가 모든 것을 다할 수는 없습니다. 그러나 할 수 있는 것부터 차근차근 해나가겠습니다.

청년 여러분과 소통하며 응답하는 지도자가 되도록 하겠습니다. 여러분과 함께 이재명이 시원하게 하겠습니다. 감사합니다.

이재명이 시원하게 합니다

ⓒ 시원하게 기획위원회, 2021

초판 1쇄 인쇄일 2021년 9월 10일
초판 1쇄 발행일 2021년 9월 17일

지은이   시원하게 기획위원회
펴낸이   강병철
기획편집   박진희 김승현 손창민 이현지
디자인   용석재 김혜원
마케팅   최금순 오세미 김하은
제작   홍동근

펴낸곳   이지북
출판등록   1997년 11월 15일 제105-09-06199호
주소   10881 경기도 파주시 회동길 325-20
전화   편집부 (02)324-2347, 경영지원부 (02)325-6047
팩스   편집부 (02)324-2348, 경영지원부 (02)2648-1311
이메일   ezbook@jamobook.com

ISBN 978-89-544-4761-4 (03340)

• 잘못된 책은 교환해드립니다.